西南大学211工程建设项目“基础教育课程改革深化与教学创新研究”成果
全国教育科学“十五”规划重点课题（国家青年基金，课题批准号：CDA030048）
“发达国家与发展中国家普及高中教育的问题与对策研究”成果

六国普及高中教育政策与改革的国际比较

徐辉　任钢建　主编

教育科学出版社
·北　京·

目　录

第一章

英国普及高中教育的政策与改革

进入21世纪，经济全球化、生活信息化、学习社会化的趋势日益明显，社会对人才的需求也日趋多元化、个性化，于是，教育改革成为全世界的共同话题。在此背景下，作为衔接基础教育与高等教育的高中教育就有着举足轻重的作用。新中国成立后，我国不断对高中教育进行改革，但至今仍有一些问题有待进一步解决，而且急需借鉴国际上教育改革的有益经验。

英国素来以严谨的教育制度、一流的学术品质享誉世界，这不仅因为英国有健全的高等教育体系，而且，其中学教育体系也颇具特色，尤其是高中阶段的教育。英国的高中教育走在世界的前列，其学历是全球认可的，学生毕业后不仅可以申请到英国的一流大学，还能申请到美国、加拿大、澳大利亚等各国的名牌高校。

当前英国的教育体制中没有我国那样的初、高中之分，其整个教育系统包括四个部分：学前教育、义务教育、继续教育和高等教育。其中义务教育11年，包括5～11岁的初等教育和11～16岁的中等教育。英国义务教育阶段中的中等教育截止到16岁，学生16岁义务教育结束时，参加全国统一考试：中等普通教育证书（General Certificate of Second Education，即GCSE）考试（该证书分A～G不同等级），而后就业或升学。学生义务教育结束之后，直至18岁进入高等教育之前的教育阶段，英国称为“继续教育”（Further education 或 post-16 education 或 Upper secondary education）。这一阶段不属于义务教育，学校主要向学生提供高级水平（A-Level）考试课程，以培养学生升入大学为主要目的，具有大学预科的性质。因此，我们在提及英国高中教育时，就不能不对其进行定位，即弄清楚英国高中教育究竟是指哪一阶段的教育。目前，国内主要存在两种看法：一种认为英国的高中教育是指四学段（5~7岁、7~11岁、11~14岁、14~16岁）的最后一段，即14~16岁学生所接受的教育；另外一种则认为是16~18岁学生所接受的教育。国内学术界关于英国高中教育的研究更多的是倾向于第二种看法，即16~18岁学生所接受的教育。因为从教育的内容和培养的目的来看，英国这一阶段的教育与我国高中教育更为类似，因此本章所谈论的英国高中教育，主要是指学生在结束义务教育、进入高等教育之前所受的教育。这一阶段在英国一般又称为“第六学级”（the Sixth Form），它是英国较具特色的一个教育阶段，是英国中学与大学之间的一种过渡性阶段，它从原先文法中学（Grammar Schools）为少数尖子学生提供大学预科教育发展而来。根据英国教育与技能部（DfES）以及资格与课程局（QCA）的相关资料，目前英国的高中教育机构主要包括有：独立的第六学级、文法中学中的第六学级、综合中学（Comprehensive Schools）中的第六学级和第三级学院中的第六学级四个部分。从发展现状及未来趋势来看，综合中学中的第六学级占主体地位。因此，有些地方也用“第六学级”来代替“高中教育”这一概念。

第一节　英国普及高中教育的政策演变及其保障

远在中世纪时，英国就有了享誉世界的大学和公学，但教育的普及水平相对落后。19世纪初，普鲁士、法国、瑞士、荷兰等国都确立了国家负责公共初等教育的原则，而英国直到1833年才通过《教育补助金法案》（British Educational Benefits Act），1902年颁布了关于建立公立中等教育制度的《巴尔福法案》（Balfour Act），但已迟于德国一个多世纪。此后，英国历届政府都致力于推进中等教育的普及，教育普及年限也不断提高。

一、英国高中教育的历史演变

（一）“二战”前英国高中教育的初步发展

英国的“第六学级”（高中教育）由来已久，它最初产生于14世纪，当时是文法学校或公学（public school）的最后两年相对独立的教育阶段。第六学级得以真正确立起来是在18世纪末到19世纪初，这一时期大多数学校把基础教育的最高学段称为“第六学级”。从这一时期开始，“第六学级”的含义已不仅在于它是中学的最高阶段，而在于它是区别于中学其他年级的一个相对独立的、最高的学段：它强调课程的专业性和学术性，为学生升入大学作准备，属于大学预科性质。学生进入这一阶段必须通过选拔性的考试，能够进入这一阶段学习的学生很少，因此这些学生都被视为英国的精英，其中大多数能顺利进入牛津、剑桥大学学习。在1894年，英国十六七岁的青少年中只有1%的人能够考入这一学习阶段。[①]

为了进一步推动英国教育的发展，19世纪末20世纪初，英国政府颁布了一系列教育法。1899年，英国政府通过《教育委员会法》（Board of Education Act），决定成立中央教育署，合理管理以及为初等、中等教育等分配资金。1902年，英国议会通过了《巴尔福法案》，即《1902年教育法》，它的中心思想是要求各地方教育局大力发展中等水平的学校，以满足工业发展对提高工人文化水平的需要和人民接受中等教育的强烈要求。《1902年教育法》是英国进入20世纪后所制定和颁布的第一个重要教育法案。法案规定设立奖学金以使初等学校的学生能进入文法学校学习，打破了自19世纪以来形成的中等教育是中上层阶级特权的观念。同时，法案取消了19世纪末设立的地方教育委员会，而把教育主管权交给了地方政府机构。据统计，《1902年教育法》颁布后，全国共设立了330个地方教育当局，以取代原来的2,559个地方教育委员会和788个督促就学委员会（School Attendance Committee）。由此形成了以地方教育当局为主体，议会、教育委员会和地方教育当局相结合的英国教育行政管理体制。英国教育管

① 祝怀新．英国基础教育［M］．广州：广东教育出版社，2003：100.

理中良好的中央与地方政府的伙伴关系，正是在此基础上逐渐形成的。英国比较教育家埃德蒙·金（Edmund King）认为：1902 年的法案对于英国人来说是革命性的，尽管这个法案中有些建议早在 1833 年就已在议会上提出。法案授权地方教育当局提供中等教育；法案还确定了教会学校与公立学校之间的合作关系——“双轨制”就是从此开始闻名的。我国马骥雄先生也认为，《1902 年教育法》在英国中等教育史上是个分水岭，它创立了英国公立中等教育制度，因它授权地方教育当局援助甚至设立中等学校。①《1902 年教育法》尽管也招致了一些指责和批评，但它被公认为英国教育史上的一个重要里程碑，其最明显的结果是为英国公立中等教育制度的建立奠定了基础。但这两部法律并没有真正刺激英国第六学级的“增容”，因为这时期的第六学级仍以“学生升入大学作准备”为最主要的教育目的。截至 1911 年，英格兰十六七岁的青少年也只有 2% 能进入高中教育阶段学习。

“二战”期间，英国又通过了《巴特勒法》（Butler Act，也称《1944 年教育法》），废除中央教育署，设立教育部，加强国家对教育的管理；改组地方教育当局，敦促其为青少年提供足够的继续教育的服务设施；确定初等、中等和继续教育两个连续阶段；将义务教育从原来的 5～14 岁延长至 15 岁，有条件的地区延长至 16 岁。《1944 年教育法》最有意义之处在于“中等教育”一词含义的改变。在此之前，“中等教育”仅指含有学术性的教育，享受此种教育者往往需交纳学费；自此以后，上述狭义的界说已由更广泛的概念所取代，中等教育成为每一个儿童所必经的教育阶段之一，其职责在于促进和协助每一个儿童如何最大限度地发展自己的能力。从英国教育发展的历史来看，《1944 年教育法》的最大贡献是实现了“人人受中等教育”这一目标。正如英国著名教育家邓特（H. C. Dent）所说的，《1944 年教育法》也许构成了英国教育史上所取得的最重要的和最有意义的一个进展，也是“英格兰和威尔士在后来的 25 年时间内教育空前大发展的序曲”。②“二战”后英国中等教育的改革和发展就是以这个法案

① 易红郡. 20 世纪影响英国中等教育政策的三大法案［J］. 贵州师范大学学报（社会科学版），2003（6）：107－111.

② 何树. 二战以来的英国中等教育改革［J］. 读书，2001（12）：25－29.

为基础的。《1944 年教育法》为英国高中教育的进一步发展打下了坚实的基础。1948 年以后，英国的高中教育真正开始步入初级发展阶段，但是应该明确，这种初级发展主要还有另外两个方面的推动因素：一是得力于当时英国政府推行的福利制度，学生进入公立学校不用交纳任何费用；二是因经济衰退、就业困难，越来越多的初中毕业生开始涌入高中。

（二）"二战"后英国高中教育的快速发展

第一次世界大战后初期，英国高中教育虽有所发展，但规模较小，而且分布也不均匀。在 182 所提供高中教育的中学里，高中教育学生平均规模约为 70 人，其中，还有 19 所中学高中教育学生规模低于 25 人，46 所在 26～50 名学生之间；只有 16 所中学规模在 150 人之上。[①] "二战"后，随着文法中学的发展，要求进入第六学级的学生数量开始迅速增加，同时，一些现代中学（Modern Schools）为了提高自己的社会声望，也开设了普通教育证书（GCE）考试科目，现代中学的一些学生通过自己的努力，取得了普通水平教育证书（O-Level GCE），也要求并确实已取得了进入第六学级的资格。1953—1960 年，文法中学的第六学级，即高中入学人数增长了 1 倍多。[②] 在英国高中教育从精英走向大众化的过程中，中学的发展与变革起了很大作用。

从 20 世纪 60 年代初到 70 年代末，是英国高中教育的大发展阶段，这种大发展表现在两个方面：一是入学门槛放低，入学人数激增；二是高中教育学校类型呈现多样化趋势。

进入 20 世纪 60 年代，随着综合中学的发展，第六学级的主体从文法中学开始转向综合中学。一部分综合中学率先对第六学级的入学政策进行了变革，取消了学生进入第六学级的严格考试限制，实施开放入学政策。1968 年，英格兰有 68% 的综合中学实施了开放入学政策，1974 年增加到 71%，同时有 30% 的男子文法学校和部分女子文法学校也对其第六学级实行开放入学政策。[③]

---

① A. Griffiths. Secondary School Reorganization in England and Wales [M]. London: Routledge & Kegan Paul, 1971: 54.

②③ 王承绪，徐辉. 战后英国教育研究 [M]. 南昌：江西教育出版社，1992：25.

高中教育的大众化还表现在高中教育类型的多样化上。开放入学政策实施后，各类学生进入了第六学级学习，使该阶段的学生学业水平和能力不再像以前那样划一，为了满足这一部分学生的实际需要，高中教育开始拓展课程。拓展后的课程大致分为两部分：一是为那些未取得普通中等教育证书的学生准备的课程，先进行普通中等教育证书的相关课程补习，取得证书后，开始学习学术类高级水平普通教育证书课程，或者高级补充水平普通教育证书课程；二是为那些直接学习学术类高级水平普通教育证书课程的学生设置的课程，包括历史、数学、物理、化学、生物、英语、地理、美术、法语、经济、德语、音乐、家政、工程制图和社会学等；三是为那些智力突出、打算进入名牌大学获得高额奖学金的学生开设的课程。① 由于要求进入第六学级的人数不断增加，加重了第六学级乃至整个学校的负担和压力。因此，英国政府开始考虑建立一种专门提供高中教育的机构，以缓解当时的供需矛盾。1959 年，以克劳瑟爵士（Sir Crowther）为主席的中央教育咨询委员会发表了题为《15 ~ 18 岁》的报告，肯定了开设综合性第六学级学院的设想和尝试，并倡导进一步试办这类学院。1964 年 9 月，在西约克郡建立了第一所独立的第六学级学院——梅克斯伯勒学院（Mexborough College），并实行开放招生政策。1965 年，教育大臣罗斯兰发布了题为《中等教育的组织》的第 10 号通告，提出在综合学校的基础上，加上第三级学院或第六学级学院（sixth form college），由此，第六学级学院开始迅速发展。到 1981 年，第六学级学院达到 102 所。②

第六学级学院的建立，缓解了 16 岁学生的求学需求。但由于其固有的传统，仍有大批学业水平低下的学生被排斥在第六学级之外。20 世纪 80 年代末，结束中等教育的 16 岁学生参加的考试中，只有 20% 的学生能够通过最具“学术性”的普通教育证书考试，40% 左右的学生获得中等教育证书，被看做是能力“最差的 40%”的学生则得不到任何证书。解决在中等教育阶段学术能力较差的青少年问题是任何国家都会遇到的一个棘手问题，但英国在这方面的问题尤其严重。1988 年英国教育与科学部发布的希

---

① 王凯．主导政治经济理论模式更迭下的英国高中教育百年嬗变［J］．经济研究参考，2007（34）：34 - 42.

② 祝怀新．英国基础教育［M］．广州：广东教育出版社，2003：101.

金森报告也指出，如果教育制度以考试为中心，忽视了半数以上学生的学习需要，将会导致每个阶段都是为了适应将要进入下一阶段的那些人，学得不够好而不能升学的学生被当做了牺牲品。① 因此，进入20世纪80年代以后，英国政府开始反思自己的教育政策，试图通过改革寻求教育发展的出路和应付挑战的对策。撒切尔上台以后所推行的政策使得英国高中教育进入了一个稳定发展阶段。从1985年到1995年，高中在校生有较为明显的增长。1987年4月，英国政府发表了《高等教育迎接新的挑战》白皮书，考虑到国家对高学历合格人才的需求和具备入学资格的青年由于人口出生率下降而减少，计划提高年轻妇女和超龄学生的就学率，进一步发展继续教育和高中教育。1988年，英国议会通过了《1988年教育改革法》（Education Reform Act in 1988），《1988年教育改革法》是继《1944年教育法》通过以来在英格兰和威尔士最重要和最具影响的一项教育立法。麦克莱恩指出："1988年教育改革法被普遍认为是本世纪英国最激进的一次教育改革。推行全国统一课程，对学生实行全国统一考试，让家长选择自己子女的就读学校，把资源的控制权下放到学校一级，给各学校以摆脱地方教育当局（Local Education Authority，简称LEA）控制的机会，这些都是带有革命性的变革。"②《1988年教育改革法》规范了国家对义务教育和中等教育的管理与约束，以寻求教育质量的提高。从1988年到1995年，全日制高中生所占比例从35.2%增加到57.4%，激增22.2个百分点。

1997年以布莱尔为首的工党开始执政，他是"第三条道路"的信奉者，自执政起，在英国推行"第三条道路"。"第三条道路"是指超越老派社会民主主义和新自由主义的政治学。③ 在论及政府的努力方向时，布莱尔提出：要把英国建设成为一个包容和繁荣的国家。所谓包容是指政府将破除藩篱、创造条件以使每一个人能够充分发挥自己的潜力；而繁荣则是指使每一个人能够掌握相应的技能以使其可以顺利就业并具有一定的国际

---

① 翟海魂．关键在于启动需求和改善供给——英国高中阶段教育的教训、经验与启示［J］．红旗文稿，2004（19）：34－36.

② 易红郡．20世纪影响英国中等教育政策的三大法案［J］．贵州师范大学学报（社会科学版），2003（6）：107－111.

③ 王健，尹德洪．新凯恩斯主义新拓展与"第三条道路"经济学［J］．福建论坛（人文社会科学版），2005（1）：9－15.

竞争能力。与此同时，许多教育学者针对高中教育出现的一些问题开始反思，他们认为，撒切尔所推崇的“市场理论”使得“国家课程”“国家统一考试”“学校排行榜”成为教育领域的关键词，对于此阶段的高中教育，政府选择了“质量”而忽略了“平等”。①

布莱尔上台以后，英国高中教育规模发展进入一个平台期，见表 1－1、表 1－2。②

表 1－1　1997—2004 年英国全日制高中生所占适龄青少年的百分比

年　份	1997	1999	2000	2002	2004
全日制高中生所占适龄青少年总数百分比（16～18 岁）	55.9	56.4	56.4	56.0	57.1

表 1－2　1997—2004 年英国高中教育在校生所占适龄青少年的百分比

年　份	1997	1999	2000	2002	2004
高中教育在校生所占适龄青少年总数百分比（16～18 岁）	76.4	76.4	76.1	74.5	75.4

进入 21 世纪后，英国对高中教育的改革力度逐步加大。2003 年 1 月，英国教育与技能部颁布了《机会与卓越：14～19 岁青少年教育》白皮书，白皮书确立了 14～19 岁教育阶段的概念，统筹了中等教育的两个阶段。英国政府认为，14～19 岁是人生观及知识、技能形成的关键时期。作为承担这个年龄段教育的中等教育阶段，一头与小学阶段教育相连，一头与就业或升入高等学校相连。原来划分的中等教育两个阶段（14～16 岁和 16～19 岁）应是连贯的、不可分割的一个阶段，必须予以高度重视并进行相应改革。这个阶段的教育宗旨是：满足所有青少年的需要和愿望，为他们提供适合其能力和兴趣的多样选择，提升所有青少年受教育年限，增加 16 岁后接受教育的人数，缩小各社会阶层及种族之间的差距；扩展所有青少年的技能训练，提高其就业范围，弥补技能的短缺；破除社会偏见，开辟更多的更广泛的职业教育成功之路。同时，政府还启动了相关改革计划，积

①② 王凯．主导政治经济理论模式更迭下的英国高中教育百年嬗变［J］．经济研究参考，2007（34）：34－42.

极发展高中阶段教育，鼓励青少年延长受教育年限。英国教育当局认识到，延长青少年受教育年限的关键是确保所有 14 ~ 19 岁人口能够进入学校，而且不厌学、不辍学，毕业有出路。为此，他们还制定了一系列激励和保障措施，鼓励青少年坚持学习。白皮书还强调，在正式表述中，高中阶段的文凭（A-Level）不再冠以职业的或学术的，并在课程中增加职业类课程的比重。新任的教育和技能部部长鲁思·凯利（Ruth Kelly）在 2005 年 2 月 23 日又发布了《14 ~ 19 岁的教育和技能》（14 – 19 Education and Skills White Paper）白皮书，这是她就任后发布的第一份白皮书。她说，14 岁至 19 岁年轻人的教育一直是英国民众最为关切的子女教育领域，“二战”后英国历次重要的教育改革法案都无法绕开或回避，因为 14 岁至 19 岁年轻人的教育质量事关整个国家的经济发展和综合国力的提升。鲁思·凯利说，今天的十几岁青少年是明天的父母、企业家、公务员和社区领导者，对他们的教育怎么投资也不为多。①

二、高中教育的评估和督导工作

1999 年，英国政府发表的白皮书《迈向成功的学习：16 岁后学习的新框架》指出，学校中的第六学级应当和其他教育阶段一样，进行督导，以提高教育教学质量。从 2001 年 9 月起，开始实行新的第六学级督导制度，由教育标准局（Office for Standards in Education，Ofsted）负责。第六学级的督导工作分为完全督导（full inspections）和短期督导（short inspections），其具体分工如下。

完全督导的工作直接针对学校的第六学级。督导期间，邀请学科专家参与，对第六学级的学科进行评估。在督导工作中，督导小组全面评估第六学级的课程、教学质量、学生的学业成绩、管理和绩效等。督导工作除了上述方面的评估外，也可随时灵活地对预定事项之外的工作进行评估，如与教师、学生座谈，了解他们的需求等。短期督导主要是检查前一次评估以来的变化。在进行短期督导之前，督导小组要仔细计划，确定督导的

---

① 潘发勤，胡乐乐．英国新部长第一份白皮书：提升高中生的教育和技能［N］．中国教育报，2005 – 04 – 08（6）．

最佳时间，并力争在有限的时间内尽可能多地观察所评估的学科教学情况。短期督导时间一般为两周。督导的内容包括七个方面：所督导的学校类型和总体教学状况；学业标准；教学情况；为学生提供课程及其他学习机会的情况；学校对学生的关心程度；学校与家长的合作伙伴关系；学校的管理情况。①

第六学级督导制的完善和发展，表明英国开始关注普及后的高中教育阶段的教育质量。

纵观英国高中教育的发展历程，我们可以看出以下特点。

（一）英国普及高中教育是通过一系列教育立法得以实施和发展的

普及教育既然是一种权利和义务，一经法律的形式确定下来，就可以得到法律的保护并带有强制的性质，因而普及高中教育才能得以真正实行。英国历届政府都非常重视高中阶段教育，把这一阶段的教育改革摆到国家议事日程的战略地位加以考虑。凡涉及其教育改革的，大都采用立法形式，表明其重要性和严肃性。如前面提到的英国《1988 年教育改革法》就是通过 12 年的反复论证最后以法律形式加以实施的。法律规定高中阶段的国家课程由英语、数学、科学、技术、历史、地理、外语、音乐、美术、体育等 10 门学科组成，每门学科都有基本要求，什么阶段教，教什么以及知识、技能和理解力的评价标准。

（二）英国高中教育的发展存在着明显的阶段性，这些阶段体现了执政者对教育发展的理智性

从英国高中教育现状来看，困扰英国多年的中学升学问题的矛盾已渐渐缓和。因为政府充分认识到，把普通高中办成以升学为唯一目标的、学习高难度学术性课程为目的的传统模式，势必造成教育的浪费和辍学现象的增多，不利于多种人才的培养。英国政府期望通过改造原有的中学结构创立新的高中模式，使教育与劳动、理论与实践、升学与就业有机地结合在一起。人的差异是客观存在的，承认学生的能力差异，建立多种模式的

① 祝怀新. 英国基础教育［M］. 广州：广东教育出版社，2003：117.

高中教育，让学生发挥各自的聪明才智，这是英国高中教育改革的趋势之一。

第二节 英国普及高中教育的课程变革及其设置

普通高中教育由于在整个国民教育体制中有着独特的地位和价值，它作为基础教育的有机组成部分，既为学生的终身发展奠定基础，又对学生接受高等教育有着重要的意义。课程设置一直是高中教育的一个核心问题，因为课程集中体现了学校教育的内容、国家的教育方针和学校的培养目标，课程设置和教学内容如果有缺陷，学校教育就必然会有缺陷。随着英国高中教育政策的不断调整，英国政府对高中教育阶段的课程设置也进行了实质性的改革和调整。

一、第六学级课程的产生——体现少数人的特权

英国最初的第六学级只有少数成绩特别优秀的学生才能读，学制一年，只学三门课程：古典语文（主要是拉丁文、希腊文，也融合了一些地理、历史知识）、外国语（主要是法语）和数学。[①]

进入20世纪，随着科技的发展，科学知识的社会地位日益突出，这就要求英国政府进一步关注教育、关注国民的知识结构与素养。因此，20世纪30年代后第六学级开出新的学科：经济史、社会学、政治学、技术、制图、金工、木工和其他外国语课程（这些学科不一定每个第六学级都开设，各个第六学级自行决定设置什么样的课程，这是第六学级一贯的传统），但学生仍主要学三门课，其他课程由学生选修，通常一主两副、文理分科，同时设有英语、宗教和体育等公共课。[②]这时学制也由一年变为两年。到20世纪40年代时，第六学级已形成各种不同的分科课程组，如人文科、自然数学科、技术科、经济科、家政科、医科、商科等。从课程内

①② 江山野．英国学校课程［M］．石家庄：河北教育出版社，2001：151.

容上看，第六学级的这次课程调整吸纳了现代化的某些成分，但从本质上看，其课程偏、狭、专、深，固有的传统教育理念、学术倾向以及教育特权的局限性并未改变。

二、不得不进行的第一次课程调整——引入职业教育，为了更多学生的发展

英国是典型的教育双轨制国家，有公学、文法中学、技术中学和现代中学等不同的学校类型。公学及文法中学的毕业生可以进入大学，这是贵族及资产阶级子女的教育特权；技术中学与现代中学是中下层人民的学校，学生一般不能升入大学接受教育。进入 20 世纪，特别是“二战”之后，科技与经济的发展引起社会对人才需求的转变，而此时民主化思潮进一步高涨，迫切需要教育面向每一位学生，实施无阶级差别的教育和教育多样化。1965 年英国工党上台后，决定合并文法中学、技术中学与现代中学，大力发展综合中学，实施无阶级差别的教育，并实现教育的多样化。由此，第六学级的主体从文法中学转向了综合中学，逐渐走向了大众。同时，由于“二战”后英国婴儿出生率猛增，20 世纪六七十年代时这些婴儿正好步入 16 ~ 18 岁年龄段。而这一时期，出于发展需要，政府给予了教育更多的支持；同时，更多的父母已经有经济能力、而且已经意识到子女继续接受教育的重要性。在此背景下，单靠综合中学附设的第六学级或扩大第六学级的规模已无法满足学生的入学需求，迫切需要新学校出现。于是，20 世纪 60 年代中期出现了专门从事第六学级教育的“第六学级学院”，70 年代后又成立“第三级学院”扩大了第六学级的规模，使更多的学生有可能接受更高一级的教育。综合中学的第六学级也放宽入学条件，并且在学术性课程基础上增设了技术性与职业性的课程，引入了职业教育。第六学级（尤其是第六学级学院）开设较多的职业类课程是一些职业、专业团体的考试课程或证书课程。许多第六学级学院采用了“伦敦市区成人教育协会”（London Adult Education Association）的一年制基础课程，这些课程依据一组互相有联系的职业和产业而设计，有商业科学、工艺设计、社区保护、食品工业、护理和保育、公共和娱乐服务、工程技术等。另开设有“皇家工艺学会”（The Royal Institute of Technology）的考试

课程（以秘书课程为主）以及一年制的“普通职前准备课程”等，此类课程强调给学生以宽厚的、普通的和基础的职业技术教育。

通过此次改革，第六学级的教育性质发生了重大转变，其中引入了职业教育，对教育的关注逐渐转移到关注“学生”上——教育是为了“更多的”学生的发展。为了适应科技与学术的发展及高等学校中新学科的建立，这一时期一些第六学级增添了新的学术性课程，如商业科学、政治、计算机、地质学、电子系统、人类生物学、环境科学、心理学等。① 各个第六学级开设的课程门类不一，根据自身条件多则45门，少则不足20门，平均每所学校开设课程在27门左右。

三、针对学生知识面过窄进行的第二次调整——扩充课程，为了学生多方面的发展

第六学级自产生之日起就对“三门”的课程数目情有独钟，虽然它经历了历史的风风雨雨：学校类型增加了、教育性质调整了、课程内容变化了，但直到20世纪50年代末，每位学生两年内选修三门学术性课程的传统仍未改变。1959年《克劳瑟报告》（Crowther Report）就指出，当一个学生进入第六学级时，他就变成了一个专家。② 学生学习的课程被限制在两门或三门，已经不能适应社会对人才知识多样化的需求了。在此背景下，第六学级课程进行了如下改革。

（一）增设普通常识及课外活动

普通常识（General Study）源于一些中等教育学校试图在考试课程之外拓展学生知识面的尝试。早期的普通常识课程是“二战”后在各个学校出现的“每周小组讨论”，由学校校长主持，讨论主题有哲学、宗教、道德及时事等。③ 1959年的《克劳瑟报告》刺激了普通常识的进一步发展（各个第六学级广泛认可了为其学生提供宽泛和平衡的学习经验，但不愿

① 石伟平. 英国普通高中的历史、现状与趋势［J］. 外国教育资料，1990（2）：12－15.
② Macfarlane，E. Education 16－19［M］. London：Routledge，1993：48.
③ Macfarlane，E. Education 16－19［M］. London：Routledge，1993：48.

意动摇其学术性课程），开始增设各种普通常识课程。第六学级的课外活动是英国传统教育的重要组成部分。他们以课堂传授学生知识，以开展各种类型的课外活动形成学生的个性，这些课外活动包括：体育、军事训练、音乐、戏剧及一系列的俱乐部和社团活动等。学生不仅要参加这些活动，还要管理这些活动。在学术性课程没有重大变化的情况下，非专门化的普通常识丰富了各个第六学级课程的宽泛性和多样化。①

（二）增设高级补充水平课程

传统的第六学级课程——高级水平（A-Level）普通教育证书课程主要是为升学作准备，学术性和专门化程度较高，不利于学生知识面的扩展。1987 年英国政府要求各第六学级在 A-Level 课程基础上，正式增设高级补充水平（Advanced Supplementary Level，简称 AS Level）课程，两年后开始 AS Level 考试。

增设的 AS Level 为两年制的考试课程，具有与 A-Level 同等的学术要求和课程标准，但其课程设置更加宽泛。在教学内容、教学时间和考试成绩值上，两门 AS Level 课程相当于一门 A-Level 课程。所以，在不改变第六学级限选三门 A-Level 课程的传统要求下，学生可以用两门 AS Level 课程代替一门 A-Level 课程，一般学生可以在下面的选修方案中任选一种：1. 三门 A-Level 课程；2. 两门 A-Level 课程，再加两门 AS Level 课程；3. 一门 A-Level 课程，再加四门 AS Level 课程；4. 两门 A-Level 课程，另加一门高级秘书课程。在总的学习内容和学习时间都没有增加的情况下，学生可以获得比以前更广泛的知识内容。

四、2000 年课程改革——为了每一位学生多方面的发展

1995 年，迪林爵士（Sir Ron Dearing）应教育与就业部之邀对如何提高 16～19 岁阶段教育的证书标准进行调查，并给国务大臣提出相应的改革建议。经过近一年的调查，英国政府于 1996 年 3 月发表《16～19 岁教育

① 汪亚利. 英国第六学级的课程改革研究［D］. 上海：华东师范大学硕士学位论文，2004：9.

证书评论》，强调通过建立一贯制（Coherent）的证书体系来提高高中的教育质量。1997 年的教育行动方案（Education Action Program）第 24 款授权资格与课程局（QCA）建立现有证书的评价标准，即寻找适合于新政府教育主张的相关证书制的统一评价标准。此后，政府又发表了咨询报告《标准保证》（Guaranteering Standards）与《拥有成功的资格》（Qualifying for Success），前者旨在通过保证证书制的高标准来保证高中教育的质量，后者则重在使高中生的学习计划具有宽广性和灵活性。在前面工作的基础上，1999 年政府再次委托资格与课程局、威尔士资格课程与评价局（AC-CAC）、北爱尔兰课程考试及评价委员会（CCEA）通力合作，在提高教育标准的立足点上将前期的工作变为在整个英国推行的新课程。经过一段时期的试行，英国政府于 2000 年 9 月正式在整个英国推行新的课程。①

此次课程改革主要表现在以下几个方面。

（一）设立了新的普通教育证书（高级水平与补充水平）

与之前不同在于，2000 年课程改革中，新的 A-Level 课程改由 AS Level 课程和 A2 课程（第六学级第二年的高级水平课程）两部分组成，包括6 个单元。前 3 个单元属于 AS Level 课程，在第一年学习；后 3 个单元属于 A2 课程，在第二年学习。第一年的 AS Level 课程对学生要求稍低，但至少选修 4 门，学年结束时参加考试可获得单独的 AS Level 证书；第二年的 A2 课程对学生要求比较高，通常要实现跨学科知识与技能的综合，A2 课程考试后不发放单独证书。综合两年成绩学生可获得高级水平证书，即 A-Level 证书。若说以前学生最多可以选修 5 门，但也可以最少学习 3 门的话，现今学生最少要选修 4 ~5 门。改革以后，英国以教育政策的形式规定了学生学习课程的门数，有效地扩充了学生的知识面，并培养学生基本能力。②2000 年，英国资格与课程局列出了可供第六学级学生选择的 72 门 A-Level 课程及其大纲，在此我们只列出具体的学科名称（如表 1 –3）。72 门课程中，批判性思维、世界发展、公民、大众科学、欧洲研究 5 门学科仅有 AS Level 水平，即最终只能获得 AS Level 证书而不能获得 A-Level 证书；其他

① 王凯．英国普通高中课程改革的进展、困境与对策［J］．世界教育信息，2005（3）：5 –7.

② 汪亚利．英国第六学级的三次改革及启示［J］．外国中小学教育，2003（6）：1 –3.

学科则既有 AS Level 又有 A2 水平的课程，最终可以获得 A-Level 证书。参照这些学科，各个第六学级可以根据自己的实际情况选择开设。①

表 1－3　英国第六学级 72 门 A 水平课程

1. 会计学	19. 戏剧研究	37. 历史	55. 哲学
2. 古代史	20. 荷兰语	38. 艺术史	56. 体育
3. 阿拉伯语	21. 经济学	39. 家政	57. 物理
4. 考古学	22. 经济与商业研究	40. 信息与通信技术	58. 波兰语
5. 艺术	23. 电子学	41. 爱尔兰语	59. 葡萄牙语
6. 孟加拉语	24. 英语	42. 意大利语	60. 心理学
7. 希伯来语	25. 英语与文学	43. 日语	61. 宗教
8. 生物学	26. 英国文学	44. 拉丁语	62. 俄语
9. 商业研究	27. 环境科学	45. 法律	63. 科学
10. 化学	28. 欧洲研究（仅 AS）	46. 数学	64. 大众科学（仅 AS）
11. 汉语	29. 电影研究	47. 媒体研究	65. 社会政策
12. 古代文明	30. 法语	48. 现代希腊语	66. 社会学：公民（仅 AS）
13. 古希腊语	31. 基础研究	49. 现代希伯来语	67. 社会学
14. 通讯学	32. 地理	50. 音乐	68. 西班牙语
15. 计算	33. 地质学	51. 音乐艺术	69. 土耳其语
16. 批判性思维（仅 AS）	34. 德语	52. 旁遮普语	70. 乌尔都语
17. 舞蹈	35. 政府与政治	53. 行动研究	71. 威尔士语
18. 设计与技术	36. 古吉拉特语	54. 波斯语	72. 世界发展（仅 AS）

注：该表根据资格与课程局公布的《2000 年 9 月开始实施的 A-Level 和 AS Level 学科大纲》制作。

① 汪亚利．英国第六学级的课程改革研究［D］．上海：华东师范大学硕士学位论文，2004：15.

（二）引入关键技能（key skills）课程

新课程改革计划提出六种关键技能：（1）交流（能够积极有效地进行商谈、阅读、写作）；（2）数字的运用（在真实的生活情境中运用数学知识）；（3）信息技术（应用计算机与互联网）；（4）与他人共同工作（学会如何成为工作团队的一部分）；（5）提高自己的学习能力及成绩（能够在取得的成绩上设定新的目标继续前进）；（6）问题解决（意识到问题、找出问题并设置不同路径解决问题）。每一种关键技能分三种水平（基础水平、中等教育普通证书水平、高级水平）。①

关键技能在引入第六学级之初，资格与课程局规定第六学级所有学生至少要学习前三种“主要关键技能”，以便为学生多样化的未来作充分准备。但由于实施中的问题，2001 年 7 月资格与课程局经过协商，对第六学级学生选择关键技能的要求进行了重新调整，并于 2001 年 9 月开始实施新要求。

当前资格与课程局规定：①在普通中等教育证书考试中（16 岁考试），英语、数学或信息通信技术获得 A－C 等级的学生，或者在高级普通教育证书课程中正在学习这些内容的学生，除非自愿，否则可以不学习相关的关键技能课程；②在上述条件中没有获得 A－C 等级的，要求他们选学二级水平的关键技能课程；③鼓励只选择 A-Level 课程的学生，能够选择一门以上与他们未来发展息息相关的三级水平关键技能课程；④鼓励学生选择对他们有价值的关键技能。同时，各个第六学级可以规定自己的关键技能政策，以便更好地实施。②

从以上要求可以看出，有些关键技能课程的内容在其他一些证书课程中已有所体现。如果学生希望不参加考试而仍获得有关关键技能的证书，按照资格与课程局的规定，他们可以通过申请免考的方式实现。通常符合以下条件的学生可以申请某一关键技能部分或全部的考试：1. 第六学级的 A-Level 或 AS Level 课程中，如果学生的英语或英国文学获得 A－E 等级，

---

① 王凯．主导政治经济理论模式更迭下的英国高中教育百年嬗变［J］．经济研究参考，2007（34）：34－42.

② QCA. The new advanced level qualifications：Curriculum 2000［EB/OL］．［2008－01－12］. http：//www. qca. org. uk/nq/framework/ c2k students_parents/.

可以不参加“交流能力”三级水平的外部考试。2. 上述情况中，如果学生的数学成绩获得 A－E 等级，可以不参加“数字运用能力”三级水平的外部考试。3. 学习 AS Level 课程“计算机或信息交流技术”，获得 A－E 等级的学生，可以不参加“信息技术”三级水平的外部考试。4. 学习六个单元的 GNVQ 高级水平课程“信息和交流技术”的学生，可以全免“信息技术”三级水平的考试，即内部评价和外部考试都可以不参加。① 资格与课程局的这一规定，既鼓励了所有学生参与关键技能的学习，也避免了不同专业或工作领域的课程对关键技能的重复考核。②

（三）设置高级拓展证书（AEA）课程

高级拓展证书（Advanced Extension Awards，简称 AEA），是为第六学级中能力强、对现有课程已有深入理解的优秀学生设计的，一般是每门学科排名在前 10% 的学生才有资格报考。这一证书代替了以前第六学级为选拔尖子学生而设置的难度较大的特殊试卷（Special paper，简称 S 卷），于 2000 年和 2001 年开始试行，2002 年正式实施。

高级拓展证书仅仅是一种考试证书，它以 A-Level 学科标准为基础，测试学生对所选学科理解的深度、学生批判性和创造性思维的能力以及学生对学科知识的综合理解程度，等等。第六学级不对报考高级拓展证书课程考试的学生进行额外教学，考前也没有辅导资料供学生复习参考，仅凭学生自身的实际能力及平时学习的积累。资格与课程局之所以增设这一证书，是基于以下目的：1. 给优秀的 A-Level 学生提供机会，证实自己拥有超过 A-Level 要求的更高的理解水平，以此增加他们学习的挑战性；2. 证书测试的标准与其他国家的最高要求相一致，试图与国际标准接轨；3. 把机会赋予所有优秀的 A-Level 学生，不管他们在什么样的学校或学院、选用的是哪个教学大纲，都可以参加这一证书的考试（原先的特殊试卷仅存在于少数第六学级学校或学院）；4. 拉开优秀学生之间的差距，特别是在学生获得 A 等级较多的某些 A-Level 学科中，同时也避免了一些大学再组

① QCA. A brief guide to qualifications level 3，2001 [EB/OL]. [2008－01－12]. http://www. qca. org. uk/ca/14－19/brief guide advanced level. asp.

② 汪亚利. 英国第六学级的课程改革研究 [D]. 上海：华东师范大学硕士学位论文，2004：17.

织各自单独的入学考试。[1] 高级拓展证书的成绩分为优秀和良好两个等级，没有达到良好最低标准的学生将不给成绩。

2002 年，第六学级正式在 17 门课程中实施高级拓展证书，这 17 门课程是：批判性思维、生物学、化学、经济学、数学、物理、地理、历史、英语、法语、德语、爱尔兰语、拉丁语、西班牙语、威尔士语、威尔士第二语、宗教研究。学生可以根据自己的实际能力及兴趣选择报考，在证实自己实力的同时，也增加了成功申请所希望报考的大学及专业的机会。[2]

（四）改革国家通用职业资格（GNVQ）证书课程

改革前的 GNVQ 课程由 12 个单元组成，另加 3 个单元的关键技能，一门 GNVQ 课相当于两门 A-Level 课的分量。新的 GNVQ 课程由 5 个单元组成，这样，一门 GNVQ 的分量相当于一门 A-Level。调整的目的，一方面是要提高两类课程体系之间的等价性，从而提高整个课程体系的灵活性，另一方面旨在鼓励学生在 A-Level 和 GNVQ 之间选择多种多样的课程组合，打通学术教育与职业教育之间的藩篱。此外，还增加了 GNVQ 课程体系内的选修分量，减少必修分量。改革前的 GNVQ 课程体系由 12 个单元组成，其中 8 个为必修，选修只占 1/3。新的 6 单元模式的 GNVQ 课程，必修 3 单元，选修 3 单元，选修占到 1/2。GNVQ 课程体系中还试验性地引入一种 3 单元的 GNVQ 证书课程，以与一门 AS 课程相当。这些证书课程所选择的学科层面不会太广泛，主要针对一些需求较多的职业领域。GNVQ 的评定，初级和中级仍采用 3 级制：及格、良好、优秀。高级水平的 GNVQ 评定由 3 个等级调整为 A ~ E5 个等级，以与 A-Level 的评价等级制完全等同。结合以上几项，使得 GNVQ 与 A-Level 两类课程体系之间具有全面的等价性，彻底改进了整个课程体系的可操作性和灵活性。新的评价体系中，校内的评价（包括作业、作品、设计）占 2/3，校外评价（包括设计、操作、考试）占 1/3。同时对以往占总体评分比例较大的学生作品选进行校外评估。显然，新的 GNVQ 课程在考核上更加严格了。

---

① QCA. Advanced Extension Award，2003 [EB/OL]. [2006 - 01 - 12]. http://www.qca.org.uk/nq/framework/subjects_offered_2002.asp.

② 汪亚利. 英国第六学级的课程改革研究 [D]. 上海：华东师范大学硕士学位论文，2004：16.

当前，各个第六学级学校及学院准备开设的六单元的高级水平的GNVQ课程有14门，包括艺术和设计、商业、建筑与环境建设、工程学、健康与社会护理、旅馆与餐饮、信息与通信技术、休闲与娱乐、制造、媒体、行为艺术、科学、旅游、土地与环境。3单元的高级水平GNVQ课程有4门：商业、工程、健康与社会护理、信息与通信技术。①

改革后的第六学级课程具有更多的选择性、宽广性和灵活性，在促进每位学生多方面的、多种可能的发展方面起着不小的作用。为确保这一目标的实现，资格与课程局在其1999年颁布的《2000年课程指导》第二部分列出了体现不同发展目的的七种课程组合模式（Curriculum Models，或称课程表），供各第六学级学校和学院参考，为第六学级学生选择课程、制订符合自己独特发展的学习计划提供可资借鉴的模式。

七类课程组合模式中最具代表性的有三种：1. 为保持第六学级高质量的学术教育而设置的大学预科式课程表；2. 体现学生知识宽广性的以“学习领域”为主线的课程表；3. 体现第六学级课程灵活性的课程表。每个课程表都以模块（Block）的方式展示，其中列出5个或4个模块，学生需要从各模块中选择课程，组成自己的学习计划。下面分别叙述这三种课程模式。②

1. 大学预科式课表

第一类课表是传统第六学级教育（大学预科性质）的发展，以A-Level课程为主，目的是保持第六学级高质量的学术教育。在这类课表中，学生可以不选择职业课程，全部的A-Level课程足以让学生选择学习。这一课表将第六学级第一学年和第二学年的课程分开来列，还包括了一年制第六学级的课程表。而另一方面，每学年课表中的课程又分为5个模块，两年制第六学级学生主要从模块1～4中选择课程，对于模块5，两种学制的学生都可以选择（GCSE课程为一年制学生选择）。从课表中的课程安排可以看出，打算在学术领域深入发展的学生，除了A-Level考试课程，还有

① QCA. Managing Curriculum 2000 for 16 – 19 students, 1999 [EB/OL]. [2007 – 12 – 26]. http://www.qca.org.uk/nq/framework/managing/section three.

② 汪亚利．英国第六学级的课程改革研究［D］．上海：华东师范大学硕士学位论文，2004：19.

其他很多非证书课程可以选择，如指导课（Tutorial）、信息技术、拓展学习等，以开阔视野，提高个人素质。根据新的课程要求，当前大部分第六学级学生第一学年要选修4门AS Level课程，也有一些学生在第一学年或第二学年或者两年内还选修了第5门AS Level课程。

如果学生希望在学习学术课程的基础上再获得职业技术的教育，他可以以6个单元的高级GNVQ课程代替一门A-Level课程，也可以以工作经验传授课代替一门AS课程。

2. 以“学习领域”为主线的课表

第二类课表强调的是学生获得知识的宽度。其一，它将A-Level课程和高级GNVQ课程分为5个“课程领域”，鼓励学生从尽可能多的领域中选择课程。其二，要求学生学习关键技能课程。其三，通过一定的GNVQ课程促进第六学级课程的宽度和灵活性。这类课表将课程分为5个模块，学生从模块1~4中选择他们主要学习的证书考试课程，还要从模块5中选择部分内容。希望获得较宽广知识面的学生可以参照此课表选择。

3. 体现第六学级课程灵活性的课表

第三类课表体现了第六学级课程的灵活性。其一，它将证书课程分为数量相当的典型的两大类：学术类课程（AS，A2）和职业类课程（高级GNVQ），学生可以任意在两类课程间进行选择，组成适合自己发展的学习计划；其二，学习高级GNVQ课程的学生也可以在更多的职业领域内学习。此外，课表中的关键技能要求所有A-Level学生选择。这类课表将课程分为6个模块，学生主要学习的证书课程分别从模块1~4中选择，模块5和模块6分属于学生必须参加及可选择的学习内容。

对于所有第六学级学生来讲，希望自己未来做什么、通过什么途径发展、获得哪些方面的知识与技能等，他们都可以参照相应的课程组合模式制订自己的学习计划，规划未来。

综合以上几种课程组合模式，第六学级共为学生开设了三种类型的课程：学科课程、综合课程及活动课程。基于其为升学作准备的大学预科性质，第六学级学生的学习课程以分科的学科课程“A-Level课程”为主，学生将来可以很快适应大学的学习生活。另设有综合课程，如普通常识，一般给文科学生讲授的内容涵盖较广泛的自然科学知识，给理科学生讲授的内容涵盖较广泛的人文社会科学知识。同时，各个第六学级都开设有多种多样的供学生选择的活动课程，如运动、校内服务课、社区服务，等等，在活动中巩固学生知识、培养多种能力。最后，在每一个第六学级学生的学习计划中，学术类课程与职业类课程可以同时存在，实现了两者的有机融合。

五、英国第六学级课程发展特点

从以上第六学级课程的发展历程我们可以看出，英国的高中教育课程改革是围绕考试改革（即其证书制改革）进行的，课程改革是以考试改革为航标引导的，课程适应考试，考试引领课程。通过几次大刀阔斧的课程改革，英国政府把对教育的关注逐渐转移到对学生的关注上：从高中教育只是少数人的特权，到开始把更多的人包含在教育关注之中，教育为更多的学生服务；从教育要促进学生多方面的发展，到教育促进“每一位”学生多方面的发展，并为每一位学生的未来作充分准备，其教育逐渐走向以“人”为本的发展之路。对此，我们可以归纳出如下特点。

（一）强调课程的多样化和选择性

强调高中课程的多样化和可选择性是英国高中课程结构的一个重要特征。第六学级设置了多样化的课程，使学生在课程方面享有尽可能多的选择机会，其菜单式的课程选择，更能满足学生多方面的能力、兴趣、爱好需求和发展倾向。保证课程具有可选择性的基本措施，就是合理调整必修课程与选修课程之间的比例关系，为高中生对课程的选择拓展空间。必修课程是英国所看重的“核心课程”，英国高中阶段的国家课程要求必修课程要包括两部分，一是3门核心科目，即英语、数学和科学；二是其他基础科目，共7科，即历史、地理、科技、音乐、艺术、体育及现代外语。

（二）将职业教育课程引入普通高中阶段

高中阶段的课程与教学既要为高等教育的发展服务、为高等教育输送合格新生，又要为学生的就业和生活作准备。英国的高中生必须接受职业教育，并获得一定的学分，获得为关键技能设立的独立的证书方可毕业。

这一举措的目的是培养学生具备牢固的关键技能，重点是提高学生的实际工作能力。在普通高中阶段就进行职业教育，不仅提高了学生的就业能力，同时也从整体上促进了就业人员技术水平和能力的提高。具有坚实的关键技能基础，将有力地促进个人终身学习、工作和生活质量的提高。

（三）强化工具性课程

随着经济全球化的不断推进，各国之间的交流将日益频繁，外语能力无疑对于高中生的终身发展具有重要意义。因此，英国首先非常强调高中生外语能力的培养，例如，英国所有高中都开设多种外语供学生选修，如西班牙语、法语、德语、拉丁语及希腊语等；其次，关注科学技术的发展，强调高中生的学习经验与社会生活的联系。随着科学技术的迅速发展，尤其是信息技术的长足进步，科学技术的新成就进入了高中课程，让高中生了解科技的最新进展，跟上时代发展的步伐。高中生思维活跃、兴趣广泛，高中课程改革应引导他们将课程内容与社会生活联系起来，为高中生的体验和实践活动开辟空间。

（四）学生的整体发展已成为英国高中课程改革的中心议题

无论是课程设置还是教材内容编排，学生的整体发展都是这些改革措施的出发点和归宿。英国的高中课程改革中明显地突出对学生个性差异的重视。这一点首先反映在选修课的课时已占整个课程结构的相当比重；其次，在同一科目中增设不同层次的要求。这两方面基本上照顾了学生学习能力的差异以及兴趣爱好的需要。除了文化知识和能力的培养和训练之外，英国高中课程改革还强调了高中生对社会的参与意识，不仅在传统的学科课程中引进鲜活的、有时代感的课程内容，还着手增加新的课程领域和门类，例如，在第六学级中新增的“设计与技术”“信息和交流技术”和“综合学习”等课程。教育专家们都认为，高中生不能局限于只会“解题目、做文章”，更应该了解社会，懂得生活。

第三节　英国普及高中教育的教师培养与培训

从根本上讲，教师是普及高中教育的承担者和执行人，普及高中教育的质量在相当大的程度上依赖于教师队伍的状况。因此，英国把建设一支高质量的师资队伍视为提高普及高中教育质量的保障，在教师的培养与培训、提高教师资格要求、加强教师的资格审查和完善教师的进修培训方面，都做了大量的工作，从而建设了一支稳定而合格的师资队伍，为其普及高中教育创造了条件。

一、规定教师资格，大力提高教师专业水平

英国教育与就业部在1989年就颁发了新的教师教育课程专业性认可标准:《职前教师教育课程要求》（Requirements for Courses of Initial Teacher Training）。该标准包含一系列措辞清楚、目标明确的可量化指标。作为一套判断是否可以颁发合格教师资格证书的标准，它适用于各种途径和类型的教师培训项目，也可用于在学习结束时对照考察师范生在知识、理解或能力方面还有哪些不足，以便培训机构对师范生有针对性地做出重点观察和特别要求。① 1993年和1998年，该标准经过了两次修订。2002年，为了更好地推动教师教育发展，促进英国教师专业化进程，英国教育与技能部（Department for Education and Skills，DFES）和师资培训署（Teacher Training Agency，TTA）又重新修订了“合格教师资格标准”，教师资格认证标准是教师职业的专业标准，它是对教师应具备的专业素质的厘定。它要求只有经过系统的专业训练，学术素质、专业素质均达标者，才能取得教师任职资格，这对教师专业发展来说，是实现真正“专业自主”，确保提高教师专业水平的一个关键。英国新修订的“标准”，从“专业价值观

① Department of Education and Employment. Requirements for Courses of Initial Teacher Training [R], 1998. 8.

和实践”“知识与理解”“教学”三个大的方面对申请教师者提出了具体的要求，具体内容如下①。

（一）专业价值观和实践（Professional Values and Practice）

1. 对所有的学生都具有较高的期望值，尊重学生的社会、文化、语言、宗教和种族背景，能以提高他们的学业成就为己任；

2. 始终如一地尊重和关心学生，关注他们的成长和进步；

3. 具有积极的价值观、态度和行为，并成为学生效仿的典范；

4. 应该能够并有效地与学生家长以及监护人进行细致的交流，帮助他们明确其在学生学习中的角色、权利、责任和义务；

5. 教师应该能够分享学校共同体的责任和义务；

6. 理解并支持同事和其他专业人员对于教学所作的贡献；

7. 通过评估、学习其他人的有效经验和教训来提高自己的教学水平，教师应该具有专业发展的动机；

8. 对自己的职业发展有较强的主动性和强烈的责任心；

9. 有意识地参与到有关教师责任方面的法规性文件的建设当中。

（二）知识和理解（Knowledge and Understanding）

标准要求具有合格教师资格的人员在他们所教授的学科中能够具有权威性和足够的信心，能清楚地知道如何使所有学生都获得应有的进步，并能恰当地把握对学生的期望值。具体表现在：

1. 教师必须具备学科知识的扎实基础和对学科知识的正确理解，教师必须接受过培训，必须具备一定的学位水准，对于那些有资格教中学生的教师而言，这种知识和理解应该具有等价于学位水平的标准；

2. 应该知道和理解全国课程指南设置的普通课程教学要求的价值、目标，教师必须接受培训，熟悉公民教育课程以及全国课程框架里有关个人、社会和健康教育的方案；

3. 应该意识到在关键阶段怎样从事典型课程和教学安排；

---

① Standards for the Award of Qualified Teacher Status (A Summary) [EB/OL]. [2007-05-18]. http://www.tta.gov.uk/php/read.php?sectionid=110&articleid=459.

4. 懂得如何通过自己的言谈举止、学识水平、社会责任、文化修养和情感来影响学生的学习；

5. 应该能够知道在教学中有效地运用信息技术媒体，同时促进专业发展；

6. 应该理解特殊教育需求（Special Educational Needs，SEN）的教学实践责任，并积极向专家寻求特殊教育的方法；

7. 懂得运用一系列策略改进教学行为，建立有意义的学习环境；

8. 通过数学、文学、信息和交流技术这几门教师资格技能考试。

（**三**）**教学**（Teaching）

那些获取合格教师资格的人员必须具有如下表现。

1. 计划、期望和目标（Planning，Expectations and Targets）

（1）在课堂上为所有的学生设定有挑战性的教学目标，其依据取决于对学生下列情况的掌握程度：学生的基本情况，学生过去和目前的成绩情况，对应某年龄阶段学生的预期标准，对应某年龄阶段学生的工作范畴和内容。

（2）应该根据教学目标设计课程、课程步骤和学生评价工作，教师应该考虑学生的多样化需要，以便不论男女生、不论哪个种族的学生，都能获得较好的发展。

（3）为保证组织活动的安全和有效，能考虑到学生的兴趣、语言和文化背景，在适当的方面借助教工的帮助，选择和提供各种资源，并制订计划。

（4）参加并投身于适合学校教学的社团活动。在合适的场合，策划调动其他成年人的积极性来帮助学生学习。

（5）借助其他教工的帮助，为学生制订计划，使学生能在校外进行相关学习，如校际访问，参观博物馆或剧院，开展实践活动和就业实习等。

2. 监督和评价（Monitoring and Assessment）

（1）能够根据已经计划好的教学目标，正确运用一系列控制评价策略对学生的进步进行评估，并能运用所获得的信息进一步改进他们的计划和教学。

（2）除了能对学生进行教学外，还能对学生进行管理和评价，能给他们及时且具建设性的反馈以支持其发展。能够参与学生对自我成绩的反思、评价与改进。

（3）能够正确地运用如早期学习目标、国家课程水平描述、国家资格标准、颁发证书的需要及来自国家策略的国家课程和基础阶段评估结构或目的对学生的进步进行评价，并及时从其他经验丰富的教师那里获得正确的指导。

（4）识别和帮助更有能力的学生、未能达到相应年龄段学习目标的学生、没有在学习中发挥出潜力的学生以及那些遇到行为、感情或社会挫折的学生。

（5）在富有经验的教师的帮助下，他们能确定学生学习英语所达到的水平，并开始分析学生的语言需求和学习活动，以便提供语言支持和认知挑战。

（6）系统地记载学生的进步和成绩，以此证明学生在过去的时间里，在学习和工作范围内取得的进步和成就。教师以此帮助学生回顾他们自己的进步并制订计划。

（7）凭借以上记载，向家长、监护人、其他的专家和学生进行简明、资料丰富且准确的口头和书面报告，汇报学生的成就和进步。

3. 教学和课堂管理（Teaching and Class Management）

那些具有合格教师资格的教师应该具有以下特征：

（1）以教学为中心，对学生有较高的期望值，并且能成功地建立起与学生的良好关系，能建立有目的性的学习环境，尊重多样性，学生身在其中，能有安全感和自信心；

（2）能够在他们接受训练的时间内按照需要或期望教学生相关的知识，让学生理解知识，掌握技巧；

（3）有效组织并管理教学时间，教学应条理清晰，结构明了，并能开展有趣且能激发学生潜能的系列活动，如将学习目标清楚地展现给学生，运用互动式教学方法进行团队合作，有效组织并管理教学时间，激发学生自我思考，组织学生制订自学计划并进行自我管理；

（4）在一段时期内，对教授一个或多个班级承担完全的责任，在接受相应培训后可以教授跨年龄段和有不同能力的学生；

（5）要能够给那些正在把英语当做补充语言学习的学生以支持，在适当之处要提供给他们有经验教师的帮助；

（6）能够考虑到学生不同的兴趣爱好、经验和成就，要考虑到来自不同文化背景和民族的群体，帮助学生取得进步；

（7）能够高效地组织和管理好课堂上的教与学；

（8）他们要能够安全有效地组织和管理物理教学的空间、工具、材料、课文内容和其他的资源，能够从支持人员那里获得适当的帮助；

（9）要对学生的行为有较高的期望，建立一个清晰课堂规范框架来预见和管理学生的行为，使之具有建设意义，提高学生的自我控制能力和独立意识；

（10）能够在自己的教学中有效地使用ICT（信息技术与交流）；

（11）他们要能够在一个持续的和牢固的时间段里对课堂教学负起责任来。他们要能够在接受训练的时间范围和能力范围内很好地教学；

（12）布置家庭作业和其他的课外学习，以便将课堂知识加以巩固和延伸，鼓励学生独立学习；

（13）在经验丰富教师的适当帮助下，能与专家型教师或其他同事进行协作，管理其他促进学生学习的工作人员；

（14）根据相应的政策和常规，能对课堂上同时出现的各类事件，如对传统观点的挑战、欺凌弱小或侵扰同伴等现象进行有效识别并做出恰当反应。

通过制定合格教师资格标准，英国加强了对高中教师质量的管理与控制。标准的制定不仅给英国高中阶段的教师资格认证制度提供了统一的客观依据，给全国高中教师提出了一个统一的质量规格，加强了国家对教师教育质量的控制。同时，对英国高中教师教育的发展也具有导向性、约束性和规范性的作用，为英国高中教师培养的正规化发展奠定了基础。总之，标准中关于高中教师要求的规定，不仅有利于提高英国高中教师队伍质量，规范和提升高中教师的素质，而且推动了英国高中阶段教师专业化发展的进程。

二、大力发展师范教育，培养合格教师

英国政府十分重视高中教师的职前培养，积极探索新的培养模式，注重提高教师的职业技能，为教师的专业发展奠定一个良好基础。

英国实行的是开放式的师资培养体系，合格教师的培养途径主要有两种：一是三年制和四年制的教育学士，学生就读于大学的教育系或教育学院；二是在三年制的第一学位基础上再继续进修研究生教育证书课程（Postgraduate Certificate in Education，简称 PGCE）。PGCE 课程培养新教师的对象大多是已取得了各种专业学士学位的大学毕业生，他们在大学毕业后再到教育系或教育学院接受一年的全日制师范教育，学习和培养有关的教育教学能力，为以后胜任教师工作打下坚实的专业能力基础。

英国的教师培养在 20 世纪 80 年代后出现了一些新的发展趋势，主要表现在以下几个方面。

（一）探讨“以学校为基地”的教师培养模式①

1991 年教育和科学部（Ministry of Education and Science）发表了皇家督学团（Her Majesty's Inspectors，HMI）提交的《英格兰和威尔士以学校为基地的职前师资培养》（School-based Initial Teacher Training in England and Wales）报告，1992 年 6 月又发表了《职前师资培养（中等阶段）》的报告，接受了已在各地中小学盛行的以学校“岗位培训”取代过分重视教育学理论的做法。“以学校为基地”的模式分为以中小学为主和以大学为主两种。前者主要是单一的中小学与大学教育系签订培养合同，中小学在选择学生方面有主动权，师范生在中小学里进行训练，由学校根据自己的标准和要求对他们进行评价，合格的毕业生通常到受训过的学校任教；后者则由大学教育系与当地数所中小学签订培养合同，共同选择师范生，由大学安排师范生的受训学校，接受训练的学校通常有数所，由大学和有关中小学根据共同制定的标准对他们进行考核和评价，毕业生就业不受培养

---

① 王健，张桂霞. 英国“以学校为基地”的教师培养模式及其启示［J］. 湘潭师范学院学报（社会科学版），2003（4）：138－140.

学校的限制。无论是以中小学为主还是以大学为主的模式都十分重视大学与中小学之间的密切合作，这样就完全改变了长期以来盛行的以大学为本的教师培养模式，使中小学与大学培养机构之间建立了一种平等的“伙伴式”关系。

（二）注重提高教师的职业技能和教育胜任力

英国在教师教育改革过程中十分注重教师职业技能的培养，如许多地方建立了职业技能档案，要求师范生形成自我记录、自我分析与他人评价相结合，不断克服存在的问题，养成合格教师应有的素质，并希望中小学教师在加强教师职业技能培养的过程中能给予协作。1992 年英国教育和科学部在《教师职前培养改革》文件中，提出了 27 条教师基本技能及对各项技能的鉴定方法，具有较强的操作性。这些基本技能包括组织课堂的技能、口语技能、科学课（化学、物理、生物等）实验技能、组织班会技能、组织兴趣活动技能等。[①] 1994 年，教育家泰勒在分析当时英国的教师教育政策时认为，教育胜任力是衡量教师培养效果的“核心标准”。总之，加强教师教育胜任力的养成，反映出教育实践需要有能力较强的、善于应对和处理具体问题的教师。目前，强化教师职业技能培养方面的改革在英国仍有继续深入的趋势。

（三）对教师教育课程的职业有效性进行审定

为确保教师教育课程的职业有效性，英国对教育专业课程和教育证书课程（统称“教师教育课程”）实行学术有效性和职业有效性审定，这样既保证了教育专业的学术水平，又能确保毕业生的职业水准。学校有效性审定主要审查是否具备教师教育课程的师资、仪器设备、实习基地，尤其是设置的专业课程是否达到同级学位水平，这个过程主要由大学自己进行，以能否发放毕业证和学位证为标志。教师教育审定委员会（The Council for the Accreditation of Teacher Education）负责对教师教育专业的职业有效性进行审定，它主要审查专业课程是否适合教师的职业要求，以毕业生能否获得教育部颁发的教师资格证书为标志。教师教育审定委员会依据

① 梁忠义，罗正华．教师教育［M］．长春：吉林教育出版社，2000：352.

1985 年颁布的《新教师培养课程批准准则》对各高校的教师教育课程进行鉴定，然后根据鉴定结果向教育部建议各高校的教育专业毕业生能否获得教师资格证书。该准则包括各类教师应具备的素质和能力、专业课程的要求、训练项目和方式、各科最低学习时数、考核机制、新生素质和录取条件等。1992 年颁布的新准则又对审定程序作了完善，使审定成为经常性工作，并注重审定 5 年发展规划包括专业调整、师资结构和新增教育专业等。目前，英国教师的职前培养已由“定向与非定向相结合型”转向“非定向型”。“定向”是指以师范院校培养师资为主的教师教育；“非定向”是指以综合大学培养师资为主的教师教育。英国职前教师培养机构主要有五类，即综合性大学教育学院或教育系、多科技术大学教育系、教育学院、艺术教育中心和开放大学。这些教育机构各具特色，共同承担职前教师的培养任务。[①]

（四）建立和完善教师评价制度

在教师培养的整个过程中，英国始终把教师评价看做是提高教师专业水准和改善教学工作的重要环节。1991 年 7 月英国教育与就业部公布了《学校教师评价条例》，要求英格兰各地在公立中小学建立教师评价制度。针对在实施中出现的各种问题，2000 年教育与就业部公布了《中小学表现管理》通告，要求英格兰各地公立中小学根据新的表现管理（performance management，一种以学校为基本单位，集教师队伍的管理、培养、评价和专业成长于一体的校本教师评价制度）系统对原有的教师评价进行全面修订，并从当年秋季起推广新的教师评价制度。2001 年政府又颁布新的条例并提出了新的评价框架。总之，英国教师的职前培养、入职培训和在职进修三个阶段已形成一个有机的整体，它们在英国教师的专业成长中发挥着重要作用。

（五）教师培养层次不断提高

20 世纪 60 年代中期，英国大学设立了教育学士和研究生教育证书制

---

① 易红郡．英国教师职前培养、入职培训和在职进修的一体化及其特征［J］．高等师范教育研究，2003（4）：74－84.

度，逐步使中学师资全部具有大学本科以上学历并接受过师范教育的专业训练。在以后的十几年中，中学教师中具有研究生教育证书的人员比例不断提高。进入 80 年代，教育学士学位和研究生教育证书的人员比例由 1966 年的 6.8∶1 提高到 0.6∶1。目前，研究生教育证书制度已成为英国最通行的培养中学师资的形式。

三、建立教师培训制度，不断提高教师的水平

自 20 世纪末以来，教师在职进修已成为英国教师专业成长的一个重要组成部分，并逐步朝制度化和规范化的方向发展。

（一）英国政府对教师在职进修高度重视

20 世纪 70 年代以来，英国公布了一系列有关教师在职教育与培训的报告和发展计划，使中小学教师的在职进修得到了飞跃发展。1972 年的《詹姆斯报告》（James Report）要求大力发展教师的在职教育与培训，认为这是改善教育质量最迅速、最有力和最经济的方法。1983 年发表的《教学质量》（Teaching Quality）白皮书对教师的在职进修再次予以肯定，并认为所有教师有必要不断地参加在职进修活动，使培训、经验、资格、工作安排和晋职之间建立一种更为紧密和清晰的联系。1985 年发表的《把学校办得更好》（Better School）白皮书中，要求所有教师都应定期接受在职培训，学校和地方教育当局应更系统地进行规划，使培训更好地适应教师职业发展和学校课程的需要。进入 20 世纪 90 年代后，为推广国家课程，政府拨专款用于在职教师的培训计划。如 1991 年英国政府宣布实施一项称为“教育支持与训练补助金”的年度计划，仅在 1992 学年至 1993 学年就投入 2.28 亿英镑，用于各地中小学在职教师培训及课程改进等方面的工作。2001 年 3 月英国政府颁布了促进教师专业持续发展的文件《教学与学习：专业发展战略》（Teaching and Learning：Strategies for Professional Development）。该文件认为，制定专业发展战略的目的旨在给教师提供更多相关的、集中的和有效的发展机会，以提高教师的技能、知识、理解力以及他们在学校中的工作效率。

（二）地方政府和学校的积极配合

英国在职教师的进修由联邦教育和科学部、地方教育局负责，教育和科学部通过调查报告和下达文件对在职教师的进修进行指导与评价，地方教育局则直接负责本地区教师进修的规划、组织领导、经费使用。中小学校中一般有一名副校长负责这项工作，组织新教师的试用、考核，安排老教师指导新教师与青年教师，为教师提供所需的进修图书资料，等等。许多学校还经常组织校内教师进修小组，研讨教育工作与教学中遇到的难题，有时请校外专家来校教学，有时也组织教师到校外进修机构听课。英国各地区还设有教师中心，负责本地区中小学教师的培训提高工作。中心的活动灵活多样，主要有举办短期业余进修班，组织教师学习教育政策法令、规章制度；针对教师的实际需要，组织各学科的短期课程，聘请专家授课；组织教师研究课程设计，研讨教材或编写补充教材；为进修教师提供信息资料和教学设备如视听装置等。

（三）高等院校的大力支持

承担教师培训工作的高等教育学院大都结合中小学实际，为在职教师开设提高学历的学位课程、证书课程，修完这些课程经过考核及格，可由“全国学位授予委员会”颁发证书。高等教育学院还为在职教师开设短训班，解决各学科教学上的问题。大学还为在职教师提高学历水平服务，不少大学都设立在职教师进修专业，入学对象为具有 5 年以上教龄，并有丰富教学经验的教师，开设教育学士、硕士以及博士学位课程和各种教育证书课程，大学还为本地区的中小学教师开设各学科业余进修班，经 2 ~ 3 年的业余进修，及格后也可获得相应的学位或教育证书。其中，开放大学是颇受英国在职教师欢迎的进修机构，它的特点是入学不受学历的严格限制，凡年在 21 岁以上有能力接受大学教育者都可进入开放大学，采取广播、电视、函授与暑期学校相结合的办法教学，开设本科学位课程、研究生学位课程和非学位的选修课。1980 年全校开设课程 130 门，学生可根据本人的条件与需要，任意选修。经政府批准，修完本科或硕士学位规定的课程或通过论文、考核及格者都可获得学位。

（四）进一步改进和完善教师在职进修制度

1. 教师在职进修的形式和内容灵活多样

英国在职教师进修可分为全日制脱产进修、半脱产进修和业余不脱产进修。脱产进修只有具备5年以上教龄的教师才有权申请，而能获得批准的人仅占申请者的1/3。因此，地方教育当局和学校鼓励教师参加半脱产或不脱产的进修。在职进修的活动包括课程学习与编制、学科会议、专业讲座、研讨会、示范观摩课、展览活动、参观等。在职进修的课程有一年以上的长期课程、一学期的中期课程和只有几天的短期课程。长期课程又分为学位课程和证书课程，往往与提高教师学历和骨干教师的教育科研能力相关。中短期课程则通常与中小学实际需求密切相关，因而最受教师欢迎。如伦敦大学教育学院在职教师进修课程主要有教育学士荣誉学位课程、高级文凭课程和短期课程等，在职教师可以根据工作与职业发展需要选择相应课程。

2. 对参加在职进修的教师给予特别关照

如获准参加脱产进修的教师可带全薪学习；为教师进修提供方便，如培训机构尽量把活动安排在非教学时间内进行，教师中心和所在学校常为教师在职进修提供信息和资料。

3. 把在职进修和晋级加薪结合起来

为了鼓励在职教师进修，英国政府还规定：中小学教师每任教5年就可脱产进修一个学期，获准脱产和半脱产进修的教师可带薪参加学习，参加并完成各种一年进修课程的教师，其工资可高于不进修者4%～5%。同时，在职进修以后，晋级的希望较大，晋级又与增加工资相联系。这一切都大大提高了教师进修的积极性。[①] 此外，在英国中小学教师的工资制度中，还专门设有鼓励教师参加在职进修的津贴。如最近英国教育与就业部宣布，所有参加“研究生教育证书课程”的人员学习期间将享有全年6,000英镑的培训工资；对参加“毕业生和注册教师课程”的在职教师，受训期间可享有最高达13,000英镑的培训工资和4,000英镑的培训补贴，

① 冯增俊．当代国际教育发展［M］．上海：华东师范大学出版社，2002：41.

这样就把参加在职进修与教师的切身利益紧密结合在一起。英国中小学教师参加进修的热情很高，参加在职进修的教师占教师总数的90%以上。

总之，近年来，教师教育在英国受到了极大的重视，国家不断加强对教师教育的控制与督导，在教师培养与培训方面总结出了一套比较成熟和完善的制度，从而为保证高中教育的质量提供了保障。

第四节　英国普及高中教育的难点分析

英国在普及高中教育的过程中也面临着许多问题，大致可分为以下几个方面。

首先是教育资源严重不足。据皇家督学团的调查，大多数实行国家课程的学校教学设备条件不足。在被调查的中学中，设备很差的占半数以上，仅有1/3的学校有足够的设备。另据英国大学入学服务中心对1,145所中学的调查表明，有70.2%的调查对象认为，现有的教育资源对他们实施国家课程会产生不同程度的负面影响，而在综合中学这一数据高达78.8%。另外，《课程2000》（Curriculum 2000）的推行给普通高中的教育教学规划带来很大的不确定性，尤其是新的高级教育证书的引入，使得很多普高教育机构面临着资源短缺的困境。它们必须在现有的教育框架下，提供更宽广的学生自选教学计划及丰富的学生课外、社区活动，旧有的体系与更新的内容不断呈现出不相容的迹象，从而导致教育资源调剂运作的捉襟见肘。[①]

为解决教育资源严重不足的问题，英国政府加大了教育投入的力度。新工党在2001年的竞选宣言中承诺：在未来的三年中将投资80亿英镑用于建设新校舍和购置教学设备，以及建立650所新学校等。2002年7月教育与技能部进一步阐述了今后教育投入的目标：（1）英格兰的教育投资在以后三年中将以6%的速度递增，从2002—2003年的450亿英镑增加到2005—2006年的578亿英镑。（2）到2005—2006年，教育投资将由目前

① 王凯．英国普通高中课程改革透视［J］．教育评论，2003（3）：97－99.

占国民生产总值的5.0%上升到5.6%。其中大部分资金将投入到改革中等教育（包括高中）上去，这一大的资金注入举措将进一步掀起英国中等教育改革的狂潮。①

其次是师资短缺，教师供给出现危机。尤其是新教师的流失率居高不下，教师职业生涯的头几年是影响他们专业倾向的关键期，决定着他们是否乐于终身从教。据英国师资培训署1997年3月发表的关于教师短缺的统计报告，中学数学、科学、设计与技术、现代外语和音乐等课程的师资正在影响英国中学教学质量的提高。据不完全统计，在英国，有30%～50%的教师会在从教5年内离开教师队伍，新教师的流失率为老教师的5倍之多，还有近50%的中学教师和1/3的小学教师在取得教师资格后没有继续从事教师职业，尤其是男性教师和少数民族地区的师资非常紧缺。分析认为，他们之所以会弃教改行，除了教师职业工资较低、工作环境差、职业压力大等原因外，主要原因还在于他们在头几年的工作中感到难以适应和胜任专业要求。在这种情况下，一些人就会选择改行。因此，有必要通过有效的措施来确保教师队伍的稳定性。另外，一些教师不能胜任国家课程教学的现象也十分突出。为此，英国政府要求教师职前培训机构应使教师为国家课程的实施作好准备，地方教育当局和学校也应对教师的在职进修进行规划，以使教师为应对各种变化作好必要的准备。

再次是高中教育中的不平等现象，这种不平等现象突出地表现为学生的学业成就的不平等。学生在学业成就上的不平等，不仅表现在个体之间的差异，同时也有社会群体之间的差异，如性别、种族集团和社会阶层。

首先是性别差异。从总体上看，在不同水平的学校考试中女学生比男学生成绩好，但在所取得的成绩中并不是所有的学科女生都好。在有些学科中，女生的通过率高，而另外一些学科则男生的通过率高。在1995—1996学年，女生在英语、法语、历史学科中成绩比男生好。需要说明的是，在数学课中，男女生的通过人数差别很小。在第六学级学院中，艺术课是女生的优势课，而数学和科学类则是男生的优势课。在普通学校中，男女生比例是男生51%，女生49%，而在特殊学校女生只有33%。1995—1996学年，全日制学生中男女生比例几乎相同，而部分时间制学生

---

① 王凯．英国普通高中课程改革透视［J］．教育评论，2003（3）：97－99.

中，女生占学生总数的55%，男生占45%。

其次是社会阶层差异。英国是一个阶级划分比较鲜明的国家，其高中教育体系实行双轨制，有公学和私学之分。英国的公学（Public School）教育闻名世界，但是“公学”的称谓徒有其名，并非向大众敞开，而是地地道道的私立学校。公学是英国所有中学中教学水平和学业成绩最高的，公学教育设备先进，师资力量雄厚，其毕业生大多能进入牛津、剑桥等名牌大学就读。年满16岁的学生可进入公学学习，一般由家长负担昂贵的学费，普通收入家庭的孩子是上不起的。由于有钱人士或上层社会的家庭才有可能接受公学，因此，他们的子女通过公学占据了大部分高级的社会位置，从而严密把持了英国的上流社会，促使人们受高中教育权利不平等现象的加剧。根据社会学家科尔曼（James S. Coleman）的报告和大量研究证明，家庭背景是影响学业成绩的重要因素，考试及其结果必然有利于来自社会地位较高、经济状况良好家庭的学生，而不利于家境贫困的学生。可见，一定的社会阶级结构和阶级关系直接影响到一定时期的教育机会和教育权利。在英国，长期以来，儿童基本上是按照他们的社会地位来接受教育的，贵族阶层、中产阶级和工人阶级子女所受的教育截然不同。奥尔德里奇曾指出，20世纪校内外实施的教育，与其说决定了社会阶级，倒不如说依然反映了社会阶级。

再次就是种族集团的差异，这除了与每个种族的特点有关外，同时也与每个种族的社会地位有关。

最后，普及率还有待提高。20世纪80年代中期，英国16岁以上的学生接受全日制教育的只有40%。进入90年代以来，约30%的英国青年在16岁完成义务教育后便停止全日制学习，去从事低技能、低收入的工作，使工商企业聚集了大批16岁以下的劳动者。现有劳动者中，30%属于低技能者。在国际经合组织25个成员国中，英国17岁青少年接受教育的人数居第20位，远远低于美国、日本、德国、瑞典、法国等国家。在已通过义务教育阶段考试的学生中，有50%的人5门功课在良好以下，多数学生英语和数学达不到要求；技能水平不高，走向社会后遭到雇主的排斥；即使是在义务教育阶段后两年仍有超过10%的学生辍学。针对这个问题，英国教育和技能部部长鲁思·凯利在《14~19岁的教育和技能》白皮书中就明确提出，要建立一个聚焦于高标准的、更加适合于个别年轻人才能和抱负的教育系统，对于其学习什么、在何处学习和什么时候获得资格证书都给予更大的灵活性。即消除16岁后较低的入学率，让17岁的入学率从目前的75%提高到90%（在10年内）；确保每一个年轻人的英语和数学基础以及他们所需要的就业技能方面有一个健全的基础；提供较好的职业路径，使年轻人具备进一步学习和就业所需要的知识和技能；使所有的年轻人得到拓展；使学习不专心者重新投入到学习中来。改善中等教育的供给，尝试中等教育课程职业化。英国教育与技能部反复强调职业教育的重要性，确认学生从14岁开始职业选择的可行性，为学生提供多样化的选择。一是确立职业教育与普通教育等值的观念。二是在国家课程中增加职业类课程的比重。三是建立职业教育和普通教育混合考试机制。①

第五节　英国普及高中教育的经验教训对我国的启示

高中是高等教育的重要人才库，是社会劳动力的最直接源泉，高中教育的质量问题自20世纪90年代末开始便已经成为英国政府关注的焦点之一。我国在完成九年义务教育的普及后，也将大力发展普及高中教育，因此，借鉴英国普及高中教育中的一些好的经验，有利于推进我国高中教育的普及化。

一、普及高中教育需要制度保障

普及高中阶段教育关乎国家发展大局。高中阶段教育是升学选拔、分流竞争的重要阶段，涉及教育公平，因而选拔的合理性、科学性、公平性，极易成为社会关注的问题；而且这一阶段教育以青少年为对象，青少年时期是人生的过渡期、转折期和成长期，存在着极大的不平衡和不稳定。如果大多数15~17岁青少年不能接受高中阶段教育，直接就业或在家

① 翟海魂．英国高中阶段教育的教训对我们的启示［N］．光明日报，2004-08-25，(C3)．

待业的状况长期存在，将严重制约我国劳动力水平的提高。

我们看到，英国政府对普及高中教育极为重视，制定出台了大量的政策文件，保证了普及高中教育的良性发展。我国教育部在2003年公布的首份《中国教育与人力资源问题报告》中也指出，在我国已基本实现普及九年义务教育后，高中阶段教育应该成为今后教育规模发展的主攻方向，但从目前来看，我国政府却未对普及高中阶段教育做出有效的制度安排。报告中说，由于高中阶段教育从经济属性上来说既不同于九年义务教育也不同于高等教育，政府推动九年义务教育普及模式和私人投资取向的高等教育扩大模式，都不能直接适用于迅速普及高中教育。另外，在九年义务教育阶段和高等教育阶段，我国都已经初步建立了保障具备资格学生就学权利的机制，相比之下，高中阶段教育在此方面几乎还是空白，我国还没有正式建立起资助高中贫困生的政策体系，同时私人也缺乏投资高中阶段教育的积极性，学生就学权利没有从制度上得到充分保障。制度保障主要涉及用法律确立有关普及高中教育的各项重要问题，如普及高中教育学校的设立、家长送子女受教育的义务、教育经费的来源与分配、普及高中教育的免费问题和学校的人员及管理问题，等等，这些都需要政府和社会的共同关注和努力。

据分析，当前我国高中阶段教育适龄人口已进入高峰期，而且将持续3～5年。目前高中阶段教育投入不足、资源紧缺，已经导致了半数初中毕业生无法升学、大批低素质人口积淀。因此，如何通过制度创新和普及立法加速高中阶段教育的发展，是对我国未来教育发展的一个重大挑战。[①]

二、将职业教育与普通教育相结合，实现高中阶段教育的双重功能

高中阶段教育承上启下，处于初中和高等教育之间，既要为高等教育作准备，而且还要联系就业，同时还承担公民教育的职责，具有选拔、职业生活预备的双重功能。长期以来，我国单一普通高中与单一职业高中并行的“双重结构”教育体制，事实上已造成这样的两难困境：一方面，大量高中毕业生除了一部分能继续升学外，绝大部分必须进入劳动力市场就

① 翟帆．普及高中教育呼唤制度保障［N］．中国教育报，2003－03－10，（2）．

业。但普通教育性质的普通高中事实上已演变为单一的升学预备性教育，仅仅重视学术性理论知识的传授，忽视职业技能的训练，致使那些进入劳动力市场就业的学生缺乏就业的思想准备和职业技能，难以适应劳动力市场的竞争。而另一方面，单一就业预备教育的职业高中则往往只重视单项的、狭窄的职业操作技能训练，普通文化知识教育和对学生进行科学思维训练方面比较薄弱，致使职高的毕业生后劲不足，难以适应市场经济对人才的多种需求和本专业深层次发展的需要。可见，这种高中教育体制上的“双重结构”难以适应社会、经济发展对人才的多层次、多规格的需要，不利于办好所有的普通高中与职业高中，阻碍学生个性特长发展。2008年，我国高等教育毛入学率约为23.3%，但仍有绝大多数18~22岁年龄段青年将直接就业。英国第六学级的发展用事实证明，中等教育单纯的升学导向，不仅不会加快其发展的速度，而且还会带来发展的畸形。因此，只有既下力抓优质普通高中，又重视职业教育，满足各方面的不同需求，才能全面实现高中阶段教育的功能。

三、高中课程设置要与考试制度改革紧密结合

如前所述，英国高中教育的课程设置与考试制度是紧密结合的，其高中教育改革是围绕考试改革（即证书制改革）进行的，以考试改革为航标引导其他方面的改革，如课程改革与证书制改革紧密相连，从而形成了“课程适应考试，考试引领课程”良性循环的局面，这对我国普及高中教育也有很大的借鉴意义。

我国为加快普通高中的课程改革，教育部在2000年出台了《全日制普通高级中学课程计划（试验修订稿）》，要使课程计划得到完整的实施，高考制度的影响不可忽视。我国的高考制度在某种程度上制约着高中课程的改革，虽然高考制度历经多次改革的尝试，但现行的“大一统”的指导思想还是占了重要的位置。由于根深蒂固的传统思想，使得我们在高考的改革中不敢迈开大步，只能稳中求进，使得现行的高考制度仍然以“分数”衡量学生的优劣，这一“人才”标准，必然引导中学为了培养数量不多的“人才”而有针对性地应试教育，也必然牺牲了大多数学生的求学权和利益，这是与我们的课程改革的指导思想和培养目标相违背的，进而也

就制约了高中课程计划的全面实施。因此，课程改革要取得成效，必须与考试制度的改革结合起来，否则很难进行和取得成效。

四、课程内容应体现广度与深度的结合

英国高中教育，特别是第六学级的教学内容，在早期存在分科过窄，而其他基础知识不足的弊病。在经过不断摸索改革后，其教学内容一方面仍然保证了学生根据自己的兴趣、特长和志向，集中主要精力学习少数几门课程，达到专深水平；另一方面又为学生开阔视野，扩大知识面拓宽了途径。当今世界，知识量急剧增长，学科分化越来越细，这就一方面需要更多的在某一学科或某一领域具有专深水平的人才，另一方面具有专深水平的人才又同时需要具备更宽厚更扎实的基础知识。高中教育就担负着处理、解决这个问题的重要任务。

就我国的高中教育而言，学校不仅应该为学生开设选修课，而且开设选修课应尽早（目前我国很多学校高三年级才开设选修课，时间太短），当然，这应该是以初中阶段扎实的功底为基础的。开设一定数量的选修课，不仅有利于高素质人才的培养，也有利于学生进入高校后更快地适应，更好地发展。

五、改革教师教育，培养高素质的高中教育师资

教师是普及高中教育工作的承担者和执行人，普及高中教育的质量在相当大的程度上依赖于教师队伍的状况。因此，培养一支高素质的教师队伍，是保证普及高中教育的关键，也是大幅度提高教学质量的关键。要提高教师的水平，首先就必须提高教师的社会地位和经济地位，改善教师的待遇，确立优待教师的制度；其次是制定教师的任职资格，提高教师的聘用标准，加强对教师资格的审查；再次是改革教师培养制度，完善其进修培训制度，定期严格考核，不合格者转业。

总之，普及高中教育是一个牵涉面很广的复杂的社会问题，需要我们在政策、人力、财政等多方面予以支持；普及高中教育还是一个长期的过程，需要我们坚持不懈地努力。

第二章

美国普及高中教育的政策与改革

作为教育大国和强国的美国，在“二战”结束时就实现了高中的普及，它是率先普及高中教育的国家之一。美国高中的普及实质上包含了两个阶段，即普及的动态实现阶段和普及后逐步完善的阶段。纵观其高中的普及过程，美国也遇到了诸多问题，并采取了相应的对策，保证了高中教育普及的顺利进行。

1821 年，美国第一所公立中学在波士顿正式开学，其宗旨是面向“没有愿望也没有条件获得古典教育的人”，为“准备成为商人和机械工人的青年提供更好的教育条件”。1827 年 1 月，马萨诸塞州颁布了《学校法》(The Law of School)，它按照每个镇或区的居民的多少规定了必须设立的三类学校。第一类是初等学校，只要求“教儿童学习阅读、写字、英文语法、地理和良好行为”；第二类学校“除教授上述学科外，还能讲授美国史、收入簿记、几何、代数”，因此可看做中等学校，规定每 500 户的镇或区都必须设立；第三类学校增加有“拉丁文、希腊文、历史、修辞学和逻辑学”，这实际上是兼顾升大学的高一级中学，故该法令有时也被称为“中学法”，该法的颁布被美国教育史家看成是“美国中学的实际起源”。①

南北战争以后，随着公立小学的普及，公立中学开始受到重视，被看做初等教育的延伸。19 世纪 60 至 70 年代，连续几年的经济危机引起了社会对增加教育税的不满，矛盾越来越集中在州或学区是否有权以征收教育税的方式建立完整的从小学到中学直到大学的“公立学校系统”。1872 年

① 韩家勋，孙玲．中等教育考试制度比较研究［M］．北京：人民教育出版社，2002：54－55.

在密歇根州卡拉马祖市发生了最终改变中等教育性质的、市民状告学校委员会征收教育税开办中学的案件，史称“卡拉马祖案”（Kalamazoo Case）。1874 年密歇根州最高法院判决原告败诉，州教育机关有权通过税收来创办公立中学。从此，公立中学被明确列入公共教育的阶梯之中，这类学校在各州如雨后春笋般涌现，并与小学相衔接，形成了八四制。中学的课程、教学方法等也相应地进行了改革。1892—1918 年，美国多次成立中等教育委员会，致力于中等教育的调查与研究，提出了许多建议，对中学产生了很大的影响。到 19 世纪末 20 世纪初，美国已形成了面向所有青少年、课程内容丰富、教学方法灵活多样的公立中等教育系统。

“二战”后，美国中等教育的改革继续强调高中教育的普及，并且从兼顾机会平等和提高质量两方面入手，机会平等在英文中为“equality”，质量在英文中为“quality”。这两个词很相似，有人便创设了一个既要机会平等又要改善质量的新词“Equality”。[①] 就机会平等而言，美国高中教育比较发达，战前正步步走向普及，但还有不少空白点和弱点；战后仍在高中教育进一步普及化方面做了三件事：一是发展少数民族教育，努力改进黑人教育和印第安人教育；二是发展残障青少年教育，把众多盲、聋、哑及智力低下者的教育设法推广；三是用贷款和奖学金等制度，使广大贫穷的青少年受到能尽其才的最高层次的教育。不过相比较而言，美国战后在提高高中普及教育的质量方面更为急切，投入的力量更大、更多。这些思想在当今美国的高中教育中也得到了明确的体现。

第一节 美国普及高中教育的政策演变

美国建国后普及高中教育的政策经历了两次重大的调整。18 世纪末至 19 世纪末，随着自由资本主义的发展，美国普及高中教育政策的目标在于通过公立中学运动，将移植过来的欧洲封建主义的、双轨制的中等教育制度改造为美国资本主义的、单轨制的公立学校系统。20 世纪以后，随着自

① 滕大春．战后美国教育的改革［J］．比较教育研究，1995（6）：1－5.

由资本主义向垄断资本主义的转型，美国普及高中教育政策的目标开始转向对公立学校系统进行改造。

一、以追求教育公平为目标的普及高中教育政策

20 世纪前半期美国普及高中教育政策的基本价值取向是追求教育的公平，即教育机会的均等。20 世纪初，美国的工业化进程进一步加快，新兴中产阶级兴起。与此同时，产生于西部的拓荒运动导致了移民人口的不断增长。这些变化对传统公立学校，尤其是公立中学提出了挑战：一方面，工业社会的发展要求公立中学教育应该面向社会实际生活的需要；另一方面，新兴中产阶级的兴起与移民人口的增长要求进一步普及公立教育，尤其是公立中学教育。然而，现实中的公立中学，却存在着以升学为唯一目标、只为少数人考虑而忽视大多数人的教育需求以及教学内容与社会实际生活脱节等问题。

为使公立中学适应社会转型的需要，在进步教育运动的推动下，美国在 20 世纪前半期展开了教育史上对公立学校教育的第一次改革，目标是实现中等教育机会的均等，强化教育与生活的联系。1918 年，隶属于全美教育协会（National Education Association，NEA）的中等教育改组委员会提出了《中等教育的基本原则》（Cardinal Principles of Secondary Education）报告。该报告从对民主制度的教育目的、教育对个人发展的重要作用的认识出发，论证了实现中等教育机会均等的必要性，并提出了美国的中等教育目标。报告首先指出："民主制度里的教育，无论校内还是校外的，都应该发展每个人的知识、兴趣、理想、习惯和能力，凭借这些他将找到自己的位置，并利用这种位置使自己和社会向着更崇高的目的发展。"① 并指出："个人的发展在大多数方面是一个连续的过程，所以在初等学校和中等学校之间或在任何两个连续的较高阶段之间突然或生硬的中断是不可取的。"②报告还强调："美国的中等教育必须完全以所有青年的完满而有价值

① 瞿葆奎．教育学文集：美国教育改革［M］．北京：人民教育出版社，1992：24.
② 同①，23.

的生活为目的。”[①] 为此，报告提出中等教育的七大目标：1. 培养学生成为优秀家庭成员；2. 养成职业技能；3. 胜任公民责任；4. 善于利用闲暇；5. 保持身心健康；6. 掌握学习和生活的基本方法；7. 具有优良道德品质。除此之外，报告还从学制、课程、教法、教学组织形式等各个环节，对生活教育进行了全方位的规定。

1944 年，全美教育协会所属的教育政策委员会发表《关于满足青年的需要》（On Meeting the Needs of Youth）的报告。与 1918 年《中等教育的基本原则》的思想相一致，报告将接受教育的对象锁定为“所有青年”；此外，报告虽然将过去的七大目标扩充为十大教育目标，但仍将职业教育和公民教育视为教育目标体系的核心。同年，美国教育政策委员会再次发表《为了所有美国青年的教育》（Education for All American Youth）的报告。该报告旗帜鲜明地提出，美国的教育是“为所有美国青年”服务，十大教育目标是美国中等教育“公共学科”的基础。如果说全美教育协会中等教育改组委员会关于《中等教育的基本原则》还只是一种教育改革建议的话，那么教育政策委员会上述两份报告对《中等教育的基本原则》的肯定，就已经将这些建议上升到了教育政策的高度，使之具有一定的权威性。

鉴于中等教育改革已经取得的一定成就，生活适应教育理论已经为联邦政府和教育界人士所接受。1946 年，美国教育部青年生活适应教育委员会发表了《论中学的生活适应教育》（On Life Adjustment Education in the High School）报告。该报告代表联邦政府的意见，对过去 30 年的进步教育运动给予了充分的肯定，并力主在更大的实践范围中推行生活适应教育。报告指出：“青年生活适应教育委员会的独特之处，在于它的责任是把各委员会提出的报告书中含有的建议转化为行动。”[②] 也就是说，青年生活适应教育委员会的任务是使生活教育理论转化为政策或从政策上认可生活教育理论，使之能够进一步指导教育实践。

在上述思想指导下，1951 年和 1954 年，青年生活适应委员会分别提出报告，敦促美国数千所学校采纳生活适应训练计划。在青年生活适应委

① 瞿葆奎．教育学文集：美国教育改革［M］．北京：人民教育出版社，1992：37.
② 同①，77.

员会的推动下，“生活适应教育成为现代教育的象征，成为过去40年间进步主义教育改革的体现”。①

由此可见，让所有青年都有机会接受中等教育并突出中等教育的职业培训能力，是20世纪前半期美国普及高中教育政策的核心。在这个时期颁布的各项教育改革政策中，1918年的《中等教育的基本原则》报告由于内容涉及中等教育改革的方方面面而成为该时期美国基础教育改革政策最重要的思想理论依据。正是在《中等教育的基本原则》思想的指导下，美国自20世纪20年代起，以学制和课程的革新为突破口，对基础教育进行全方位的自下而上的改革，最终在20世纪中期使美国初、中等教育得到良好衔接，并使传统公立中学转变为现代综合中学，中学进入扩展期并面向生活实际的需要。

二、以体现教育效益为导向的普及高中教育政策

“二战”后，美国高中入学机会均等已经成为现实，但新的问题是学生入学机会的均等并不等于受教育结果的均等。因此，随着战后国内和国际形势的变化，美国的普及高中教育政策又产生新的转向，即在战前公立中学数量得到扩张的基础上，在战后将公立中等教育由数量的扩充推向质量的提高。

20世纪50年代末，美、苏两大阵营形成，世界局势进入冷战时代。1957年，苏联人造卫星上天使两大阵营的力量对比发生变化。在反思美国科技落后的过程中，美国人将科技落后的原因归咎于教育质量的低下，公立学校由此遭到来自社会各界的猛烈批评。尽管批评家们意见不一，但都承认，缺乏明确的教育目标以及忽视知识教学，是美国中等教育质量低下的根本原因。为了改革这一弊端，联邦政府首次从法律和教育政策的角度全面干预教育，领导了美国战后第一轮教育改革。1958年，美国联邦政府颁布了《国防教育法》（The National Defence Education Act），该法案的中心内容是由联邦政府增拨大量教育经费，加强科学技术教育，培养一流的科技人才，以增强国防能力。具体而言，涉及高中教育改革的有两项重要

① 瞿葆奎．教育学文集：美国教育改革［M］．北京：人民教育出版社，1992：401.

举措：一是加强数、理及外语教学计划，并从“充实设备”及“加强教学辅导”两方面去改进公立中学的数、理及外国语的教学。为此，联邦政府每年以7,000万美元用于充实实验室及其他教学设备，如修建实验室，购置视听教具和教师参考书及学生补充读物等。联邦政府每年还拨给州教育厅500万美元用以加强数、理及外国语的教学；二是加强中学教育指导工作计划。该计划分为两部分：第一部分是以1,500万美元经费加强中学生选课和就业指导工作，编选各种指导所需要的测验；第二部分是以725万美元的经费设立机构，以训练中学指导人员。美国公众认为，在中学阶段，如在选课、择业、学习方法、日常生活等方面缺乏专业人员的指导，就会遇到许多困难，而且造成中途辍学，以致不能使人尽其才。据调查统计：“未加强中学辅导工作之前，中学生的辍学率是40%，加强中学生指导后，中学生辍学率是33%。”① 在采取上述措施的同时，“公立私立中学施行学业测验及性向测验的次数大为增加，就公立中学而言，1958—1959年，施行学科测验及性向测验190余万次，1962—1963年增加至770万次”，②增加了3倍多。在《国防教育法》的促进下，全美教育协会教育政策委员会于1961年发表了题为《美国教育的中心目标》的报告，明确宣称“进行智力训练是公立中学的基本职能”。围绕这一目标，美国制订了天才儿童教育计划，掀起了结构课程改革运动，产生了发现教学法、不分年级教学计划与小组教学等新的教学方法与教学组织形式。1964年和1983年，美国国会又两次通过修正案，延长《国防教育法》的有效期，扩大其影响。可以说，该法案基本上确定了美国普及高中教育发展的大方向。

20世纪60年代中后期至70年代初期，国内反越战运动与国际石油危机使美国社会动荡不安，种族隔离与贫困问题成为当时最严重的社会问题。面对这一现实，美国在提高普及高中教育质量的目标下，对高中教育的政策做出了某些新的调整。20世纪60年代中期至70年代初教育政策倾斜于处境不利的少数民族学生和来自贫困家庭的学生，主张通过对少数民族学生采取反种族隔离或种族融合教育，以及给贫困家庭学生提供补偿教育和特殊教育来提高他们的学业成绩，进而提高整个高中教育的总体水

①② 孙邦正．美国教育［M］．北京：商务印书馆，1968：242.

平。1964 年，联邦政府颁布了《民权法案》，规定任何人不得因其种族、肤色或原国籍而在任何接受联邦资助的教育计划中受到歧视。1965 年，美国联邦政府颁布《初等和中等教育法》，给各州提供大量的教育基金，以改善少数民族贫苦青年以及身心残障者的教育状况，这是美国历史上第一个由政府对中小学普遍进行经费援助的法律。[1] 1969 年，美国联邦政府最高法院规定，取消黑人与白人隔离学校，主张一体化。黑人学生和白人学生合校学习，同时还给贫困学生额外补助，使黑人、印第安人获得了入学上的平等。1975 年，美国国会通过《所有残疾儿童教育法》（The Education for All Handicapped Children），对国内 3 ~21 岁身心有残障者一律施行免费的优良教育。

20 世纪 70 年代中期，在关注天才少年教育、少数民族学生、处境不利学生教育以及残疾青少年儿童教育的基础上，美国又把普及高中教育政策的视线聚焦于人数众多的一般青少年身上，兴起了旨在提高普通青少年质量的教育改革运动——回归基础学科运动（Back to Basics Movement）。由于这场运动是在州教育行政机构的领导下进行的，因此联邦政府没有颁布相关政策法令，具体教育改革政策与措施由各州立法机构、州教育委员会和州教育厅制定与颁布。尽管各州教育法案的名称有所差异，但其教育改革政策的重点基本上都是从管理的角度对学校、教师和学生的教与学活动提出要求，以达到最基本的学业标准。在各州教育改革政策的指导下，教师责任制运动（The Teacher Accountability Movement）、学生最低限度能力测验运动在美国各地普遍兴起，实施严格纪律和注重传统教育法的“基础学校”也应运而生。

可以说，通过自上而下的途径，分别对不同文化和社会背景的青少年群体实施教育机会的均等或者说通过重点发展来促进整个青少年群体教育结果的均等即教育质量的提高，是 20 世纪 50 年代末至 70 年代末美国普及高中教育政策的基本导向。

① 瞿葆奎. 教育学文集：美国教育改革［M］. 北京：人民教育出版社，1992：271.

三、注重教育公平与教育效益相统一的普及高中教育政策

20 世纪 80 年代至 90 年代，在新的国际国内形势下，美国普及高中教育进入了一个新的时代。与战后初期相比，该时期美国的普及高中教育政策发生了三个方面的转变：一是普及高中教育政策的制定从国家干预转向 80 年代的“不干预”，再转向 90 年代强调国家干预与地方参与的结合；二是普及高中教育政策的目标价值取向从强调单一的教育公平或教育质量转向强调教育公平与教育效益的统一，以面对所有学生为教育改革的出发点、以提高所有学生的学业成绩为改革的归宿；三是普及高中教育政策的具体措施从对公立学校的局部“修补”转向 80 年代对公立学校的全方位改革和 90 年代致力于创建面向 21 世纪的新型学校与教育制度。

20 世纪 80 年代，美国经济发展进入低谷时期，与此同时，日本和联邦德国却迅速崛起并在国际舞台上扮演日益重要的角色。为促进经济的发展和在科技上赶超日本和德国，美国兴起了战后普及高中教育的第二次大改革。受新自由主义经济思想的影响，80 年代联邦政府在许多大政方针上采取“不干预”态度，普及高中教育政策主要由与联邦政府关系密切的教育专业组织或民间教育团体来制定。1983 年前后，来自官方和民间有关高中教育改革的研究报告众多，其中由美国教育质量委员会于 1983 年 4 月以致全国人民公开信的形式发表了题为《国家处于危机之中，教育改革势在必行》(A Nation at Risk: The Imperative For Educational Reform) 的重要报告，明确提出学校教育的基本目标为：“学校教育要实现维护平等和保证质量这个双重目的，这对于我们的经济和社会来说，具有深远的实践意义；无论在理论上还是在实践上，我们都不能允许使一个目的屈从另一个目的。如果那样做，就是拒绝给予青年人按照自己的抱负和能力去学习和生活的机会。那样做还将导致我们的社会中要么迁就普遍平庸的教育，要么造成不民主的英才主义。”[①] 这一总结性论断，不仅言简意赅地导出了所有关于教育目标讨论报告的核心思想，而且指明了未来美国高中教育发展

① 美国教育质量委员会. 国家处于危机之中：教育改革势在必行（1983）[C] //国家教育发展研究中心. 发达国家教育改革的动向与趋势（第一集）. 北京：人民教育出版社，1986：8.

的方向。正因如此，这份报告很快成为反映20世纪80年代美国教育改革政策的纲领性文件和各州制定教育改革法令的基本依据。该报告提出了六点措施：一是加强新基础课的教学，要求修习四年英语，三年数学，三年自然科学，三年社会科学，半年计算机科学，预备上大学的学生还要学两年外语；二是提高教育标准和毕业要求，对学业成绩和学生操行采取更严格的可测量的标准；三是更新教科书，提高教科书的质量；四是延长学时或学年，提高学习效率，把更多的时间用于学习新的基础训练科目；五是提高师资质量，改善教师待遇，吸引优秀的高校毕业生到校任教，增加教师薪金；六是鼓励各级政府组织的领导，教育家、教师、学生家长等都来支持这次改革，并提供经济资助。上述六点改革措施提出后，各州纷纷响应。同时为了迎接新技术革命的挑战，还开设培养创造力的专门课程，如思维技法课，创造技法课，创造活动课等。《国家处于危机之中，教育改革势在必行》的报告还指出高中课程变成了“无主次和无中心”，“我们的课程是自助餐式的，这里很容易把开胃品和点心与主菜混为一谈”。课程结构既不协调也不连贯，而且其中有大量“时髦”、烦琐而又肤浅的内容以及毫无实质性的知识，这就导致了高中生水平的降低。据《国家处于危机之中，教育改革势在必行》的调查指出：中学生的标准化测验中的平均成绩，低于26年前苏联发射人造地球卫星时的水平；与其他工业化国家相比，美国中学生的学业成绩有7次排名最后；在美国所有17岁的人中，有13%可被视为半文盲，少数民族中的半文盲率则高达40%。据1969年、1973年和1977年全国理科成绩的评定，学生的成绩逐年下降。1983年12月，美国召开了“全国提高教育质量大会”，有2,000多名联邦和各州的教育负责人以及政治家参加。会上当时的教育部长贝尔提出到1989年要实现的教育改革目标，对学生主要课程的学习年限、考试成绩提高的期望指标、稳定教师队伍的措施以及就学率、退学率等问题，都提出了非常具体的要求。

在《国家处于危机之中：教育改革势在必行》报告的指导下，美国于1983年开始了战后对公立学校系统的第一次全方位改革——“重建教育体制”运动（Movement to Restructure Education）。这次运动分为三个阶段：(1) 1983年至1984年，各州教育委员会根据报告建议，以立法或规章制度的形式，自上而下从外部制定教育法令和教育标准来提高对学生、教师和学校的要求；（2）1985 年至 1986 年，全国维护学生利益联盟《通向卓越的障碍：我们的孩子处在危险中》（Barriers to Excellence：Our Children at Risk）的报告、国家经济发展委员会《儿童的需要：为教育上处境不利的孩子投资的策略》的报告，以及卡内基教学基金会（Carnegie Foundation for the Advancement of Teaching）《国家为了 21 世纪准备教师》（A Nation Prepared：Teachers for the 21st Century）的报告共同认为，教育改革成败的核心与关键不是外部的教育法令与教育标准，而是内部的学生、教师和学校领导，教育改革应走自下而上的道路。这些报告的发表，引起社会对学生、教师和学校自身权利和需要的重视，使教育改革进入一个新的阶段；（3）1987 年至 1988 年，社会各界对教育改革又有新的认识。许多人认为，教育需要包括学校、家庭与社会各界在内的广泛协作。在美国示范学校联盟和卡内基教学基金会的推动和促进下，许多学校按照这种思路进行改革，使教育改革进入第三个阶段。可以说从《国家处于危机之中：教育改革势在必行》报告发表到 20 世纪 80 年代末期，各州、各学校都采取了各不相同的措施，相继将教育改革付诸实施，并在提高学生学习成绩，充实和丰富基础课程内容，加强教学的组织与管理等方面取得了一定成绩。

20 世纪 90 年代，随着全球经济一体化发展的加速，美国社会生活又发生了新的变化，其中“新经济”的产生引发了新一轮教育改革的需要。“新经济”使美国由工业社会进入信息社会，社会生活发生了全面的转型。“新经济”具有的生产资源知识化、生产管理网络化、产品营销全球化特征，要求教育要培养具有高度创新精神的知识型人才和具有国际竞争力的人才。这一变化不仅要求联邦政府必须承担起领导教育改革的责任，同时还要求教育改革重点应该从对公立学校的整体改革转向创建面向 21 世纪的新型学校与教育体制。

布什上台以后，宣称要成为“教育总统”。早在 1989 年底，布什总统就召集 50 个州的州长举行教育最高级会议，制定了《国家教育目标报告》（The National Education Goals Report）。1991 年布什总统又签署了具有法令效应的《美国 2000 年教育战略》（America 2000：An Education Strategy）。该报告不仅重申了《国家教育目标报告》中提出的美国学校未来教育的六大目标，而且进一步提出实现这六大目标的四大战略和九年综合教育改革计划。六大目标是：1. 所有儿童都要有良好的学前准备；2. 中学生毕业率至少要提高到90%；3. 美国学生在4年级、8年级、12年级毕业时，应该掌握英语、数学、自然科学、历史和地理5门核心课程的内容；每所学校要保证儿童会合理用脑，并为履行公民职责、选择职业作好准备；4. 美国学生在自然科学和数学方面的成绩居世界首位；5. 每个成年人都具有文化知识和在国际经济活动中的竞争力；6. 每所学校都是无毒品和无暴力的、秩序井然的学习场所。四大战略为：1. 改革现有所有公立学校，使之成为能对学生负责的学校；2. 创建满足未来21世纪需要的新型美国学校；3. 为已经离校工作的人提供终身教育的机会；4. 建设学习化社区。① 从这项法令中可以看出，布什总统比较重视教育质量的提高。六大教育目标分别对学生、成年人和学校提出不同要求与努力方向，以提高教育质量，而四大战略则侧重从改革旧有学校，建立新型美国学校，建立终身教育制度和学习化社会来提供教育机会的均等。二者的关系是，以四大战略促进六大目标的实现，换言之，以教育机会的均等促进教育质量的提高。

作为布什的继任者，在继承和发展布什教育目标与课程改革的基础上，克林顿总统把帮助残疾学生、少数民族学生、差生达到国家教育目标置于其教育改革政策的核心位置。在1993年竞选总统期间，克林顿就指出，美国无论是在教育经费、课程还是教育机会方面都存在"残酷的不平等"，消除这种不平等，不仅需要颁布国家教育目标和国家课程标准，而且需要让每一个儿童处于同一起跑线上。"必须既要树立高标准，又要让所有孩子在竞争中处于同一起跑线上，这样才能使他们能够达到这些标准。"② 1994年，克林顿总统一上台就颁布了《美国2000年教育目标法》（Goals 2000：Educate American Act），以法律形式明确这一思想。与此同时还制定了许多相关具体政策。与布什相比，克林顿的教育改革目标更为关心教育机会的均等问题，提供高质量的教育不过是促进教育机会均等的手段。二者的关系是，通过对所有人实施高质量的教育来实现教育机会的均等。

然而，不管克林顿还是布什在教育目标与教育措施及其关系的认识上

---

① 乔治·布什．美国2000年教育战略（1991）［C］//国家教育发展研究中心．发达国家教育改革的动向与趋势（第四集）．北京：人民教育出版社，1992：546.

② 宋来惠．克林顿总统的教育计划［J］．比较教育研究，1994（5）：45－48.

有何分歧，但一个共同的观点是，教育公平与教育效益是互为表里，密不可分的。正是在这一教育目标的指导下，20 世纪 90 年代中期，美国开始了创建“新式美国学校”（New American Schools）运动。总的特征与趋势是：为保证教育机会的公平与教育质量的提高，这次改革实行国家宏观调控与地方自治相结合，即由联邦政府制定全国性教育目标、课程标准、考试标准与教师资格；同时，地方一级有权引入市场竞争机制，调动社会各界力量，通力合作创办新型学校与新的教育体制。

2001 年，美国共和党重进白宫，总统乔治 W. 布什的第一个教育预算比克林顿政府时期的教育财政预算还要高，增长的幅度比克林顿时期教育资金增长最大的年度还要大。①布什政府把缩小白人学生与少数民族和弱势学生之间的成绩差距作为其首要目标，重新认可了“残疾人教育法”（Individuals with Disabilities Education Act），并制定了凭证制（Vouchers）来促进择校。实施这些计划的方法是通过强制性的检查和报告制度来加强人们的责任心。2001 年，布什政府的中心任务是重新认识“初等和中等教育法”（Elementary and Secondary Education Act），制定“不让一个孩子掉队”的法案（No Child Left Behind Act），该法案要求美国各州实现 5 个基本目标：1. 到 2013—2014 年为止，所有的学生在阅读或语言能力以及数学方面能够达到较高水平，至少能达到熟练的程度；2. 所有英语熟练程度较低的学生达到英语流利的程度，并且应取得较高的学术成绩，至少在阅读或语言能力以及数学方面能够达到熟练程度；3. 到 2005—2006 年为止，所有的学生能够在高素质教师（highly qualified teachers）的指导下学习；4. 所有的学生能够在一个安全和远离毒品的学校环境中学习；5. 所有学生都能从高中毕业。②

2003 年 10 月，美国教育部出台了一系列有关普及高中教育方面的新政策。布什政府希望这些新的改革措施能最大限度地减少全美范围内高中学生的学业成绩差别，以提高美国中学的教育质量。其中一项以“为美国的未来作准备”（Preparing America’s Future）而命名的措施，将美国的家

---

① Al branch, AL. Education Secretary Paige Goes After Fraud [J]. Curriculum Administrator, Vol. 54, No. 6, 2001: 12 - 14.

② Virginia Implements No Child Left Behind [EB/OL]. [2004 - 01 - 15]. http://www.pen.k12.va.us/VDOE/nclb/.

长、校长、教师以及教育政策的制定者等有关人员联系起来，并指出要朝着4个目标努力：1. 对学习成果设立较高的期望值和责任制；2. 为学生提供多样的选择课程，让学生积极地参与其中；3. 争取打造世界一流的教学质量和学校教育质量；4. 顺利实现高中后教育、培训以及就业之间的转变。为了这些预设目标的实现，美国教育部将在22项新的赠款计划中预拨1,100万美元来奖励在6～12年级阶段比较出色的教学活动，并以此来提高低收入家庭的学生达到学业成功的比例。这些奖金中的一部分也将会以"不让一个孩子掉队"计划的资助奖金形式来帮助那些需要帮助的学生。另外，美国教育部还将提供240万美元的额外赠款来支持国家学术创新计划的实施，这项鼓励性的措施将提高那些修完严格的学术课程的学生比例。

教育部长罗德·佩奇（Rod Paige）指出，虽然美国拥有世界上最好的中学和最优秀的学生，但仍有一些学校的教育质量并不是很理想。在中学的高年级学生中，只有1/6的非裔美国学生和1/5的西班牙裔学生能够做到精确的阅读。他还指出，虽然许多美国人都不愿意承认美国教育面临的重重危机，但这种危机确实存在，而且还很严重。中学生之间广泛而又不断增大的成绩差别说明美国的教育体制存在严重的两极分化趋势。每所中学都需要在学校规模和学校类型上进行变革，学校的有关领导必须为所有的学生设立具有挑战性的教育目标，并使高中生积极地参与到学习中去。只有这样，美国高中的教育质量才可能得到提高和促进。①

从美国普及高中教育政策的演变及进程，可以看出美国普及高中教育政策如下的一些特点。

第一，美国普及高中教育政策的制定与实施不仅受到国内政治体制的影响，更受到国际经济及科技竞争的制约。普及高中教育政策在制约因素上表现出的国家化与国际化，是美国制定与实施普及高中教育政策的一个特色。其中，国家化体现了美国政治体制对普及高中教育政策的内在要求；国际化则反映了国际社会经济和科技发展水平及趋势对美国普及高中教育政策的影响。值得注意的是，20世纪80年代至90年代，尤其是90年代以来，全球经济一体化时代的到来使国家与国际社会关系进一步密

① 贾莉莉．美国教育部出台中学改革新举措［J］．比较教育研究，2004（5）：93.

切，同时也使美国普及高中教育政策在强调教育机会均等的同时也重视教育质量的提高。正是由于美国在制定普及高中教育政策时，不仅考虑国内社会发展对高中教育提出的新要求，而且考虑国际形势发展对高中教育提出的新挑战，所以其普及高中教育的政策才能够反映国内高中教育的新要求，又能够反映国际高中教育发展的新趋势。

第二，美国普及高中教育政策在发展中不断调整、变化与完善。在整个美国普及高中教育发展历程中，其政策在追求公平与效益的钟摆运动中不断调整，经历了由外而内、由内而外的调整过程，而这一过程实质上也是学校教育发展否定之否定规律的体现。

第三，美国普及高中教育政策在制定与实施过程中体现出的自下而上与自上而下相结合的特点，一方面使地方普及高中教育的政策能够通过联邦政府的认可而上升为联邦政府的教育决策，从而在更大范围内得以推行；同时，也使联邦政府关于普及高中教育政策的宏观决策能够通过地方政府的努力而进入实践环节。20 世纪前半期，美国普及高中教育政策的制定与实施采取的是自下而上的路径，追求教育公平的高中教育政策是对这一时期进步教育运动实践经验的总结和概括。“二战”后，美国普及高中教育政策的制定与实施通过联邦政府或州政府颁布法令自上而下要求地方实施，其结果往往容易遭到地方的抵制。20 世纪 90 年代以后，在制定与实施普及高中教育政策时，联邦政府注意使自己的要求与州和地方的利益需要与实践经验结合起来，由此减少了双方对某一教育政策的争执与歧异，从而有利于教育政策的实施。

第四，强制的立法手段和雄厚的经费支持是美国普及高中教育政策得以落实实施的有效保障。美国的普及高中教育政策集中体现为教育法规，教育法规所具有的强制性与稳定性保证了美国普及高中教育政策的连贯性与有效性。此外，每一部教育法规对实施该法规所必须具备的配套专项经费数额和分配办法都给出了相关的规定，例如，在 1994 年颁布的《美国 2000 年教育目标法》的各个部分中，都列有“拨款的授权”的相关条款。这就使得普及高中教育的政策能够在具有物质保障的条件下较好地得到实施。[①]

---

① 李爱萍，肖玉敏. 20 世纪美国基础教育改革政策的演进与启示［M］. 外国教育研究，2005（4）：42－46.

总的来说，对教育公平与教育效益的追求是贯穿美国普及高中教育政策的一条主线，正是由于这条主线的存在，使得不同时期美国普及高中教育政策具有连贯性与互补性，从而使其普及高中教育的政策变化纷呈，令人眼花缭乱，但通过仔细分析不难发现，这些教育政策都旨在改革自19世纪建立起来的公立学校制度，要求公立学校制度确保教育机会均等与教育质量的提高。这一目标一直都没有发生过变化，只是在不同历史时期所制定出的具体教育改革政策有所不同。

第二节　美国普及高中教育的课程设置与管理问题

一、美国普及高中教育的课程设置问题

纵观美国普及高中教育课程发展与教学内容改革的历程，可以看到从“失衡发展”到“基础振兴”的轨迹。[①] 从19世纪末到20世纪70年代，美国高中课程的最大症结在于它的失衡性，直到20世纪70年代的“恢复基础”运动才标志着美国开始对困扰高中教育多年的失衡性问题进行反思和积极改造。从此，美国普及高中教育的课程转向振兴基础。美国普及高中教育在课程设置上的问题和对策，可以表述为问题——失衡，对策——针对失衡的全面改造。

（一）美国普及高中教育课程设置存在的问题——失衡性

发端于19世纪初期的“公立学校运动”使美国形成了一套完整的国民基础学校教育体系。但是这种学校教育体制上的变革并未带来学校教育目标、课程和教学方法的质的飞跃，19世纪初的美国高中课程与教学内容延续着过去的传统，课程与教学内容的核心仍为文科类课程，尽管埃略特

① 程可拉，胡庆芳. 美国高中百年课程发展述评［J］. 课程·教材·教法，2004（10）：86－90.

（C. Eliot）等人组成的中等教育“十人委员会”（The Committee of Ten）提出了以消减古典人文课程，增加现代人文科学和自然科学为特征的中等教育新课程体系（如古典语、现代外语、代数、几何、文学、历史、生物学、物理学、化学等），但该课程体系确立的出发点却定位在智力发展以及为学生升入大学作准备上，即该课程体系的学术性有余，而职业性、生活性、实践性不足。

形成于19世纪末的进步主义教育思潮及其所引发的进步主义教育运动为美国中小学教育的改革奠定了理论基础。在杜威等人所倡导的“教育即生长”“教育即生活”“教育即经验的不断改造”等教育本质论以及“从做中学”等教学理论的影响下，美国的高中课程和教学内容在20世纪初发生了深刻变革，而此时具有明显进步主义倾向的改革不仅波及范围广泛，而且影响异常深远。高中课程与教学内容的改革于1918年由“中等教育改组委员会”《中等教育基本原则》报告的发表开始启动。该报告首先确立了新的中等教育目标及原则：保持身心健康，掌握基本知识技能，改造公民职责，成为家庭有效成员，养成职业素养，善于利用闲暇时间；其次，倡导为具有不同需要——工业、农业、贸易、职业、升入大学的学生开设多样化的课程；再次，倡导将教育心理学、教育测量、教育评价、教学等领域的新理论应用于课程和教学实践。在该报告的倡议下以及由进步教育协会主持进行的“八年研究”的影响下，19世纪20年代至30年代，美国普及高中教育的课程设置与教学内容从传统的学术性中挣脱出来，增加了诸如消费、家政、保健、体育、成人指导、性格养成等生活性和实用性的课程与教学内容，并在学术性科目中增加了当代文学、演讲、新闻、辩论、戏剧、广播、电视等反映当时人文发展新成果的课程及教学内容。

战后初期的美国高中课程与教学内容仍然延续着20世纪初所形成的模式或惯例。20世纪40年代至50年代，为了满足当时既不能升学也不能就业（即所谓的“被遗忘的60%”）的中学生的需要，为了使他们毕业后能适应社会的生活，高中课程及教学内容的“生活适应”（life adjustment）之风盛行。“生活适应教育”成为战后初期美国普及高中教育改革的主题。在课程及教学内容上，要求不仅具有学术性，而且应具有社会性、职业性；不应仅局限于抽象的概念、原理，而应包括从事家庭生活、职业活动和公民活动在内的各种实用知识和技能。虽然这些课程与教学内容的开设有助于养成学生丰富的个性并使其积极有效地参与家庭、社会生活和职业活动，但它却淡化了学生学术能力的培养，进而导致国家科学事业的大幅度滑坡。这种弊端的长期积累，最终以苏联人造卫星上天为导火线引发了一场广泛、深刻但不持久的课程与教学内容改革。

20 世纪 50 年代后期，苏联的人造地球卫星在冲出大气层的同时也震碎了杜威及其追随者们倡导并风行一时的、迎合学习者兴趣与需要的活动课程大厦以及后来形成的“生活适应”的课程体系。而《国防教育法》就像联邦政府的一声号角，美国教育开始重新加强学术性课程，突出数学、自然科学和现代语为所有学校必设的核心课程，即所谓的“新三艺”，以培养学术人才。《国防教育法》及其以后的修正案还将历史、地理、公民和英语等课程进行修订，以真正确立国民的国防意识。适应这一特定背景，要素主义、结构主义等教育思潮盛极一时。尽管这些教育思潮的哲学、心理学基点各不相同，但它们都试图通过改革具有进步主义倾向的课程体系，培养学生具有扎实的知识基础和学术能力。正如杰罗姆·布鲁纳宣言：“任何学科的基础都可以用某种形式教给任何年龄的任何人”。① 在这些因素的影响下，美国中学课程与教学内容进行了改革。科南特（Conant）在对美国中等教育进行广泛调查的基础上，提出了一套中等教育改革的方案。其中，在课程结构方面，主张中学课程应有必修课和选修课两种形式：必修课分为英语（4 年）、社会研究（3 ~ 4 年，包括 2 年历史）、数学（1 年）和自然科学（至少 1 年）；选修课分为职业类（打字、速记、文书、供销、商业、农业、工艺等）、学术类（必修课内容的加深）和补习课（为学习困难的学生开设），无论学生制定选修课的计划如何，它都必须占学生学习时间的一半以上。科南特关于中等教育课程改革的方案尽管并未体现为官方政策，但却成为美国 20 世纪 60 年代高中课程与教学内容改革的主要参照体系。经过这一阶段关于课程与教学内容的讨论与改革，逐渐形成了以必修课程和学术性课程为主、必修课与选修课相结合、为学生升学和就业服务的高中课程体系。但是这种课程体系同时也存在着过分强调智力发展和压抑学生个性发展的不足，在 20 世纪 60 年代侵越战

---

① 丛立新．课程论问题［M］．北京：教育科学出版社，2002：5.

争、民权运动、学生运动、精神文化颓废等社会问题和新兴的人本主义思潮等大背景的催化下，美国于70年代又掀起了新一轮的课程与教学内容改革风潮。

面对“非人性化教育”的众责，20世纪70年代美国高中教育的课程与教学内容改革又捡起了曾一度丢失的进步主义传统，倡导开设“关联课程”和“人文化课程”，所不同的是此时的口号是人本主义。高中在“教育人性化”“教育与生活相联系”“培养更为有效的人”的课程目标的促动下，其课程结构与教学内容发生了重大变化。

第一，必修课的比例下降。必修课的内容一般包括传统的学术性科目（如社会研究、英语、数学、科学），也包括生活实用性科目（如驾驶教育、生计教育、消费教育、打字等）。尽管必修课在各个学校教育计划中所占的比重不尽相同，但大都保持在50%左右。在必修课比重下降的同时，必修课中的学术性课程也大幅度下降，而与生活密切相关的实用性科目所占的比重则大幅度上升，卡内基教学基金会的调查结果显示：1964—1980年，高中课程计划中增加最快的10个科目是体育、音乐表演、补习英语、驾驶教育、合作教育、健康教育、分配教育、普通教育、婚姻和成人训练和职业家政。

第二，选修课的比例上升。选修课的内容非常广泛，一部分是为升入大学作准备的学术课程，更大一部分是职业和与日常生活相关的非学术课程，如婚姻及家庭指导、药物教育、性教育等。这种选修课在整个学校课程体系中所占的比例一般在59%左右。这种高比例的选修课使许多学生为了凑够学分放弃学术性科目的学习，大量选择学习难度较轻的课程，从而造成学术质量的下降。

第三，职业课程大量增加。美国综合中学的职业课程在这一时期获得了巨大的发展，在高中阶段，职业课程在整个课程体系中占24%的比例高居各类课程之首，而20世纪50年代末曾一度备受推崇的外语课程则降至4%。显然，由于过分强调所谓的人性化教育和生活与实践教育，使美国高中课程与教学内容的发展再次走进学术性衰弱的误区，学生的整体科学文化素质大幅度地下降。面对这一紧迫的现状，美国又再次掀起了课程与教学内容改革的浪潮。

（二）失衡性的全面改造

20 世纪 80 年代前，美国高中的课程改革犹如一个“多极”钟摆运动，总是在摆动中偏向某“极”。应该说，20 世纪 70 年代发起的“恢复基础”运动开始对这一一直困扰美国高中课程的“失衡”问题逐步改造。这场运动要求严格中学的升级考试，注重道德教育。在课程结构上要求取消“社会性服务”等学术性内容，大量减少选修科目，各科目注重加强基本事实、概念和原理等内容的传授。但是，由于对“基础”的认识没有统一，结果成了“恢复基础学科”，延长基础学科的教学时间，加大这些学科的作业量，同时又取消被认为是实用性的课程，学生也被置于“装知识的容器”的地位，“人性”和“自由”受到了压抑，最终使这次运动“效果甚微”。① 从现在美国高中“必修 + 选修 + 计划”的课程结构来看，“恢复基础运动”突出和偏向了必修课程的一端，所以改革最终也是呼声高于实效。

在经历漫长的“失衡发展”之后，自 20 世纪 80 年代以来，美国高中课程与教学内容改革开始呈现出“振兴基础”的发展轨迹。20 世纪 80 年代初的教育报告《国家处于危机之中——教育改革势在必行》引发了又一次的课程与教学内容改革运动——“高质量教育”运动（Quality Education Movement）。这次运动明确定位在追求“基础”的高质量，加强学术教育，开发“新基础课程”，提高了中学毕业的学术标准，并规定在高中阶段必须学习的 5 门基础课程，即英语、数学、科学、社会科学和计算机。

由卡内基教学基金会第八任主席 L. 博耶撰写的另一份报告《高中——关于美国中等教育的报告》（High School：A Report on Secondary Education in America）更详细地规范了美国高中阶段的课程结构及教学内容。该报告指出：高中阶段的课程主要由共同核心课程构成，主要包括语言类课程（英语、文学、外语和艺术）、历史课程、公民课程、科学类课程、数学课程、技术课程、健康课程、职业课程和跨学科课程等；共同核心课程应占全部课程的 2/3，而选修课则降至 1/3。在“恢复基础教育”运动和“高质量教育”运动的影响下，美国高中阶段的课程结构再次发生了重

① 杨孔炽，徐宜安. 美国公立中学发展研究［M］. 武汉：湖北人民出版社，1996：78.

大变化，即恢复和确立了学术性学科在课程结构中的主体地位，加强全国范围内课程结构的统一性，减少了差异性。

进入20世纪90年代以来，美国高中课程与教学内容的调整仍在继续。但与以往不同的是，此时课程与教学内容的调整，已不再是否定前期成果的彻底改革，而是真正认识到学术素养不强是本国学生培养质量低下的传统症结。为此，20世纪末美国高中课程与教学内容的调整仍然在逐步推行其加强课程与教学内容的学术性、加强课程的统一性、培养学生的学术能力等政策。其中美国新课程标准运动就是20世纪90年代以来掀起的一场声势浩大的课程改革运动，这次运动以提高课程标准来追求学生学业成就的提高，从而把80年代发起的高质量教育运动进行到底。

新课程标准运动的主要任务是突出课程内容中心以及严格提高课程标准，只有当各科核心内容以及相应的深度都被确认，学生的学业成就才有希望明显提高。继1989年《全国数学标准》（National Math Standard）出台之后，1991年至1993年，联邦教育部先后制定了科学、历史、艺术、公民、地理、英语、外语等学科全国性的课程标准。1993年，美国科学促进会（American Association for the Advancement of Science）出版《科学素养的基准》（Benchmarks for Science Literacy）；1994年全美艺术教育协会发表艺术教育标准，同年，全美社会研究协会发表《社会学习标准：期待卓越》（Standards for Social Studies：Expectation of Excellence），全美地理教育委员会发表《生活地理：全国地理标准》（Geography for Life ：National Geography Standards）；1995年全美健康教育协会（American National Health Education Association）发表《全国健康教育标准》（American National Health Education Standards），全美商业教育协会（American National Business Education Association）发表《全国商业教育标准：美国学术应该拥有的商业知识和能力》（National Standards for Business Education：What America's Students Should Know and Be Able to Do in Business）；1996年，外语教育国家标准课题组发表《外语学习：为21世纪作准备》（Foreign Language Learning：Preparing for the 21st Century），英语和外语标准出台，美国国家科学院发表《全国科学教育标准》（National Science Education Standards），全美英语教师协会（National Council of Teachers of English）和国际阅读协会（International Reading Association）发表《英语语言艺术标准》

（The Standards for the English Language Arts）。

1994 年，美国教师联合会（AFT）发布题为《建立强有力的标准》（Setting Strong Standards）的报告，就如何制定清晰的标准提出了如下 10 个方面的建议，供各州参照：1. 标准必须紧扣学术内容；2. 标准必须基于学科核心；3. 标准必须具体，以保证共同的核心课程的发展；4. 标准必须在时间限制范围内具有可操作性；5. 标准必须严格达到世界一流水准；6. 标准必须包括表现标准；7. 标准必须表现出界定学生努力达到的多种表现水平；8. 标准必须把知识和技能结合起来，而不是追求一个牺牲另一个；9. 标准绝对不可指定材料只能用什么方式来教授；10. 标准必须表述清楚而无歧义理解。①

1994 年 3 月 31 日，克林顿政府提交给国会的题为《美国 2000 年教育目标法》的报告获得通过，这标志着布什政府提出的全国教育标准实现了法律化。该报告把核心课程扩展至 7 门，即在原来 5 门的基础上增加外语和艺术两门课程，并为 8 门学术性课程制定了卡内基标准单位（Carnegie unit）即学分，以保证每门学科的教育质量。这 8 门课程是：英语、数学、科学、外语、公民与政府、经济学、艺术、历史和地理。该报告还把课程标准分为“国家标准”和“州标准”。“国家标准”即是由“国家教育标准和改进委员会”（NESIC）等机构制定的课程标准总的“准则”，这些“准则”得到 NESIC 的确认后，再报“国家教育目标专门小组”审查批准成为“国家标准”。“州标准”是在自愿基础上，各州遵循国家标准而编订的州课程内容及评估体系。1996 年全国科学课程标准公布。1999 年，美国教师联盟指出各州课程标准必须包括 4 门核心学术科目，即英语、数学、科学和社会科学。

核心课程全国标准的制定一改美国过去学校课程设置的地方分权状况，虽然没有明确规定各地必须严格执行全国标准，但要求各地的地方标准要依据全国标准来制定，体现出课程设置的统一性与灵活性相结合的特点，这在美国学校课程发展史上还是首次。

纵观美国普及高中课程设置从失衡到改造的全过程，可以看出美国高

① Jones，J. M. The Standards Movement-Past and Present [EB/OL]. [2008 - 12 - 10]. http：//my. execpc. com/ ~ presswis/stndmvt. html.

中课程与教学内容一直处于基础学术教育与生活适应教育、统一要求与灵活多样、提高教育质量与实现教育平等这三对矛盾的反复对抗之中。就课程结构而言，则表现为学术性科目与非学术性科目、必修的核心课程与选修课在比例上此消彼长的持续摇摆之中。这种摇摆实质上是教育社会本位主义教育价值观与个人本位主义教育价值观各持一端、相互对立的结果，是一种价值观试图修正另一种价值观的表现。由此可见，当一种教育价值观在教育实践中走向极端之际，需要注入与其相对的价值观，尽管目的是试图实现二者的“中和”，但往往会出现矫枉过正的结果。这似乎是难以避免的，不过应当肯定的是，几乎每次的矫枉过正都意味着处于两端的二者将分别向着“中和”迈进了一步。

二、美国普及高中教育的课程管理问题

在美国，为了确保普及高中教育的质量，高中的各门课程主要是实行学分制管理。由传统沿袭下来的美国教育行政一直采用地方分权制，各州掌管各自的教育管理权。州教育行政部门往往将大部分权力下放，分散至各学区，而各学区及其所管辖学校的教育经费主要来自本区居民所缴纳的地产税，这就导致了由于各地经济发展状态，精神文化氛围和教育质量起点不同，各中小学在教学大纲、课程、教材及教学评价等方面，学区与学区之间，学校与学校之间存在的巨大差异。甚至同一所学校同一年级的不同班级之间，教材、教学内容、教学进度上也各不相同。因此，各高中在实施学分制方面必然存在差异。但是，所有的学校都必须遵守所在州在毕业要求方面的具体规定，这是各高中制定各自学分制的参照基线。

（一）州高中课程的学分及毕业要求

20 世纪 80 年代以后，随着社会各界对教育质量越来越重视，在联邦政府的倡议和推动下，各州和地方的教育委员会都对高中毕业给出了明确的学分要求，其中必修课和选修课之间的比例主要是通过对必修课的科目以及相应学分做硬性要求来控制。然而，这些要求只是本州所有学区、所有学生必须达到并超越的基本要求。因此，州规定的毕业要求并不会妨碍当地学区的教育管辖权，限制它们制定适合本地特点的学分要求。相反，

州教育行政部门鼓励各学区、各学校参照州的高中毕业基本要求制定各自更为严格和详尽的学分规定。他们认为在州基本要求上发展起来的当地学分规定，将能体现每个社区学校的不同特色和对学生的特殊期望，因而有利于学生达到更高的学业水准，教会学生挑战自我能力极限。从中可以看出，以州为单位的高中毕业生要求是各州保障教育基本质量的一种工具。州下属的学区有一部分完全采用州的规定，也有一些规定自己的毕业要求，这些要求不允许与州要求发生冲突。下面以几个州和地区为例加以说明。

1996年康涅狄格州教育委员会规定，高中毕业学生毕业时至少要修满21学分，在以下规定的学科至少要修满16.5学分：英语（4年4学分），数学（3年3学分），科学（3年3学分），社会研究（3年3学分），外语（1年1学分），体育（4年1学分），健康（1年0.5学分），艺术或职业（1年1学分）。委员会还规定9~12年级学生升级的学分标准为：10年级4学分，11年级9学分，12年级15学分。此外，学生如申请提前毕业，经学生本人申请、校长同意，指导老师可以为学生调整学习时间表，参加毕业班的授课，以保证该生能在当年2月修满高中毕业所规定的全部学分，如合乎要求，便可以在当年6月毕业；对升级学习感到吃力的学生，可以经任课教师建议进学校每年举办的暑假补习班学习，并且参加补习的课时数不得少于135小时。

佛罗里达州教育委员会制定的《2001—2002年学生进程计划》（Pupil Progression Plan 2001—2002）明确规定学生的学业晋级主要是以学业的成就为依据，而不是随班就读。该州高中生需达到以下条件方可毕业：修满24学分；在佛罗里达州综合测评考试（FCAT）中获得合格分3分，或者通过中学能力考试（HSCT）；学习指定课程领域并获相应学分，具体为，英语（4学分）、ESOL（4学分）、数学（3学分）、科学（3学分）、世界史（1学分）、美国史（1学分）、美国政府（0.5学分）、经济学（0.5学分）、体育（1学分）、生活管理技能（0.5学分）、美术表现（0.5学分）、实用技术（0.5学分）、选修课（9学分）。[①]

① 以上资料均来自于：http：//www. dese. state. mo us/divimprove/curriculum/frameworks. html，last updated on Nov. 11，2000.

（二）学校学分制的实施

美国高中的毕业要求分为三部分。第一部分是对核心课程和体育、艺术、健康等基本学科的修习年限及学分的要求。各学校的差别主要体现在对各门学科的修业年限和学分的规定方面。如数学，大多数学校要求修两年，而有些名校却要求修三年甚至四年。

美国高中核心课程主要包括数学、科学、阅读（英语）、社会，非核心课程包括艺术、健康教育与体育、职业教育等。核心课程为必修课，既有学分数的要求，也有涉及范围及修课时间的要求。如数学，一般规定要包括代数Ⅰ、代数Ⅱ、几何，并详细规定各个学期修课的安排。非核心课程并非都是选修课。健康教育、体育等也被列为必修课，但具体修业内容往往要求不甚严格，给学生留有相当大的选择余地。

第二部分是对选修课的要求。学生既可以修学术类课程，也可以修职业技术类或实用类课程。学校对此只做学分数目的要求。各校选修课学分在全部毕业生要求学分中所占比例各不相同，如前所述，有的低至10%以下，有的接近50%，具体规定视学校的办学理念而定。

第三部分是附加要求，不记学分，往往只规定时间，但每位学生又必须达到方可毕业。如有的学校规定学生在高中4年必须参加100小时以上的社区服务，还有不少学校规定学生必须通过美国宪法和州基本法的考试。这一部分要求完全由学校控制，州教育委员会对此不做任何限制。另外，达到毕业要求但没能通过毕业资格考试的学生只能拿到结业证书。

美国的高中按学生毕业后的去向将毕业要求分为大学准备类、技术准备类、普通类，并且每种去向所要求的学分数及侧重的学科各不相同。如大学准备类课程对核心课程的修习时间及内容的要求明显高于其他类课程，但达到大学准备证书的最低要求并不意味着一定可以进入大学或学院，学生还必须考虑不同院校对高中课程及学分的特殊要求。为此，师资条件好一些的学校将大学准备类课程进行分类，如工程类、人文类、艺术类等，为学生提供一些专业化训练；技术准备类课程是指通过实践的途径而非理论、抽象的途径来进行学术类学科教学的课程。这类学科旨在增加掌握明确的职业教育目的和技能的学生的数量，将高中的最后两年与高中后的两年技术教育计划衔接起来，用真实的生活实践将学术教育和技术教育整合到一起。技术准备课程又可分成不同的组，如商业组、健康与服务组、技术组等，选择不同组的学生除了要修习共同的文化基础课（核心课及体育、健康、计算机等），还要修所在组的一些专业性、技术性较强的课程。如商业组学生要修商业与个人法律、会计学、市场与企业等。

美国高中选课制充分考虑到学生的个体差异，课程安排注重因材施教，但这种做法给学校的教学管理工作带来了很大麻烦，单是种类繁多的课程的开设时间及教室的安排就是一件极为复杂的工作，更为重要的是，学校人力资源和物质资源有限。为解决这一难题，美国高中采用走班制教学管理模式，即不给学生安排固定教室，而按学科划分教室，学生上什么课就到什么学科的教室去。

美国高中学分制采用的是学年学分制，既规定修业年限又规定修习学分数。学年学分制可以避免学生在学习过程中的某段时期负担过重或过轻，确保其整个高中阶段比较均衡，全面发展。同时，它有利于知识学习的连贯性、系统性。

值得一提的是，美国各高中对核心课程都既有学分数的要求又有修习学期数的要求，但这只是一般原则，在具体实施过程中学校可以灵活操作，尽量满足学生的个性化发展需要。

首先，美国高中学术类必修课的内容对学生而言并非是固定的、唯一的。学校大多会把它们分为不同水平，如“基本”“一般”“先进”“高级”四级或“一般”“先进”“高级”三级。学生可以在指导教师和家长的帮助下，根据自己的学业水平和发展意愿选择不同层次的内容。各种水平的教学内容所包含的学分值是相同的。学术类必修课包含多种门类的课程。如阅读课程不仅包括语言、美国文学、写作等学科，还包括世界文学、新闻、杂志、演讲、辩论等学科；科学课程的内容不仅开设理、化、生等常规学科，像航天技术、园艺学、植物学、地质学等专业性很强的学科在很多学校也有开设。学校会在名目繁多的必修课中指定少量的必修科目，其余则由学生任选，只要达到该门课程规定的学分即可。如果所选课程的学分超过毕业要求中的规定，可以计入选修课学分中。

其次，允许天才生、特长生充分发挥学业潜能。学校规定，学习成绩优秀的学生在两种情况下，可以修到对高中和大学都有效的双效学分：一是选修本校开设的高级课程，但任课教师必须是被学院或大学指派为附属指导教师（Assistant Professor）者；二是在课余到高校修正规的大学课程。对于七八年级一些学业成绩突出的学生，允许他们提前选修高中课程，所得学分计入个人成绩并特别注明是提前修得的，成绩记为优等。这类学分可被计入毕业要求的学分中，但学生仍须在高中阶段修满毕业要求的全部学分方可毕业。

最后，对那些因个人原因不能或不愿参加学校全日制学习的学生，学校允许他们通过夜校、暑期学校或个人自学完成学业，修完内容相当的课程并通过学校组织的毕业考试便可获得毕业证。学校一般认可以下课程为高中学分课程：1. 辅导教师持有效的教学资格证；2. 课程内容和成绩标准经当地高中教师审查合格，可相当于高中课程；3. 授课时间相当于州对卡内基学分所规定的时间。

总的说来，美国高中学分制具有以下几个特点。

第一，毕业要求有别于升学要求，也有别于就业要求。通常美国高中毕业要求是最低的基准线，对学分总数要求较低。如果要继续接受高等教育的学生可在此基础上选修更多的学术课程学分，如果要就业的学生则须选择更多的职业技术类课程。这样可以避免让所有学生都按照升学标准准备功课，从而有效地减轻了学生的课业负担。同时，它又使学生享有自由发展自身兴趣、特长的时间和空间。

第二，选课制真正体现选择性，满足学生个性化需要。美国高中设置的选修课种类繁多，即使在一些必修课中也可以选修；学生可以根据自身的爱好、特长选择不同取向、不同水平的课程模块；即使都是选择继续升学者，仍可以选择不同的专业方向。可以说，利用学分制实现对学生的分流贯穿了学生的整个高中阶段。在学习期间，学生、家长以及指导教师可以根据学生学习的实际情况不断审视最初决定的毕业取向，若发现当初的判断有问题，就及时调整所选择的内容而改选更适合学生真实水平的课程。

第三，毕业要求的宽松规定为学生个性化发展留出了余地。美国大多数州对毕业学分数的要求一般规定为 23 学分左右，其中核心课程约占一半学分，即阅读 4 学分，数学 2 学分，科学 2 学分，社会 3 学分，共计 11 学分。以 1 学分相当于每天 1 学时，修满一年计，11 学分意味着学生每天必须上的核心课平均不到 3 节。美国高中一般每天安排 7 ~ 8 节课。所有毕业要求必须修习的课程加起来平均每天不到6节课，也就是学生每天有约2个学时的时间可以自由支配。相对宽松的时间安排为学生的个性、特长、兴趣、爱好的尽情发挥提供了可能。

第四，学分制与导师制配合运作。美国高中所开设的课程无论其种类还是内容，名目繁多。面对纷繁复杂的课表，需要指导教师和家长的协助，否则学生很难做出符合自身实际的选择。在学生选课过程中，指导教师发挥着举足轻重的作用。从最初帮助学生做出决策到高中毕业期间，指导教师应不断关注学生的学分累积、学业进步、特长发展情况，并对其学生的成长及能否毕业负有不可推卸的责任。一般来说，学生在高中阶段的指导教师是固定不变的，这有利于师生之间相互了解，同时增强指导教师的责任感。除此之外，指导教师还要从事为学生提供就业、升学信息及指导、心理咨询、助学金及奖学金咨询、课余学习计划指导等多项工作。另外，各校都强调，本校的所有指导教师都有义务向学生提供力所能及的选课帮助。①

综上所述，我们可以看出，一方面美国高中学分制具有追求实用性、个性化的价值取向，这与强调实用主义、个人主义的“美国精神”相适应。强调地方和学校的自主权，这些都赋予了美国学分制高度弹性化、高度个性化的特点。这就为美国高中教育实现普及并提高普及质量奠定了基础，同时这也决定了美国高中生的课业负担轻、自由支配时间多、兴趣广泛、具有强烈的创造精神、有独立见解、对社会了解较为深入。但另一方面，美国高中学分制也存在问题，如学校课程门类过多，学校自主权较大，因而对一些课程没有统一的标准和要求，造成一些课程流于形式，教学质量参差不齐。美国目前有一种观点正在逐步为教育工作者和社会各界人士所认同，即只完成规定数目的学分未必能保证学生获得那些被认为对高中后学习或工作十分重要的知识与能力。为此，不少州的教育委员会开始为愿意执行依据学业成绩的毕业要求的学区或学校制定新的毕业标准。这是美国致力于提高中等教育质量的一项新举措。

---

① 陈月茹. 美国高中学分制实施评价——美国高中学分制及其意义［EB/OL］.［2007－07－15］. http：//ceric. ecnu. edu. cn/xuefenzhi/ztlw%20chyr. htm.

第三节 美国普及高中教育的师资问题

随着美国公立中学的兴起和高中教育的逐步普及，更多的学校开办起来，更多的学生走进学校。但教师的数量和质量没有跟上时代发展的步伐，教师社会地位相对低下，这些都在一定程度上影响了美国高中教育普及的进程和质量，同时，社会的急速变化也给教师提出了严峻的挑战。教师的数量、质量和社会地位三者相互联系，互为因果。美国对高中师资问题的解决，是以教师专业化发展为主要线索展开的，并借助了政府的政策引导、经济资助与激励手段。

一、美国普及高中教育师资面临的挑战

19 世纪最后 30 多年，公立中学急剧增加，需要更多的中学教师。但由于受到南北战争的影响，一些教师因待遇低下而转入其他行业谋生，导致教师奇缺。在此背景下，无法对中学教师提出过高的要求，当时对中学教师的要求与小学教师相同。

20 世纪初，受进步主义教育思想影响，高中大量选修课的开设又带来教师缺乏的问题。特别是大城市之外的地方小型中学，师资严重不足。1930 年，占中学总数 54% 的小型中学里，学校的教师最多不超过 6 位，却担任着几十种课程的教学任务。南部的五个洲，往往在只有一位教师的中学里，竟开设有 24 ~36 种课程①。在这样的事实面前，很难想象如何去顾及教学质量。1926 年，纽约市小型中学的教师担任的课程中，只有 30% 是他们曾经学习过的，这类情况在小规模学校中尤其突出；1927 年全美有 22% 的中学教师是新任教师，1930 年也有 16% ~20% 是新手，50% 的中学教师工作时间不满 3 年②，教师缺乏应有的水平和实践经验。在开设大量

① 杨孔炽，徐宜安．美国公立中学发展研究［M］．武汉：湖北人民出版社，1996：176.
② 同①，178.

课程和学生人数逐年增加的情况下，中学教师的工作负担越来越重，但其相应的待遇反而呈逐年下降的趋势，高中老师的平均年工资 1926 年是 2,583 美元，1928 年降为 2,467 美元①。工资待遇不足使得教师不能安心于教育工作，造成教师人才大面积流失。另外，教师的社会地位也比较低下，如 1939 年《美国教育杂志》（Journal of American Education）里的一文中写道："教师经常被轻视与污辱，适合教师的社会地位，也许只相当于一个平民。"

进入战后的 20 世纪 50 年代至 70 年代，美国又一次遇到了严重的教师短缺问题。人口高峰导致了入学人数的骤增：中学人数由 1930—1934 年间的 5,845,000 人增加到 1960—1961 年的 10,249,000 人。② 这样快的增长速度，是当时始料不及的。同时，师范教育课程内容上重教育轻文理，加之 70 年代开始以微电子，电子计算机为主要标志的新技术革命，使大批优秀的大学毕业生，特别是理工科的毕业生涌向新兴企业，造成中学诸如数学、科学、物理、地理等学科的师资严重短缺和师资结构的失调。

20 世纪 80 年代在美国，强大的经济对教师来说是一种起消极作用的力量。劳动力市场的日趋开放和经济全球化的发展给从事商业、高新技术、医疗等行业的人们带来了丰厚的报酬，但却没有给教师提供同等的机会。美国中小学教师的工资还是相对较低的，其中中等学校教师的工资略高于初等学校教师的工资。根据美国教师联合会统计的数字，1960 年到 1972 年美国公立学校教师的年工资稳定增长，20 世纪 70 年代呈下降趋势，80 年代又持续增长，90 年代保持相对稳定，其中有的年份内还略有下降。1997 年到 1998 年，全美公立中小学教师的平均年工资为 39,385 美元，其中初等学校的教师为 39,075 美元，中等学校的教师为 39,889 美元。③ 与同等学力、相同工作年限的其他行业的人相比，教师的工资处在较低的水平线上。一般说来，在教师待遇方面，即使考虑教师职业收入和假期收入，教师职业所获得的收入比受过同样教育水平的其他职业人员收入要少 10% ~15%。1992 年，有人曾对包括科学家、律师和法官、会计和审计人

---

① 杨孔炽，徐宜安．美国公立中学发展研究［M］．武汉：湖北人民出版社，1996：177.

② 吴式颖．外国现代教育史［M］．北京：人民教育出版社，1997：443.

③ U. S. Department of Education，National Center for Education Statistics. The Digest of Education Statistics 1998［EB/OL］.［1998 - 02 - 20］. http//www. ed. gov.

员、私人部门的主管和经理、大学教师、工程师、中小学和幼儿园教师、作家和艺术家、公务人员、销售代表、教育管理人员、注册护士、销售主管等13种职业的从业人员工资状况进行过统计，结果显示，在年平均工资这项指标中，教师处于最低的位次。13个行业的年平均工资为38,530美元，教师仅为25,983美元。在周平均工资这个指标上，13个行业平均工资为805美元，教师平均工资为568美元，居倒数第二位。[①] 全美教学与美国未来委员会（National Commission on Teaching and America's Future，NCTAF）的一份报告曾指出：教师报酬的高低、福利状况如何，直接影响到什么样的人进入教师队伍，什么样的人能安心教师工作，以及教师在州之间和学区之间的流动。

此外，公众对于教师职业也没有给予应有的尊重。这种轻视教师专业化的思想和做法在美国的第一次教育改革后受到了严厉的批评。人们对第一次教育改革浪潮乃至20世纪50年代以来美国所进行的一系列教育改革都进行了深入的反思，认识到要想吸引和造就一批最优秀的教师，就必须使教师职业成为和医生、建筑师、律师等职业一样名副其实的“专门职业”。这种对教师专业化地位的急切关注掀起了美国80年代教育改革的第二次浪潮，紧随其后，教师教育改革也高潮迭起，至今仍未结束。

与此同时，社会急速的变化给教师带来了很多新的挑战。首先，在20世纪80年代至90年代的美国公立中学里，学生的多样化非常明显，其中有1/3的学生属于少数民族或来自移民家庭，这些学生当中的许多人有语言障碍或者不会说英语；有1/4的学生来自贫困家庭；有1/2以上的学生来自于由离婚、分居或死亡等原因造成的单亲家庭，这些孩子当中的多数没有做好接受学校教育的准备。

其次，美国中学一直存在着不利于教学的文化氛围。美国文化中强调“个性解放”的价值观念使得学生普遍不愿意接受学校纪律约束，对学校教育价值的贬低使得很多学生厌恶学习。更为突出的是学生比以往更有机会接近酒精、香烟、毒品和武器，辍学、逃学、暴力、早恋等现象充斥

① U. S. Department of Education, Office of Education and Research and Improvement. Teacher Professionalization and Teacher Commitment: A Multilevel Analysis [EB/OL]. [1997-02-21]. http//www. ed. gov.

校园。

同时，社会的发展变化还对教师的培养和任用方式产生深刻的影响。儿童出生率的持续增长和大批移民的到来使得美国学校的教师严重短缺，由于无法聘用到更多的教师，各州不得不降低教师的任用标准。这种做法致使教师的质量得不到保证，很多教师缺乏专业素质。

二、普及高中教育师资问题的解决

针对教师队伍数量欠缺、质量低下、社会地位不高以及社会急速变化等主要问题，尽管不同时期有不同的革新方案，但美国对于这些问题的解决是以“教师专业化发展”为主要脉络展开的。通过教师专业化发展，以“专业”提升教师的社会地位，改善其待遇，使教师职业具有一定吸引力，进而解决数量欠缺的问题；同时，通过教师教育改革使教师队伍的质量得以提升，并能适应迅速变化的社会的要求。

（一）美国教师专业化发展

20 世纪以来，美国教师教育机构经历了一个从中等师范学校提升为独立的高等师范院校再发展为综合大学的一个组成部分——综合大学教育学院，这样一个从低层次向高层次发展的过程，加之机构数量的增加，共同促进了教师专业化水平的提高和教师数量的增长。

在 20 世纪 50 年代至 70 年代，教师专业化发展关注“专业地位”的提升，其目标定位在教师职业吸引力的增强，即外部专业地位尤其是经济待遇的提高上。这一时期，教师专业化更多从教师整体的实际利益出发，采取了群体专业化策略。在谋求教师群体专业地位提升的过程中，出现了两种不同的取向：一种是指向外部的“工会主义”（trade unionism）取向，它通过罢工和集体谈判等形式以获取社会对教师专业地位的直接认可和经济待遇的改善；另外一种是指向内部的“专业主义”（professionalism）取向，通过以教师群体自主制定严格的从业标准和规范，如资格许可、资格认定等，改善对社会的专业服务质量，以间接提升其专业地位，赢得了社会公众对教师专业地位的认可，获取教师经济待遇的改善。

“专业主义”取向的教师专业化能够完善专业制度的建立，能够通过标准淘汰不符合要求的教师，但本身却无法保证每一位教师专业化程度的不断提高①。进入 20 世纪 80 年代，美国教师专业化的发展转向了关注“专业素质”的提升。基于不同的理论背景，出现了两种不同的专业发展模式：一种是教师个体被动专业化的技能熟练模式，另一种是教师个体主动专业化的反思性实践模式。被动专业化在训练教师应具备的基本从教技能和能力培养方面起到了很大作用，但忽视了教师教学情境的多变性和教学对象多样性所决定的教师技能的灵活性和发展性。“反思性实践”模式就是随着这一困境的出现而登上教师专业化发展的历史舞台。通过“反思性实践”模式培养出来的教师具备专业人员从事专业工作的某些特性，有了这些特性，教师的工作才不可替代，其专业属性才能随之提高，进而最终实现专业化目的——教师职业成为专业。

通过美国教师专业化发展、政府的政策引导、经济资助与激励手段，美国中学教师队伍在质量、数量及社会地位上有了明显的改观。2002 年，美国全国 K－12（幼儿园至高中）教师共有 380 万，供需基本上是平衡的②。根据美国全美教育协会（NEA）公布的 2000 年至 2001 年全国公立学校教师状况调查显示：美国中学教师的年薪由 1961 年 5, 489 美元提升到 44, 175 美元，处于全国平均线上。中学工龄在 5～19 年的占教师总数的 47%，美国教师平均从教年限是 15 年，56% 的教师拥有硕士学历；队伍基本稳定，60% 的教师表示他们不会改变职业。但 21% 则表示，如果从新选择职业，不会重新选择教师作为自己的职业——这也表明美国教师社会地位的提升还有很长的一段路要走③。

从根本上讲，教育的核心问题是提高教育的质量，教育质量的提高关键在于教师。教师队伍数量、质量是否满足社会发展的需要，教师的社会地位是否是应有价值的真实体现，都会对教育的质量、受教育的人数、教育的公平以及国家教育目标的最终落实产生决定性影响。美国以教师专业化发展为主要途径，配合以国家相关政策，促进了教师社会地位的提升，

---

① 叶澜，白益民．教师角色与教师发展新探［M］．北京：教育科学出版社，2001：212.

② 杜菁琳．中美教师培养制度孰优孰劣？［EB/OL］．［2008－10－20］．http：//www. WashingtonObserver. org.

③ NEA. Status of the American Public School Teacher 2000—2001［EB/OL］.［2007－08－27］. http：//www. nea. org.

在质量和数量上为高中教育的普及提供了必要的师资保障。

（二）教师教育改革

美国普及高中教育的质量在相当大的程度上依赖于教师队伍的状况。因此，美国把建设一支高质量的高中师资队伍视为提高普及高中教育质量的保障。近20年来，美国始终从国家战略发展的高度出发来认识教师教育改革的意义，对教师教育进行了持续的改革，使得教师教育获得了较大的发展，从而为普及高中教育创造了条件。

1. 注重提高未来高中教师的专业标准和学术水平

20世纪80年代初，由于学生人数的增长，教师队伍的自然减员，妇女及少数民族从事其他行业的机会增多，以及攻读教师教育的学生人数减少，美国出现了教师严重短缺的现象，特别是高中教师更为严重。在这种形势下，美国80年代有关教师教育的几个主要报告都一致认为，在教师短缺的情况下，应该打破以降低标准求数量的传统做法，而是提高教师教育的专业标准。因为只有提高教师的专业水平，才能真正吸引有真才实学的人进入教育专业，基层才能从根本上解决提高教师质量这一关键问题。①

要提高教师的专业标准，其中最重要的一点就是提高并严格控制教师教育的入学标准。严格的入学标准是提高教师质量重要的第一步。为此，全美教师教育认可委员会（National Council for the Accreditation of Teacher Education，简称NCATE）对教师教育的入学标准增加了两个要求：一是在考分为4.0分的考试记分表上，教师教育入学者的平均积分点必须达到2.5分；二是必须对教师教育入学者进行能力测验。这一测验的对象是完成两年大学课程、准备进入教育学院接受训练的学生，主要内容是考查学生读、写、算的基本能力。据调查，在这一阶段的淘汰率全美平均为28%。② 没有通过的学生可以再考，但各州对允许再考的次数及间隔时间有不同的规定。到1988年，全美就已经有46个州通过了有关教师考试或考核的法案。提高师范生入学考试标准是美国有关州选择学生进入教育学

① 马骥雄．战后美国教育研究［M］．南昌：江西教育出版社，1991：196－198.

② Joseph W. Newnar Americas Teacher: an introduction to education [M]. New York: Longman, 1990: 67.

院学习的一个有效方式。例如，密苏里州的教育学院实施基本学术科目考试，考试内容涉及学生对核心课程知识的掌握和跨学科技能，以使入学者能够进入教师准备计划。全美教学和美国未来委员会（NCTAF）执行主席琳达·达令－哈蒙德（Linda Darling-Hammond）建议，各州也应该为即将进入教育学院学习的学生建立高学术标准；各州必须让所有的教育学院获得 NCTAF 颁发的鉴定合格证，能够提供所有教育学院关于广博的艺术基础，有效的教学策略以及为不同学生设计的教学标准指南。

1999 年美国教育部教育研究与改进中心公布的报告说，人们对教师质量的关心越来越集中于教师的学术水平，承担培养教师职责的高等院校应该为未来的教师打下更坚实的学术基础，所教的内容应该与中小学的学科教学紧密联系。高等学校应该引进淘汰制，淘汰那些学科知识薄弱的学生。为了保证高中教师的学术水平，美国目前在 300 多所高等院校实行 4＋1学制或双学位模式。这样就可以让未来的高中教师在大学本科四年的时间内学习与其他同类专业学生相同的学科专业知识，之后再通过一年的时间学习有关教育方面的课程，并参加教学实践。毕业后获得相应学科专业的学士学位和教育硕士学位。美国教育部 1998 年的统计发现，高中教师中获得学科专业学位的比例大大高于初中和小学，三者的比例依次为 66%、44%和 22%。这种比例上的差异反映了不同层次的学校对教师素质的要求有所不同，层次越高，对教师主教学科的学术水平的要求就越高。①

2. 改革课程结构以及传统的教育专业课程，突出教学实践能力的培养

20 世纪 80 年代以前，美国教师教育课程在学术性与师范性之间经过几次“摇摆”式的改革，到 80 年代初，又出现了偏重教育课程的倾向，在师资培训过程中往往以牺牲学科为代价来加强教育课程，严重影响了教师教育的质量。为此，几个主要报告都阐述了旨在提高教师教育专业水平的课程改革设想，提出既要重视文理基础知识和学科知识，又要重视教育理论知识和教育技能，具体可以概括为以下几点：第一，加强文理课程的完整性、连贯性和成熟性；第二，强调掌握任教学科的目的、来源和结

① U. S. Department of Education, National Center for Education Statistics. Teacher Quality: A Report on the Preparation and Qualification of Public School Teachers [EB/OL]. [1999－01－15]. http//www. ed. gov.

构；第三，加强文理课程及学科课程的教育学基础；第四，把教育作为一门学科来研究；第五，加强学科教育学研究；第六，加强对教师学习过程的研究；第七，加强评价教学过程及评价教师工作表现的研究；第八，加强大学与中小学校的联系。①

美国教师教育的内容不外乎三个方面的基本内容，只是不同时期关注的焦点不同。这三个方面分别为普通文化教育，专业教育和师范教育。普通文化教育即美国大部分本科生都要学习的文理课程，有自然科学、社会科学、人文科学等；专业教育即关于主修或副修的特定学科的语言、概念与方法的课程；师范教育即涉及教师职业道德和多种有关的知识、能力与技能的课程。这三类课程内容，可以用多种方式进行组合，美国教师教育的课程结构也因此而多样化。20 世纪 80 年代后，美国教师教育机构在安排课程时，力求把普通教育、专业教育和教育专业课程结合起来，并以主修与辅修、必修与选修相互交叉的形式，使课程设置在达到质量标准的同时，又能充分照顾学生就业的需要和个人的兴趣爱好。如弗蒙特大学教育与社会服务学院教育系的课程设置规定，欲取得高中教育教师证书的学生，需至少修得 127 学分，其中有 86 学分为必修课，其他学分在教师指导下选修，专业教育很受重视，如果以一门学科为主修，规定学分为 30；如果选择跨学科主修，必修学分为 48 ~ 50。辅修一门学科为 18 学分，跨学科辅修为 24 学分。学士后课程计划所修学分也基本相同，只是教育专业课程集中在最后一年学习。②

美国高中教师职前培养还针对传统的教育专业课程进行了改革。一般来说，美国教师教育专业课程包括教育基本理论（教育基础、教学论、教育原理、教育史）、教育方法与技能（教育心理学、发展心理学、教育评价与测量、教材教法等）以及教师实践等三部分内容。美国一些教育学院的教学计划中教育课程占总课时的 30% ~ 40%。以威斯康星州的教育学院为例，教师职前培养的教育计划中规定师范生必须修满 120 个学分以上，其中教育理论与实践课程占 46 个学分，占总学分的 38%。与此同时，教育理论课存在着内容空泛，所学的课程与高中相脱节等问题，引起了美国

① 马骥雄. 战后美国教育研究［M］. 南昌：江西教育出版社，1991：196 – 198.

② 苏真. 比较教师教育［M］. 北京：北京师范大学出版社，1991：126.

教师教育部门的高度重视，并采取了一些有针对性的措施，有的院校消减了教育学科所占的比例；有的重新调整教育课程体系内部的比例分配，以学科教学研究课程取代以一般教育理论为主的教育基本理论课程，以便引导师范生全面理解与掌握本学科的知识结构，了解本学科教学过程的特点，熟悉学生学习本学科的一般特点与规律，掌握教学方法和技巧。

同时，为了使未来的高中教师更善于从事教育实践，克服教师职前培养中存在的教育理论与高中教学实践严重脱节的弊端，美国普遍加强了教学实践环节。许多院校从高中师资培训的第一天起就要求未来的教师直接到高中参与各种各样的教学实践活动，使大学的专业知识与高中的课堂教学紧密相连。如某大学教育学院规定每门教育类课程都必须有一整天的实践教学课时，学生在 4 年中要去 5 ~6 所高中实习。

3. 加强入职教师考评

为了确保入职高中教师质量，提高高中教师的专业化水平，美国倡导对未来高中教师进行教师考试。例如，密苏里州要求教育学院毕业生参加毕业考试。纽约州和佛罗里达州规定，各教育学院必须对学生进行毕业考试，如果教育学院 80% 的学生不能通过毕业考试，学校将失去州政府的拨款。但是另一方面，许多州并没有制定好合理有效的教师发展评价标准，以至于无法衡量入职教师的知识和技能，因而只得依赖于考试制度，而这种考试与入职教师的班级教学实践相关性并不大。因此，NCTAF 要求各州必须采用州际新教师评价与支持联合体（Interstate New Teacher Assessment and Support Consortium，简称 INTASC）对于新教师的评价制度。INTASC 为 30 个州所承认，包括得克萨斯州、密苏里州等。教育考试服务中心基于教师专业成熟的考试制度现已为广大的教育学院所采用。

这里也存在一些争议，即教师考试是否真正分辨出“有效教师”和“无效教师”。科罗拉多州最近一项学科事实和教学方法考试结果表明：投入大量时间和资金用于考试实质上只是为了迎合公众和政府，而对于遴选合乎资格的教师则并无裨益。

4. 实施有效的、紧密结合高中实际的教师专业发展计划

教师的在职培训是教师专业化的重要组成部分。自 20 世纪 90 年代以来，上至联邦政府，下到地方学区都在采取有效的措施提高教师专业发展

的质量。1994 年 12 月，联邦政府教育部的教师发展小组拟订了高质量专业发展的根本目的在于通过教师质量的提高，更好地指导学生达到学习和发展的更高目标。该文件要求：一要反映最新最好的教学成果与实践；二要使教师进一步掌握有关学科内容、教学策略、使用教学技术及其他教学因素的专门知识和技能；三要有足够的时间和财源；四要以对教师教学有效性和学生学习的影响为基础来加以评价；五要和愿意参加并能促进教师专业发展的人员和组织共同制订教师专业发展计划；六要促进对学校日常生活的研究并改进学校的日常生活；七是该计划是长期的、有系统的计划。①

经过几年的努力，美国高中教师的专业发展计划有了很大进展。不仅参加的人数多，而且学习的内容更加贴近高中的教学实际，参加学习的教师也大都认为教师专业化发展计划能够为他们的教学工作带来一定的帮助。根据联邦教育部教育统计中心的一份报告，1998 年全国 99% 的全日制公立学校教师参加了多种形式的教师专业发展计划，而在 1993 年这一比例为 93% 。1998 年全国有 81% 的教师参加州及地方学区组织的课程和操作标准的培训；78% 的教师参加了关于如何在学科课堂教学中使用计算机等先进教育技术的学习；77% 的教师参加了新的教学方法的学习；73% 的教师参加了主教学科的深入学习；50% 的教师参加了有关课堂管理及满足智障儿童特殊需要的学习。② 教师学习的内容大都涉及教学内容、教学方法与技术、教学管理等方面。由于这些内容与高中教师的日常教学工作紧密相连，所以教师发展计划的实施对教师教学质量的提高起到了很大的促进作用。

5. 建立以教学实践和教学效果为考察重点的资格证书制度

美国教师证书的种类繁多，最常见的是由州颁发的常规或标准证书（regular or standard state certificate）、高级专业证书（advanced professional certificate），其他还有临时证书（provisional/temporary certificate）、试用证

---

① 文侠，周保利．美国中小学教师专业化初探［J］．河北师范大学学报（教育科学版），2002（1）：44－48.

② U. S. Department of Education，National Center for Education Statistics. Teacher Quality：A Report on the Preparation and Qualifications of Public School Teachers［EB/OL］．［1999－01－12］. http//www. ed. gov.

书（probationary certificate）、应急证书（emergency certificate）（该证书主要是用来解决教师紧缺而实施的另类教师资格证书）。根据联邦教育部1999年对全国公立中小学教师的统计，在不分学科教学的教师中，93%的教师拥有标准或高级证书，4%的教师有临时证书，2%的教师有试用证书，1%的教师有救急证书；在分科教学的教师中，92%的教师在主教学科具有常规或高级证书，5%的教师有临时证书，2%的教师有试用证书，1%的教师具有救急证书。①

美国实行地方分权制，教师资格证书标准的制定及具体实施由各州的教育厅或教育委员会负责。各州指定的标准参差不齐，差异很大。为了确保教师具有最起码的知识水平和教学技能，便于各州之间的教师流动，1987年，美国成立全国专业教学标准委员会（the National Board for Professional Teaching Standards，简称NBPTS）。该机构制定了涉及中小学33个学术和专业领域的资格证书标准，得到了联邦政府、一些州和学区以及全国两大权威教师组织的支持和拥护。克林顿总统在1997年的国情咨文中宣布联邦政府将资助10万名按NBPTS标准获得资格证书的教师。1999年联邦教育部长赖利在一次讲话中明确指出，如果我们不把教学变成第一流的专业，就别想改善公立教育。而实现这一目标的关键就是NBPTS的教师资格证书的制定和颁发。从1987年到1999年间，NBPTS已从联邦政府获得7,000万美元的资助。② 尽管目前NBPTS证书尚未取代由各州颁发的证书，但势必会对统一全国的教师资格标准，确保教师队伍的整体质量产生重大影响。

值得一提的是，不论是全国专业教学标准委员会制定的标准还是各州制定的标准，都突出强调对教师实际教学能力的考察。全国有近一半的州要求教师参加领取资格证书前的教学基本技能考试并要求成绩合格。加利福尼亚州和得克萨斯州把教师的教育技术水平作为高中教师的任职资格标准之一，要求教师具有使用计算机及相关软件的能力，能够使用因特网收集信息和操作多媒体显示设备。威斯康星州把教师资格证书的标准细化为

① U. S. Department of Education, National Center for Education Statistics. Teacher Quality: A Report on the Preparation and Qualifications of Public School Teachers [EB/OL]. [1999-01-12]. http//www. ed. gov.

② 赵中建．美国需要21世纪的教育革命［J］．教育发展研究，2000（3）：73-75.

10个方面，规定了教师在教学计划、教学方法与策略、教室管理、对学生成绩评价、与家长及社会各方面沟通等方面的具体要求。与各州制定的标准相比，全国专业教学标准委员会对教师教学能力的要求更加具体化。在评定一个教师时，要对该教师的课堂活动进行录像，评估人员要对录像带和教师评阅的学生作业进行分析。此外，还要求教师对指定的教学内容和假设的教学场景在90分钟内写出分析性的论文或写出教案。

6. 建立教师专业发展学校，改善教师职前培养和在职培训

通过近20年的改革，美国高中师资在许多方面取得了长足的发展，教师资格证书制度的确立与完善、教师待遇的逐步提高等都是明显的例证。但建立“教师专业发展学校”的改革成就更受世界各国关注。近20年来，专业发展学校在美国发展迅速，2001年1月的统计表明，全美已经建立了1,000多所专业发展学校。专业发展学校是在综合汲取古德莱得（Goodlad）和霍姆斯小组（Holmes Group）等人的改革思想的基础上提出来的。改革者的初衷是把专业发展学校设计为融教师职前培养、在职进修和学校改革于一体的学校形式，其主要目标是在真实的教学情境中培养未来的教师，改善教师的职前培养水平，促进大学和中小学之间的合作，推动双方的发展。实践研究表明，专业发展学校已经显示出它在改善教师职前培训和在职发展方面的优势。

首先，相对于传统教师教育来说，专业发展学校的教师培养方案更具有精心组织的特征。专业发展学校模式比传统的本科水平的教师培养模式延长了学习年限，尤其延长了教学实习的时间，并且这样的实习是经过精心设计和安排的，能确保师范生有更多机会接触多样化的教学环境，与学区的多方面人士沟通与合作。

其次，专业发展学校有利于培养教师的教学自信心和良好的适应性。研究表明，专业发展学校的毕业生能独立地反思教学结果，能根据教学情境灵活地选择教学方法，在教育文化多样性方面表现出充分的准备和自信。此外，专业发展学校的毕业生在教师资格考试中取得的成绩普遍较高，学校对此类毕业生的需求量持续上升。

再次，专业发展学校在促进在职教师的专业发展方面也表现出独特的优势，它通过多种多样的专业发展活动方式，为教师进行教学反思、行动

研究创造了机会。调查显示，专业发展学校中的在职教师比传统学校里的教师更具有“自主性”和“自我成就感”。这有益于教师革新教学方法和发挥在学校改革中的领导作用，有利于推动教师成为大学教师的积极合作伙伴。

综观近20年以来的美国普及高中教育的教师教育改革，历程艰辛而又曲折，但总体上，随着改革的步步深入，教师教育也在向前发展，为普及高中教育提供了师资条件。

第四节 美国普及高中教育的问题与困境

纵观美国普及高中教育的历程，可以看出美国普及高中教育取得了一系列的成绩，优厚的经费支持、“升学”“就业”及“全人”三者和谐统一的教育目标，以及宏观与微观相结合的现代化科学管理体制，使得美国在普及高中教育领域占据了一定优势。美国高中教育虽然强调学生的主体性、重视培养学生个性和创造力，但是美国中学生在各种国际竞赛中几乎总是最后几名，每年有不少中学毕业生加入“功能性文盲”（是联合国于1965年在德黑兰的一次国际性会议上提出的，指的是那些受过一定教育、会基本读、写和算，却不能识别现代信息符号、无法利用现代化生活设施的人）的行列。此外，校园暴力不断，中学生辍学率高、性生活迷乱等也是痼疾。长期以来，美国中等教育是美国社会改革的焦点，也是美国社会各界抨击的焦点。为此，历任总统都把普及高中教育的质量作为重要的施政纲领。总的来讲，美国在普及高中教育过程中面临以下一些问题与困境。

一、学生学业成绩平平

20世纪90年代，美国普及高中教育的质量令人担忧，离80年代末确立的国家教育目标依然遥远；据1993年的教育统计数据显示，美国尚有12%的高中生不能毕业，只有35%的高中毕业生完成了基础的和中等的代数与几何课程。1994 年，美国国家教育进展评估委员会（NAEP）的调查表明，在美国 12 年级的高中生中有 25% 阅读能力低下，同时，进入大学的新生中有 30% 需要进行阅读补习。据 1995 年美国第三届国际数学和科学研究显示，在全球 21 个国家约 50 万名 12 年级高中生参加的普通数学常识的考核中，美国高中生排名第 19 位；在普通科技常识的考核中，美国高中生排名第 16 位。[①] 然而，进入 21 世纪的美国高中教育质量还是存在问题，2001 年 11 月 21 日，美国教育部公布的全国考试成绩显示：12 年级的学生科学技能合格率在下降。2000 年，国家教育进步评估委员会的考试证实：1996 年以来，12 年级学生的科学课平均成绩下降了 3 分。1996 年，12 年级学生达到高级水平的占总数的 3%，达到熟练水平的占 19%，达到基本要求的占 36%，低于基本要求的占 43%；2000 年的这一组数据则分别为：2%、16%、34% 和 47%。

据美国高中毕业生委员会（High School Graduation Committee）报道，2001 年，只有 44% 的高中生按照学业计划要求学习，其他 3,000 万高中生的前景堪忧。乔治亚派瑞米特学院院长杰奎琳·拜勒赫（Jacquelyn Beleher）说："太多的学生没有从高中得到充分的准备就进入我们学院学习了，大约 40% 的学生要上补习课程，否则无法继续学习。90% 的 9 年级学生家长希望孩子能够接受高中后教育，但很少有人知道在高中做好准备对大学教育的成功是多么重要。"

二、高中生辍学率高

美国教育部全国教育统计中心 NCES 报道，2000 年，大约 380 万青少年辍学，占美国 16 ~ 24 周岁青少年（3,460 万）的 10.9%。西班牙裔的青少年辍学率为 27.8%，非洲裔的为 13.1%，白人学生为 6.9%。20 世纪 90 年代，每年有 34.7 万至 54.4 万 10 年级至 12 年级的学生没有成功完成学业，并选择离开学校。虽然高中毕业证书对于高中后教育及劳动力市场越来越重要，但是过去 30 年高中毕业率一直不高。1972—1985 年高中毕业率由 82.8% 上升到 85.4%。1985 年后毕业率没有明显的稳定发展趋势，

---

① 瞿葆奎．教育学文集：英国教育改革［M］．北京：人民教育出版社，1993：439.

在85%～87%之间徘徊。

三、高中学校存在的问题多

第一，教育哲学思想的偏颇。美国高中教育受杜威实用主义教育哲学思想影响颇深，学校重视学生各种技能训练，重视让学生动手操作，重视知识的工具性价值。和其他国家相比，美国高中对学术的准确性以及完成课程计划而应执行的教学进度都比较无所谓，而是更为强调训练提高学生的创造力和独立思考能力，不少教师把基本知识的教学和实际技能的培养放在第二位。

第二，地方分权的高中教育缺乏统一目标和学业标准。美国宪法没有规定教育权的归属，50个州各自为政。各州自行决定义务教育年限，制定各自的学校法，规定师资训练和聘用的标准等。但各州允许地方充分发挥主动性，把教育行政的权利进一步下放给各县、区和市。各县保留了一定的权利，但总的倾向是尽可能鼓励地方分权。各市通常都有自己的学校制度，经费的大部分从它自己的税收中支付，自己决定课程，颁发各种独立的法令。由于教育分权，美国高中教育没有统一的教育目标和学业标准。美国教育部也举办英语、数学、科学、历史、地理和其他学科的全国考试，但各州自愿参加，所以并不能对全国学校学生成绩做出判断。克林顿曾建议设定全国统一的教育目标，规定各地学校务必达到标准，不然学校就不能获得联邦政府的教育拨款，并且要求全美各地学校提高学生的学业水平，如果不能做到让全体学生达到学业标准水平，学校将被关闭。但时至今日，美国高中教育依然没有根本性的变化。

第三，重智育轻德育成为美国高中教育的最大盲点。美国芝加哥《号角》报社的社论《论美国教育的盲点》（On the Blind Spot in American Education）指出："美国是科技经济的超级大国，但是很多美国人却是精神生活上的贫民"，这与重智轻德的教育方针直接有关，"如果美国教育方针不彻底改变"，"必然会产生更多坐拥千万美元的灵性饥民"。文章列举美国教育盲点的三种表现：1. 在道德抉择上让青少年学生自由取舍与决定，是一个严重的盲点，据统计，美国青少年枪杀死亡率占世界第一位，性放任与吸毒已成为影响一代人身心健康的严重社会问题；2. 同性恋团体入侵教育体系，以教科书和组织手段推广他们的“家庭”观念和同性恋生活方式，使同性恋成为美国学校教育中的严重问题；3. “灵育”被摒弃学校大门之外，造成学生信仰危机。所谓“灵育”是指包括宗教信仰在内的“以爱与承担为根本”的精神教育。对这个问题的批评与呼吁以宗教界和教会学校的人士最为激烈。①

四、美国高中教师状况严重影响普及高中教育的质量

首先，美国高中教师数量不足。由于在美国教师待遇是白领阶层中最低的，工作又十分辛苦，所以愿意从教的不多。美国教育部统计预测，到2007年，美国中小学学生将会由5,220万人增加到5,430万人。因而，在今后10年中，美国全国还需要增加200万新教师名额。但是，据统计，美国大约每年只有不到10万人进入教师行列。

其次，美国高中教师的质量也很成问题。1993年至1994年度，全美公立学校教师中没有在大学念过专业而教授专业课程的教师，达到27.7%。其中非专业外语教师占13.4%，非专业数学教师占34%，非专业科学学科教师占39.5%。

最后，美国高中教师负担重。大多数美国高中教师每周工作远远超过40小时，几乎所有的工作时间都用在课堂教学上。结果，大多数必需的计划、备课和批改作业等必须在夜里和周末进行，几乎没有时间分配到个别学生身上。1993年至1994年，美国城市、郊区和农村公立学校的高中教师平均工作46.9小时。1996年，全美教育协会的一项调查显示，为履行教师的所有职责，美国高中教师平均每周工作52小时。

针对美国普及高中教育存在的问题及困境，美国采取了一系列措施：如增加考试的数量和难度，提高纪律要求，延长学习时间，完善学校安全设施，提高入职教师标准，提升和支持教学质量，等等。在众多的改革措施中，有几点特别值得一提。第一，建立全国性的课程标准。为了使高中课程摆脱分散、混乱和低水平状态，在联邦政府的支持下，由美国一些国家机构编制一套各科知识标准，以便各州参考执行。这项工作已取得很大

① 韩立群. 美国中小学教育现状及存在的问题［J］. 岱宗学刊，2001（3）：74-76.

的进展。第二，建立全国性的学业评估制度。1991 年 4 月，布什总统在《美国 2000 年教育战略》中提出了将由全国教育目标小组制定一套自愿参加的全国统考制度，对象包括了 12 年级的学生，科目有英语、数学、自然科学、历史和地理，要求达到世界级标准。这种学业考试将不限于采取选择题的形式，以便衡量学生是否掌握了较高的技能，成绩优秀者可获总统教育优秀奖。虽是自愿，政府要求各大学把统考成绩作为录取标准之一，并要求雇主在招工时参考。克林顿在他签署的《美国 2000 年教育目标法》中将布什政府提出的这一措施法制化。根据此法案，联邦政府预计 3 年中每年拨款 10 亿美元，用于建立全国性的课程、学业测评标准和资助师资培训，美国提高普及高中教育质量的决心之大由此可见。

第五节　美国普及高中教育经验对我国的启示

21 世纪的竞争将首先是教育的竞争，是人才素质的竞争。美国普及高中教育的得与失为我们提供了许多值得借鉴的东西，有利于推进我国高中教育的普及化。

一、教育政策的制定和实施是普及高中教育的坚实保障

美国在制定和实施普及高中教育政策时，把国内社会发展和国际形势发展结合起来，通过自下而上与自上而下相结合的方式，在追求公平与效益的钟摆运动中不断调整，不断完善，试图在两者之间找到一个合理的结合点，并通过强制的立法手段和雄厚的经费供应有效地保障美国普及高中教育政策得以落实。

我国在普及高中教育过程中，首先应制定符合我国国情以及与国际发展要求相适应的教育政策，正确处理公平与效益两者的关系，使两者相统一，并将其作为我国普及高中教育的一条主线，汲取美国在制定和实施普及高中教育政策中的经验与教训。应始终树立这样的理念，即让每一位学生都能实现“升学”“就业”和“全面发展”。其次，在制定和实施普及

高中教育政策时，应考虑各个省市地区的利益需要与实践经验，因地制宜，从而有利于保障普及高中教育政策的贯彻和执行。再次，应通过强有力的教育立法使我国普及高中教育政策具有连贯性与有效性，同时给予物质经费上的保障，从而让政策能够真正得以落实。

二、构建科学合理的高中课程体系

从美国为确保普及高中教育进行课程改革的历程中，我们能够清楚地认识到，要普及高中教育，在课程方面必须正确处理基础学术教育与职业技能教育、统一性与灵活性、提高教育质量和实现教育平等这三对矛盾。而要处理好这三对矛盾，关键就在于如何正确认识社会本位主义教育价值观与个人本位主义教育价值观的关系，它们之间不是简单的替代关系，也不仅仅是简单的对立，而是要走向“中和”。美国普及高中教育过程中，其课程的发展历程清晰地告诉我们，课程改革所表现出来的“失衡”现象归结起来都是因为从一个极端走到另一个极端，即“非此即彼”思维模式和“头痛医头，脚痛医脚”的应急方式在现实中的反映。实践证明，单一的教育目标、某一种教育哲学流派或课程主张都注定不能使课程改革持久和成功。

也正是因为我国在课程方面还没有处理好这一根源性问题，社会本位主义教育价值观与个人本位主义教育价值观相对立、相背离，从而使我国高中课程长期存在问题，阻碍了高中教育普及的进程。我国高中课程长期存在的问题有：第一，课程强调学科之间的细分化，教学内容的系统化，忽视职业技术和实用能力培养；第二，课程内容偏深偏难偏多，教材内容相对陈旧，不能及时地反映科学发展的新成果，脱离学生生活实际和社会现实的需要；第三，在现实中强调满足社会宏观的、一般需要的必修课，而忽视个人微观的、特殊需要的选修课，加之“应试”的影响，以选修课为代表的课程结构的丰富性和选择性明显不足，不能满足学生个性发展和社会的需要，这种单调、枯燥的课程模式，必然导致“满堂灌”或“填鸭式”的教学，扼杀学生学习的兴趣和积极性；第四，我国地域广阔，民族众多，国情复杂，在全国采用统一的课程标准和教学计划，还不能适应各地的具体情况和要求。[①] 这些问题的解决都依赖于我们对社会本位主义教育价值观与个人本位主义教育价值观关系的重新认识以及调整，绝不能用一种价值观完全代替另一种，应从美国这一经典案例中吸取经验与教训，避免矫枉过正，使两者能够真正走向中和、统一，当然这需要不断地摸索、不断地尝试，这种认识与调整将是一个曲折的过程。

三、全面推进教师教育改革，确保高中师资力量

美国普及高中教育面临的师资问题在我国也同样存在，教师的数量和质量是高中教育得以普及的必要条件。美国为了解决普及高中教育的师资问题，以教师专业化发展为主要途径，加大教师教育改革进程，并配合以国家相关政策，促进了教师社会地位的提升，从而确保高中教育的普及，并不断提高普及的质量。

针对普及高中的师资问题，美国政府、以及地方和各学区一直不断努力，政策上合理导向，举措上规范具体，为美国高中教师的数量及质量的提升起到了关键的作用。如通过提高入职教师标准、加强入职教师考评以及改革教师证书制度等方式提高高中教师的潜在储备；通过创建教师“顾问”计划、发展教师专业标准、不断探索教师评价方法来提升和支持教学质量；通过解雇“无效教师”、清退非专业教师和激励“高效教师”等措施来解除教师质量的一系列威胁。当然，想要彻底解决高中师资问题并非如此简单，正如美国一些评论所指出的，一方面，政策必须具备各级水准的政策策略，包括联邦到地方，甚至到学校课堂，教师水准等；另外，教师专业水准包含不同的发展阶段。但是，一些政策在某种程度上难以统合，确保所有的学生具有均等的机会获得高水准的受教育机会和教育结果，州和学区在提升高中教师素质上还有很远的路要走。[②] 但总的来说，美国教师教育有不少值得我们借鉴和学习的地方。比如，实行教师资格制度，执行严格的教师专业标准等。尤其是“教师专业化发展学校”的创

① 张鸿林．美国高中课程的特点及其给予我们的启示［J］．天津教育，2004（Z1）：69－71.

② 谌启标．美国教师质量问题及其政策取向［J］．外国教育研究，2002（3）：52－55.

立，它为教师教育中理论实践相互脱节问题的解决，为世界教师教育模式的改革增添了新的亮点。另外，在改善教师待遇的同时，提高教师质量标准，重视教师的基本素养，并将教师评价的中心转向对结果的重视。

2005 年 3 月，我国教育部提出了到 2020 年基本普及高中阶段教育的目标，分析美国普及高中教育所面临的问题及其所采取的积极策略，无疑会为我们解决正在面临和将要面临的一些问题提供必要的帮助和参考，实现高中教育的普及是一个长期不懈的过程，需要我们不断地进行学习和借鉴，摸索适合我国国情的教育政策与措施，最终实现高中教育的普及。

第三章

日本普及高中教育的政策与改革

第一节 “二战”后日本高中教育概述

日本是一个多山的岛国，土地贫瘠，人口众多，资源、能源相对匮乏。因此，通过教育来提高人口的素质，弥补资源的相对不足，就显得尤为重要。日本的高中教育是处于义务教育和高等教育之间的教育阶段，起着承上启下的关键作用。1948 年日本现行高中制度确立，到 2000 年，日本高中入学率已经达到 97%，其高中普及率仅次于美国。“二战”后，日本普及高中教育大致经历了以下三个阶段。

一、教育恢复时期（“二战”后至 20 世纪 50 年代初期）：着重普及九年义务教育，发展高中教育

“二战”使日本的社会、经济面临几乎崩溃的境地，在战争中有 200 多万日本人成为军国主义的炮灰，国民经济遭受了严重的损失，物资奇缺，物价飞涨。面对经济恢复时期种种亟待解决的问题，日本当政者意识到国民的受教育水平决定了国家的未来。日本的教育家也指出，要使日本复兴，除了教育以外别无他法。于是，日本政府开始了战后恢复时期的教育改革。这一时期的重心是普及初等教育，同时发展高中教育。

1949 年《教育基本法》和《学校教育法》的制定，标志着日本历史上继明治维新后第二次教育改革的开始。这些新的法令规定，政府将保证

整个国民的普遍教育水平最低达到九年。在当时国家财政极端困难的情况下，日本政府却将义务教育延长至九年，可见其对教育的重视程度。

同时，为适应未来经济的发展，日本政府这一时期也开始积极探索培养高级专门人才。因此，对高中的教育体制和教育内容也进行了重建、改革。从1948年开始实行新的高级中学制度，以战前的旧制中学为主体，将旧制高等女子学校、实业学校合并建立新制高中。经过结构改革，把旧制的多种类型中等教育机构统一为单一类型的三年制高级中学。新制高中包括普通高中和职业高中，课程设置和授课形式也灵活多样。当时日本高中的理念可以概括为：将战前差别性的复线型中等教育体系改为一元化的单线型中等教育体系；尽量为更广大的国民敞开高中的大门；在为广大国民开放的学校里实施适合个人的出路、性格和能力的教育。①

二、经济高速增长期（20世纪50年代中后期至20世纪70年代初期）：对高中教育的改革，大力普及高中教育

20世纪50年代中后期至20世纪70年代初期，是战后日本经济的转折期。日本在这时逐渐进入经济高速增长阶段。这一时期，日本政府和经济界都越来越重视教育事业的发展和教育结构的改革，并把教育发展计划纳入国民经济、社会发展计划中，按经济发展和社会进步的需要，调整教育结构，培养各种人才，提高国民素质，造就劳动大军。

这样，日本在20世纪50年代中后期开始了新一轮教育改革，这次改革的重点是中等教育，尤其是高中教育。过去日本中等教育模仿美国模式，强调实行综合制，而忽视了职业教育。20世纪50年代中后期，日本大力引进技术，开展新技术革命。60年代是战后日本经济发展进程中最重要的历史时期。1960年底，当时的池田内阁制订了《国民收入倍增计划》（1961—1970年），该计划在战后日本经济发展计划中最有影响，其目标是谋求经济的大发展，提高国民的生活水平和全部就业。在教育方面，强调

① 门胁厚司，等. 高中的社会史［M］. 东京：东信堂，1992：6－11.

普及提高中等教育、加强职业训练与职业指导、增设职业高中等。[①] 同时，产业界也迫切要求对高中阶段的职业技术教育进行改革，培养与现代化生产相适应的多方面的技术人员和熟练工人，不断扩大、充实职业高中。首先，从数量上加强职业教育，把普通高中与职业高中的学生数比例由6:4调整成5:5，单单在1958年至1959年，就增招了85,000多名学生。其次，改革课程内容，强调职业高中教育的多样化。一方面提高工科、商科学生人数比例，另一方面大量增设适应新兴产业需要的学科，淘汰过时的学科，并将专业门类分类细化。此外，普通高中也开设职业课程，供学生选修。通过改革，在整个20世纪60年代约有700万高中毕业生到各个产业部门去工作，日本高中的入学率在1961年也达到了62.3%。

三、经济低速增长、调整期（20世纪70年代中后期至今）：高中教育的再次改革，对高中教育普及已取得成绩的巩固

进入20世纪70年代，日元大幅度升值使日本的出口受挫，经济发展进入萧条期。为此，日本政府调整产业结构，由“劳动密集型”产业结构向“知识密集型”产业结构转化。这就要求教育目标应该转向培养高水平的科技人才，并以培养独创性、创新性的科技人才为方向。为使高中教育适应新形势的需要，文部省在1973年成立了“职业教育改革委员会”，探索高中职业教育改革，并发布了《关于改革高中职业教育问题》的咨询报告，修改了职业教育多样化的方针，突出了基础知识和基本技能的教育，高中的职业教育由多样化、过细化变成基础化、综合化。[②]

20世纪80年代至今，日本政府和教育界把接受高中教育看成是青少年的一种权利，不断增添学校设备和增加高中教育的经费。[③] 面对社会提出的挑战，适应社会发展的需要，日本政府积极从政策法规、课程设置、教师教育等各个方面确保高中教育的发展，巩固普及高中教育取得的成

① 滕大春．外国教育通史（第六卷）［M］．济南：山东教育出版社，1994：410.

② 张晓霞，等．战后日本教育改革与经济发展［J］．教育理论与实践，2004（3）：18－20.

③ 小林哲也．日本的教育［M］．徐锡龄，等，译．北京：人民教育出版社，1981：137.

果。经过努力，2000年日本高中入学率已达到97%，基本实现了高中教育的普及和准义务化。

第二节　日本普及高中教育的制度、法规和政策保障

一、日本高中的教育制度和办学形式

日本的高中处于义务教育和高等教育之间，承担着承上启下的作用，担负着向高等学校输送合格毕业生和为社会培养劳动力的双重任务。

《学校教育法》规定了高中教育的总目的："在初等教育的基础上，适应学生的身心发展，以实施高等普通教育和专门教育为目的。"为实现该目的，必须努力实现下列培养目标：进一步发展和扩充初等教育的成果，培养对国家和社会有用人才所应具备的素质；基于对社会必须履行自己使命的自觉，使之能够适应个性和未来的出路，并提高一般的文化教养，掌握专门的技能；培养学生对社会具有广泛深入的理解和健全的批判能力。

日本高中教育的发展与社会的需要和不同阶层、不同志趣、不同能力的人们的求学愿望分不开。日本的高中按照设置可以分为国立高中（国立大学的附属高中）、公立高中（都道府县或市立高中）和私立高中三种；按照授课形式可以分为全日制、定时制和函授制；按照教学内容可以分为普通高中、职业高中和普通—职业混合的综合制高中；按照学生毕业形式，可以分为学年制高中和学分制高中。

日本高中教育的普及除了因为各地积极筹建公立高中外，还应该归功于私立高中和函授制高中的兴起与发展。日本政府历来将振兴私学作为重要的政策，私立高中对日本高中教育质和量的发展起着极为重要的作用。

二、日本普及高中教育的相关法规保障

日本关于高中教育的相关法规比较完善，基本上覆盖了高中教育的方

方面面，使各项工作的开展都能做到有法可依，为日本高中教育的普及奠定了坚实的法律基础。这些法规具体可以分为以下几类。①

（一）最基本的法规

这类法规包括新宪法和《教育基本法》等。1946 年 11 月，经日本议会通过的新宪法对教育问题做出了直接性和间接性的规定。直接性规定是宪法第 26 条关于教育权利和义务的规定："依据法律规定，全体国民均享有与其能力相适应的受教育的权利。"② 该规定为后来实施九年义务教育和普及高中教育提供了最基本的法律依据。

1947 年 3 月 31 日，日本颁布了《教育基本法》。该法根据美国教育使团报告书所确定的教育原则和宗旨，以及根据 1946 年颁布的以民主主义和和平主义为根本原则的《日本国宪法》的精神，以简洁的条款（共由 11 条和附则组成）对整个日本教育事业（包括高中教育）的基本原则和宗旨做出了明确规定，是一部具有准宪法性质的教育法。该法首次以日本国民的名义和法律的形式公开宣布教育民主、教育主权在民，即用民主主义取代了军国主义和天皇专制主义，用法律主义取代了敕令主义。

（二）直接关系学校教育的法规

即根据《教育基本法》精神和原则所制定的《学校教育法》。该法由 9 章 108 条构成，其中第 4 章高级中学（41 条至 51 条）对日本高中学校的性质、培养目标、修业年限、课程和教科书内容等作了一般性规定。同时，又分门别类地制定了一系列的具体法令、法规，诸如学校设置基准的法规、关于教科书的法规、关于振兴和支援教育的法规、关于奖励入学的法规，以及私立中学的法规，等等。这些法规都对高中教育进行了具体的规定，基本上可以保障高中教育的普及和相关活动有法可依，有法可循。

（三）关于教育职员的法规

日本的《教育公务员特例法》对教师（包括高中教师）的权利、义

---

① 李江源，等．日本教育相关法规述要［J］．日本问题研究，1994（3）：31－32.

② 滕大春．外国教育通史（第六卷）［M］．济南：山东教育出版社，1994：393－394.

务、责任、资格、进修、待遇等方面的问题作了具体规定。除此之外，还有国家公务员法、地方公务员法、关于教育职员资格取得的法规、关于教育职员工资报酬的法规等。这些法规是日本高中教育领域和普及高中过程中进行人事管理的依据。

（四）教育行政法规

日本教育行政（含高中教育行政）法规主要包括地方自治法、国家行政组织法、文部省设置法等。例如，《地方教育行政组织及其运营的法律》明确规定了教育委员会的职务权限及其相关事宜；《地方自治法》涉及地方在教育事业中的作用；《文部省设置法》涉及教育管理部门的设置、权限、职责、人员任命等。这些法规都为高中教育行政的实施奠定了法律的基础。

（五）教育经费法规

教育经费对于教育事业有着特殊的意义。在日本，涉及教育经费的法规有地方财政法、地方交付税法、市町村立学校职员给予负担法等。这些法规涉及教育经费（含高中教育经费）的来源、分配、使用和审计等问题。

（六）其他不成文法规

不成文法，又称“非制定法”。传统上的不成文法主要指英国的习惯法，当今又包括教育习惯、教育条理和教育判例。在这三种非成文法中，教育判例为主体，流行于日本，早期教育判例法零散、不系统。20 世纪 50 年代以后，随着教育法学理论的成熟，这种法律形式也逐渐理论化、系统化。例如，日本的“杉本判决案”“家永判决案”等，这些判例法丰富了教育法律的形式，使之与教育成文法一起构成了教育法律形式的两大体系，共同促进了日本高中教育的普及与发展。

此外，1946 年 3 月，美国教育使节团探讨了日本教育改革的基本方针，并为教育改革提供一个蓝图，提交了《美国教育使节团报告书》，该报告书虽然不具备法律性质，却为战后日本教育改革指明了方向，规定了基本方针。报告书归纳起来共七点，其中第四点明确指出：“为实现教育机会均等原则，将双轨制改为单轨学制，采用九年免费义务教育制，普及中等……”① 这是日本战后最早涉及普及中等教育（含高中教育）的正式文件。

三、日本高中教育的财政保障

日本高中教育的教育财政实行设置者负担的原则。由于高中征收学费（根据《学校教育法》第6条规定）并计入学校设置者预算收入中，因此个人负担经费的比例较大，私立高中尤其如此。下面按照高中设置者的划分（国立高中、公立高中、私立高中）对其财政作一简述。

（一）国立高中

根据《国立学校设置法》第1条第2款的规定，国立高中归文部大臣管辖，其经费由国家负担，并禁止由地方政府负担（根据《地方财政法》第12条）。虽然国立高中的经费也列入国家财政预算之中，但是由于设立了国立学校特别会计，因此它和一般会计分别管辖。②

（二）公立高中

公立高中的经费由设置者（都道府县或市町村）负担。国家根据地方交付税制度等采取措施，使其财源保持在一定的水平上。

（三）私立高中

私立高中经费由设置者即学校法人负担，根据《私立学校法》第26条，经费来源除少量收益事业的收入外，绝大部分依靠学费。国家根据《私立学校振兴助成法》向私立高中提供部分补助，但在其经费中所占的比例很小。

---

① 滕大春．外国教育通史（第六卷）［M］．济南：山东教育出版社，1994：397.
② 梁忠义．战后日本教育研究［M］．南昌：江西教育出版社，1993：304.

四、日本普及高中教育的政策分析

战后日本高中教育发展极为迅速，高中普及很快，主要表现在升学率的稳步上升：1950 年仅为 42.5%，1955 年为 51.5%，1960 年为 57.7%，1965 年为 70.5%，1970 年为 82.1%，1975 年为 91.1%，1980 年为 94.2%，1990 年为 95.1%，1993 年为 92.2%，2000 年达到 97%。

为什么日本高中发展、普及的如此之快？首要原因是日本经济从 20 世纪 50 年代中后期开始转入高速增长，人民生活水平得到普遍提高，发展高中教育的经费和师资有了充分的保障，从而为人民接受高中教育奠定了经济基础。其次是适应社会经济发展的需要，政府和教育机构不断改革，调整学制结构。具体而言，日本高中教育的发展采取了以下措施。

（一）“高中三原则”促使高中教育一体化

1948 年，随着战后“六·三·三·四”学制的实施，在教育机会均等的口号下，日本建立新制高中，其建立的宗旨为：改变战前中等学校只为特权阶层子女服务，以及在普通高中、高等女子学校、实业学校等几种中等学校间受教育机会不平等的现象。日本文部省早在 1947 年 2 月发出《关于准备实施新制高中》的通知中指出：“高中是以初中毕业生凡希望升学者全能升学为奋斗目标。”这表明新制高中是为以后日本高中的迅速普及而努力。为此而采取的措施是实施新制高中“三原则”。

1. “综合制”

“综合制”的实行是为了取消因学校类别和学科类别不同而产生的不平等。日本为建立新制高中，于 1948 年至 1949 年对全国的高中进行了“综合制”改造，将普通高中、高等女子学校和实业学校等合并成为三种类型的新制高中，并把战前不属于中等教育范围内的实业补习学校和青年学校等，作为定时制高中纳入新制高中。

经过“综合制”合并后，到 1949 年 9 月，日本新制高中共有 1,850 所，为合并前的 80.1%。其中，普通高中和综合高中占大多数，职业高中仅占 1/5。由于有些地区的综合高中是强制合并的，合并后的职业学科在充实设施设备上缺乏财政上的支持，致使它们从综合高中里纷纷独立出来。仅 1949 年 9 月到 1952 年 4 月，从综合高中独立出来的职业高中就有 69 所。这说明强制实施“综合制”并非日本普及高中教育的良策。

2. “共学制”

实行“共学制”的目的是为了取消男女的入学差异。战前日本的中学实行男女分校，在学校类别、教育内容和水平上存在很大的差别，女子的入学率和受教育机会都远远低于男子。战后，本着教育机会均等的原则，实施男女同校制和产学协作，女子入学率逐渐升高。到 20 世纪 80 年代以后，90% 以上的国立、公立高中实行了男女同校，女子入学率甚至略高于男子。

3. “小学区制”

“小学区制”的实行是为了消除因为地区不同而产生的高中教育不平等现象。小学区制，是在一个学区内设立一所高中。但在“综合制”实施以后，小学区制便逐渐暴露出许多问题，主要是因为对为升学而设置的普通教育课程和为就业而设置的职业教育的评价不同，以及各高中的教学水平和设备等方面的差别，而导致学校之间和课程之间的差别与对立。因此，随着高中教育的普及和多样化，小学区制逐渐被中学区（一个学区内设立 2 ~ 6 所高中）和大学区（一个学区内设立 7 所以上高中）所取代。目前，只有京都府仍在实施小学区制，其余的都道府县均采取了中学区、大学区或并行设制。

综上所述，日本在建立新制高中的过程中，“高中三原则”发挥了积极的作用，贯彻了教育机会均等的原则，促进了单轨制教育体系的形成，同时也消除了高中教育中的等级差别、男女差别和地区差别，实现了后期中等教育的一体化，为高中教育以后的发展、普及开辟了道路。

但是，“高中三原则”中唯有“共学制”得到真正的落实，“综合制”和“小学区制”都未能行得通。由此可见，只有高中教育实行多样化，使综合高中、普通高中、职业高中并存，才能更好地发展、普及高中教育。

（二）能力主义教育政策促进高中教育多样化

随着日本经济进入高速增长阶段，面对社会上各种人才的需要和广大求学人员的愿望，日本政府认为，比起对高中教育量的扩大，更为紧迫的是应该解决如何适应经济发展对人才的需要问题。高中教育为适应经济和社会发展需要，采取了能力主义教育政策，充实职业教育，促进高中教育普及过程中的多样化发展。

能力主义教育政策要求教育既要培养一定数量的“英才”，又要确保大量的“通才”。根据人的不同“能力”，采用有所选别的教育。通过加强高中职业教育和谋求高中教育的“多样化”，来调整和完善高中教育体制。具体措施如下。

1. 高中教育多样化

如前所述，日本的《学校教育法》规定高中教育有两大任务：一是进行普通教育，为升学作准备；二是实施专业教育，为就业作准备。因此，日本高中教育学科种类繁多。经济的高速增长，促使日本的产业结构发生重大变化，第一产业比重不断下降，第二、第三产业的比重逐渐上升，从而促使就业结构发生相应的变化。

面对产业结构和就业结构的变化，日本决定调整高中学科结构，推进高中教育的多样化和职业课程的细分化。1966 年，日本中央教育审议会发布题为《关于扩充整顿后期中等教育》的咨询报告，其中心内容涉及“为使高中教育适应学生的特点、能力和将来的去向，并适应职业的分化和新领域对人才的需要，要从内容和方法两个方面对高中的普通学科和职业学科进行重新研究，以设法使之多样化”。此外，理科教育和产业教育审议会也在 1967 年的《关于高中职业教育多样化》的咨询报告中要求各个学校根据实际情况设立新学科，调整原有职业科，并去掉落后于时代与经济发展的旧学科，增设适应新科学技术要求的急需学科，促进专业细分化。采取的措施包括：一方面调整普通学科和职业学科必修科目和必修学分的比例，增加职业科目和学分，使普通必修科和职业必修科比例趋于平衡；另一方面，重点对职业高中学科比例进行调整，提高工业学科和商业学科比重，降低农业科比重，增设大量新兴学科（如电子、商业贸易、信息处理等），实行专业细分化。

2. 建立能力选别式教育体系

1960 年，日本教育课程审议会将高中课程分为 AB 两种类型，其中 A

为升学课程，B 为就业课程，根据学生能力施行不同目的的教育教学。1961 年，文部省以初三学生为对象，按照数学、国语、英语、社会、理科等五门学科内容，进行全国统一学力调查，为以后的升学和高中能力选拔作准备。此外，对小学生和高中生进行不定期的学力调查，并制定出全国平均点，将每个成绩与其对照得出“偏差值”，再将结果记入“学生指导要录”，一直保留到就业。同时，采取一系列措施，配合进行能力选别式教育，即在高中施行不同学区的竞争或入学考试，对升学和入学不作划一规定，根据能力实行富有弹性的跳级制；充实育英讲学制度，以数学、理科为重点，指定“英才学校”“英才课程”，等等。

这种能力主义的选别式教育体系，对及早发现人才、培养优秀人才和控制高中过快的普及起到了一定的作用，但也将日本的高中教育引向了偏重智育和“偏差值”教育的方向，加剧了考试竞争和崇尚学历、重名校等不良现象，导致出现了各种“教育荒废”的特征。1965 年以后，学力测验次数逐渐减少，但能力选别式教育体系却基本沿袭下来。

3. 充实职业高中

在进行能力选别式教育的同时，高中教育更为迫切的任务是解决大量具有高中文化水平的普通技工需求问题。《国民收入倍增计划》预测，20 世纪 60 年代国民收入倍增计划期间，根据经济和社会发展的需要，日本需要大量的高级科技人员和管理人员。为了解决上述问题，文部省采取了以下措施来充实职业教育。

（1）加强职业教育方面的立法。文部省颁布了《产业教育振兴法》，制定了振兴职业教育的政策，采取了充实职业高中的设备、加强职业高中教材建设和师资培养、提高职业科师资水平等措施。

（2）调整学科结构。文部省在 1961 年到 1970 年间调整了高中的学科结构，削减了高中普通科，增设高中职业科，尤其是工业科和工业高中。经过调整，将原来 6∶4 的学生人数比例，改为 5∶5，使职业高中人数猛增。

（3）在普通高中开设职业课程，供学生选修，以利于不能升学的普通高中毕业生对就业有所应对。

4. 实施“学分制”

“二战”后，日本的高中采取了学分制。日本高中学分制规定学生必须获得85学分以上，经过考试合格才能发给毕业证。在85学分中，包括必修学分和选修学分，其中必修学分为38学分，其余为选修学分。由于科技的飞速发展，知识量翻新很快，必修学分数不断增加，取得学分的科目范围也逐渐扩大。在职业教育方面，为了加强技能训练，试验和实业也可算为学分。20世纪80年代后，为使学生度过充实而余裕的学校生活，日本高中降低了毕业学分标准，标准由85学分减为80学分。

日本的高中办学形式众多，结构复杂，学分制能有效衡量各类高中学生的学习质量。因此，多种办学形式要求实施这一制度，而学分制的实施又为多种办学形式的发展铺平了道路。由于采取了学分制，学生可以不受办学形式和修业年限的限制，在短期内便可取得高中毕业的资格，有利于高中的普及。

（三）高中准义务教育化和基础教育化

如前所述，20世纪70年代，随着日本产业结构和科技政策的转变，社会对高层次人才的需求量不断增加。此时，战后实行的九年义务教育已经高度普及，各级教育迅速发展，日本趋于高学历化社会，人们都向往更高一级教育，要求彻底普及高中教育的呼声日益高涨。因此，日本的高中教育开始朝向作为普通教育体系中的一环，具备准义务教育的特征，以及为促进中等教育的彻底普及的方向而转变。

1. 实现高中教育的普及和准义务化

20世纪60年代以后，受战后初期出生率增长高峰期的影响，日本的高中适龄青少年急剧增加，另一方面由于九年制义务教育的彻底普及，要求升入高中的初中毕业生逐渐增多。因此，以社会居民强烈的教育要求为主导的“高中全员入学运动”在日本全国展开。但由于当时日本的教育政策是适应经济的高速增长，促进高中的职业教育强化及能力主义的多样化，所以对高中的入学率采取了抑制措施，“高中全员入学运动”也未能产生较大的影响。

20世纪70年代以后，随着政治、经济和教育政策的转化，高中普及化的时机渐渐成熟。为促进高中教育的普及，日本采取了各种措施，例如，增设地区普通公立高中，实行《私立学校振兴法》，地方援助私立高中办学；加强高中的学校设施建设，缩小各个学校之间的差距；改革高中入学方式，普遍实行中学区综合选拔制；挖掘现有高中的潜力，扩大学校规模，使之趋于大型化，等等。除此之外，为加强基础教育机构的一元化和相互之间的衔接，中央教育审议会教育制度探讨委员会提出改编学制，建立“地域综合高中的设想”，从而彻底保障所有青少年接受高中教育的机会。

正是因为这些合理措施的有效实行，日本的高中教育得到了长足发展，普及迅速，入学率猛增，到 1989 年就达到 94.7%，基本实现了高中的“准义务教育化”。

2. 逐渐将高中变成基础性教育阶段

与 20 世纪 60 年代强调高中教育要为经济增长服务，大力发展职业高中，培养社会急需的大量初级技术专业人才的基调不同，20 世纪 70 年代以后，日本强调要解决中等教育中的初中与高中相脱节、普通教育与职业教育相分离的问题，使之逐渐转化为初高中一贯制、高中的普通课程与职业课程相综合，将高中变成实施基础教育的学校。

从日本对高中的调整和变化来看，出现了重新重视普通高中，强调升学率的倾向。首先是重新扩充普通高中，扩大普通科的学生比例。其次，从高中毕业生的出路上看，升学率上升，就业率下降，说明日本高中正逐步向基础教育阶段转变。

3. 加强职业教育的基础化和综合化

为了使高中教育适应新形势的需要，文部省于 1973 年成立了“职业教育改革委员会”，研究讨论高中职业教育改革，并于 1977 年发布了《关于改善高中职业教育问题》的咨询报告，修改职业教育多样化方针，提出与其让学生学习众多专业科目，不如把基础知识的教育放在首位，为能够适应今后科学技术的发展打好基础。为此，1987 年在修改高中教学大纲时，突出了基础和基本知识的教育，规定各类高中的一年级都要学习共同的普通基础课，即高中一年级不分专业，到二、三年级再分。同时，专业设置朝向综合化，削减专业学科，要求各职业学科都要开设专业基础课，工业方面各学科开设“工业基础”课，农业各学科开设“农业基础”课，[①] 使学生掌握专业的基础知识和基本技能。经过以上措施，高中职业教育的专业课程设置由多样化、过细化变成基础化和综合化。

（四）为就业青少年开设多种接受高中教育的机会

日本经济审议会在 1963 年估计，到 1965 年高中的入学率将为 70% 左右，仍有近 30% 的学生不能入学，为使这些人和已就业的青少年获得深造的机会，日本政府开辟了以下道路来扩大高中的普及率。

1. 采用定时制高中与函授制高中一并学习的方式

日本高中里的函授制高中和定时制高中，是为已经就业的青少年开办的，学习的时间在四年以上。为了使这些青少年在短期内获得高中毕业资格，允许他们就读定时制高中的同时也可以就读函授制高中。随着高中教育的普及，定时制高中的学校数量和在校学生数量都在逐渐减少。

2. 加强定时制高中与职业训练机构间的协作

日本的职业高中和职业训练机构的教育计划有较大区别，职业高中的教学计划是以学科学习为中心的，而职业训练机构的教学计划是以实习为中心的。因为高中入学率的迅速上升，职业训练机构越来越招收不到优秀的初中毕业生。同时，在已经就业接受职业训练的青少年中，白天接受职业训练，晚上又到定时制高中学习的人越来越多。

为了减轻学习者的负担和提高职业训练的科学技术水平。1955 年，文部省指定神户市立产业高中和阪神内燃机制造厂，进行加强定时制高中与职业训练机构之间协作的试验。1961 年通过了修正后的《学校教育法》，正式确立了产学协作制度，相互承认学生在对方所学科目的学分，即职业训练机构承认其学生在定时制高中学习普通科目和基础科目的学分，定时制高中也承认其学生在职业训练机构学习专业科目和实习的学分。

除了上述的政策保障以外，高中教育普及的关键还在于学校课程与师资建设的有力支持和保障上，我们将在以下两节分别探讨相关内容。

---

① 胡森．国际教育百科全书（第五卷）［M］．岑国桢，等，译．贵阳：贵州教育出版社，1990：420.

第三节　日本普及高中教育的课程设置和改革

日本普及高中教育，不仅在教育体制、政策和学制方面不断调整、完善，也不仅限于学校和学生数量的扩充，而且还在此基础上，根据社会经济发展和高中教育普及的需要，重视高中教育教学质量的提高，并为此进行了多方面的调整和改革，其中最主要的措施是不断促进课程和师资力量的建设与完善。

课程是教育的最重要前提，课程集中体现了教育的思想和观念，是组织教育教学活动的最主要依据，是实施教育教学政策的“施工蓝图”。高中课程的合理设置是有效提升高中普及率的重要保障，本节将从日本高中教育课程的基本设置和日本为确保普及高中而进行的课程改革两个方面进行分析。

一、日本高中教育课程的设置体系

（一）课程基本结构和行政组织

日本高中教育中的课程分为广义课程和狭义课程，广义的课程是指为达到高中教育的目的，教育机构所计划并指导的一切教育活动，以及据此以学生为对象而开展的所有教育活动。狭义的课程是指学校所组织的各个学科和学科以外的活动。也就是说，高中课程的基本结构由学科课程和学科外课程两大部分组成。

日本高中课程的行政组织分为教学计划行政和教科书行政两大体系。日本高中教学计划的指定工作由文部省内设置的教育课程审议会承担。该审议会接受文部大臣的咨询，根据相关法令法规，提出制定和修改高中教学计划的咨询报告，然后根据报告精神制订并公布高中的教学计划。教学计划公布后，各地方教育委员会根据新的教学计划制订高中课程的地方基准，各个高中学校再根据地方基准制订学年、学期、月、周、日的详细指导计划。

教科书是课程的具体化，教科书行政又具体分为教科书审查和教科书采用两个部门。其中，教科书审查主要是由文部大臣和文部省的“教科用图书检定调查审议会”承担。教科书的采用主要是由各个地方教育委员会决定。援助机构包括文部省的“教科书选定审议会”和“教科书调查委员会”，各地区还成立了“地区采用教科书协议会”等。

（二）课程设计的基础和原理

课程设计直接影响到教学计划、标准和教科书的制定与编写。从古到今，各个时期不同国家的教育家围绕课程设计的基础问题各抒己见，从未停止过争论。日本在普及高中教育的过程中，也在不断探讨相关问题，并提出了具有时代特征和本国特征的课程设计的基础原理。

1. “三层次四领域论”

“三层次四领域论”是在1950年由日本“合科课程联盟”提出的，该联盟当时正在日本全国范围进行合科课程的实践调研，其中一些有声望的学者、教授相继提出了各自对日本课程设计基础的主张，例如，东京高等师范学校（筑波大学前身）石山修平提出的“合科课程论”，东京大学大田尧倡导的“地域教育计划论”，等等。在这些理论的基础上，联盟总结出了“三层次四领域论”。

“三层次四领域论”的具体内容如下。

遵循当时的四项教育目标：（1）生产的高度化和经济自立；（2）现代化社会的试行和民主主义的确立；（3）和平友好与国际合作；（4）从穷困中解放和提高生活水平，主张课程设计应该分为四个领域（健康、经济、社会、情操表现）。同时，因为课程内容的传授主要分为基础、研究、实践三个层次，该原理主张在各领域内应该按照合科课程的方式，设计三类课程：（1）生产实践课程——培养学生的欲望，使之适应各种生活，解决日常生活问题，并进行多种形式的符合现代社会和自然的实践；（2）生活扩充课程——使学生的基础知识和经验相统一，发展反思性经验，以及更进一步的综合性解决问题的能力；（3）基础性课程——系统知识的学习和科技的基础技能的掌握。

“三层次四领域论”的根源是杜威的实用主义课程理论，其课程设计是以生活为中心，以学生的经验为学习目的。这一理论导致了1951年日本高中教学计划和课程标准的修改，当时的“核心课程”和“外围课程”就是根据“三层次四领域论”设计的。

2. 学力论

从20世纪50年代中期开始，在日本教育界兴起了关于“学力基础”的争论。不同的学力论影响着高中课程观的转变。学力论强调培养人才的标准要随着社会的变化而变化，人才标准的改变要求学力也不断更新。因此，学力论成为至今为止日本高中课程设计的基础性理论。随着社会和经济的发展，出现了以下几种较有代表性的学力论。

（1）读写算的基础学力论

日本20世纪50年代的学力论主张以读写算为基础学力。其根据为：读写算是自学校成立以来课程中设置最早的学科，同时也是后来各个学科分化的母系学科，因此它是各学科学习的基础；读写算以科学的系统知识和技能的掌握为基础，既重视科学又重视实践，不同于经验主义的单纯感性人事，因此它是形成科学世界观的基础。总之，读写算是学生的社会化过程中不可缺少的“人的认知能力的基础”。1958年修订高中教学计划时，这种学力论成为课程设计的主导理论。

（2）学力的二层结构论

20世纪60年代，随着日本能力主义教育政策和美国布鲁纳的结构主义课程论以及“发现学习法”的兴起，人们开始置疑读写算的基础学力论，从新的角度论证学力，提出了二层结构论。代表人物为广冈亮藏，他指出：读写算的基础学力论带有一定的局限性，其特点是过分重视百科全书式的要素知识的记忆和抽象、固定的形式能力，是一种落后于时代发展的旧学力论。符合现代社会经济发展的新学力论应该是系统性知识技能的学习和问题解决性学习相结合，读写算基础学力和问题解决的学力两层结构才能构成完整的学力体系。他把学力分为三个等级的能力——个别的能力（个别的知识和技术）、概括的认识（超越个别经验和感性认识的概括性理性认识）、行为的态度（基于理性认识之上的探索、研究、试验、实践的行为和态度以及社会行为与态度）。

广冈亮藏的学力论实际上是经验主义的“三层次四领域论”和读写算的基础学力论二者的综合。其中的个别能力、概括性认识、行为的态度，与“三层次四领域论”中的基础性能力、综合性能力、实践性能力如出一辙。但广冈亮藏的学力论又不同于经验主义的学力论，他认为这三者并非是孤立的，而是有内在的联系，个别能力和概括能力为基础学力，是实践问题解决性学习的基础。而且学力的二层结构论重视社会和自然两方面科学性认识能力的培养，被称为“科学主义的学力论”，受到日本教育界的普遍认同，并成为1968年课程改革的依据。

（3）国民形成的学力论

20世纪70年代，由于能力主义教育政策的实施，加上过度高难深的科学主义课程和教科书改革，导致日本高中教育再度出现学力危机，教师认为高中约有80%的学生不能理解和掌握学习的内容，学校中的“落伍者”越来越多。这些现象引起了对学力论的重新认识和广泛讨论，许多学者和专家认为当时的教育课程，不但未能助长学力，反而降低学力，并扩大了学生之间的学力差异，使学力与人格对立起来。这次讨论的结果达成了如下共识：学力不能单纯局限于基本知识和技能以及智育方面的学习能力。过去正是因为只重视这方面的能力，因而把高中教育引向了“记忆学力”“应试学力”等歧路，学生出现高分低能的现象，例如，在多年数理化国际竞赛中，日本高中生在知识和理解方面表现出较高水平，但试验能力不足。同时，学生只关心死记硬背，社会性和劳动性能力差，人际交往的表达和感受能力也在不断退化。所以，作为将来的日本国民，学生应该具备的学力应该包括认识能力、感应表现能力、社会能力、劳动能力、运动能力、语言能力等多方面的能力。

国民形成的学力论比以往的学力论有一定的进步，这种原理从形式上的知识中心主义解脱出来，学力论不仅仅局限于狭窄的智育领域，也不再将应试能力训练作为核心，其内涵扩大到站在培育未来国民的高度，着眼于多种能力的培养，并再次强调在课程设计和教学实践中，重视问题解决性学习、综合学习、试验和观察、体验性学习等。该学力论指导了1977年的日本课程改革。

3. “生存能力论”

20世纪80年代以来，日本成为仅次于美国的世界经济大国，人均国民生产总值跃居世界第一位，日本完成了所谓赶超型现代化。在学校教育方面，也实现了高中教育的“准义务教育化”。在这样的背景下，日本临时教育审议会报告提出了尊重个性，尊重学生个性发展的教育原则。日本第十五期中央教育审议会在1996年发布了总结报告《面向21世纪我国教育的应有形态》，在“今后教育的基本方向”一章中着重提出了培养学生“生存能力”的课题,① 以进一步巩固高中教育的质量。报告对“生存能力”作了详细说明：未来的学生应具备在复杂多变的社会中能够独立探索、思考和自我判断，更好地解决问题的素质和能力；能够自律和正确处理人际关系，具有关心他人和社会的丰富人性以及健康的体魄。他们将这些素质和能力作为在未来复杂多变的社会里的“生存能力”。

“生存能力”是人的全面的能力，可以从各个角度解释这一能力。

其一，“生存能力”是在未来变化激烈的社会里，能够在任何场合下与他人协调，同时自主地进行社会生活所必需的，作为人生存的实践性能力。“生存能力”不仅是记忆书本知识，更是生存所需的智慧，是以文化和社会知识为基础，在社会生活中起作用并发展的一种能力。“生存能力”不单单是记忆知识，更是从经历的境遇中能自己发现问题、自己解决问题的素质和能力。随着社会信息化的深入发展，越来越需要这样的能力。具有在泛滥的信息中选择真正对自己必要的信息，独立形成自己思想的能力是“生存能力”的重要因素。

其二，“生存能力”不仅是理性的判断力和合理精神，也包含对美和自然的感受力。爱善憎恶、崇尚公正、尊重人权、珍爱生命、理解关怀他人以及自愿参加志愿者活动等道德伦理精神、社会奉献精神都是形成“生存能力”的基础。培养这种“生存能力”是教育发展的基本方向。它适应了未来社会变化的要求，并且是适应自我实现的学习需求和迅速增长的终身学习社会所面临的特别重要的课题。

培养“生存能力”的提出，实质上是为了回答学生如何迎接挑战、培养创造力以及如何克服教育中的不足和不良现象的难题。培养“生存能

---

① 日本《面向21世纪我国教育的应有形态》第十五期．中央教育审议会总结报告［N］．日本教育新闻（资料版），1996－06－22.

力”是当今日本高中教育和课程的一个关键词,①“生存能力”的培养促成了日本1999年开始的新一轮高中课程改革。

（三）现行的高中教育课程体系

1. 课程目标和编制的方针

战后至今的几十年，日本的高中教育取得了举世瞩目的成就。但是，过度的考试竞争、过重的学业负担、学校中学生的不良行为等问题也相当的严重。日本的高中教育偏重知识灌输而忽视了学生自我学习、自我思考的能力以及丰富人格的培养，由于过分重视教育的平等性而忽视了学生个性的多样和能力的发展等问题也日益为人们所关注。

在这一背景下，日本教育课程审议会在1998年7月的咨询报告中提出了《改善教育课程基准的目标》。目标包含四个方面的内容：一是培养丰富的人格、社会性和作为生活在国际社会中的日本人的自我意识；二是培养自我学习、自我思考的能力；三是开展轻松宽裕的教育活动，切实巩固基础、基本，充实发展个性的教育；四是促进各个学校发挥有创意的特色教育，建设特色学校。

根据教育课程审议会的咨询报告，文部省于1999年3月颁布了新的高中学习指导要领。高中学习指导要领总则的第一款规定了日本高中现行的编制教育课程的一般方针，其要点如下。

（1）各高中学校应该以培养学生生存能力为目标，展开发挥创意思考的特色教育活动，培养学生自我学习、自我思考的能力。

（2）学校的道德教育应该考虑到学生处在能够认识自己是国家、社会一员的阶段，要通过学校教育活动的全过程来进行有关作为人应有的姿态、生活方式的教育。把培养具有上进心、为贡献于国家、国际社会而努力的、具有开拓未来的主体性的日本人作为道德教育的目标。

（3）相关体育、健康指导要通过学校教育活动的全部过程适当地进行。此外，通过这种指导谋求与家庭和社区间的合作，促进日常生活中有关体育、健康活动的实践，为终生能够度过健康安全而又有活力的生活打

① 方明生，等. 日本基础教育课程改革的动向及若干分析［J］. 全球教育展望，2001（4）：41－44.

下基础。

（4）根据地域和学校的实际，适当进行就业体验和志愿活动等体验性学习的指导，培养学生正确的劳动观、职业观和社会奉献精神。

2. 高中课程体系

（1）课程科目的基本设置

20世纪80年代日本高中实施的指导要领（课程标准）规定学生必修科目有8门，即数学、国语、体育、保健、社会、艺术、理科、家政。如今，新的指导要领规定的必修科目由8门增加到11～12门，但其中除了数学1、国语1、体育和保健4门科目为共同必修外，其他7科或8科都属于选择必修性质，这就大大扩展了学生对课程的选择范围。例如，学生可以在理科中的综合理科、物理1A和1B、化学1A和1B、生物1A和1B、地理1A和1B这5部分9个科目中选择其中两部分中的两个科目；艺术学科可以在音乐1、美术1、工艺1、书法1等4个科目中选学一个科目，等等。总体来看，文部省为普通高中虽然只规定了11～12门必修科目，即数学、国语、体育、保健、外语、史地、公民、理科、艺术和家庭等，但不规定每个学生必须学习的课程科目。学生可以充分根据个人的兴趣、爱好和特长，在这些学科中有计划地选择适合自己学习和发展的科目。

（2）设置综合学习时间

在各学科的基础上设立综合学习时间，是日本高中课程中最引人注目的特色之一。一些国家在高中设置综合课程已为人们所熟知，然而，在高中课程中设置有别于综合课程的综合学习时间实属首创。

所谓综合学习时间，不同于某个学科领域，它与各科教学相并列，是学校教育课程的一个有机组成部分。日本高中新课程标准规定，在高中3年间安排105～210课时综合学习时间作为必修，其学分为3～6学分。综合学习时间内教师的指导，要求按照下述目标进行。一是培养学生自己发现问题、自己学习、自己思考、自己判断、合理解决问题的资质和能力；二是培养学生学会学习、学会思考，积极主动地、创造性地参加与解决问题和探究活动的态度，使学生明确自己应有的姿态、生活方式。

为了给学生以自主权，让学生根据自己的兴趣、爱好等选择学习内容，新学习指导要领只规定综合学习时间而对学习内容未作统一规定，给师生留下灵活安排的空间。综合学习的方法包括自然体验和志愿活动、就业体验等社会体验，观察、试验、调研、实习、发表和讨论、制作和生产活动等体验式学习和问题解决学习等，采用小组学习和个人研究等多种方式。

(3) 信息学科的设置和外语的必修化

日本新课程标准在高中普通学科中新设了必修的信息学科，职业学科中新设了信息和社会福利两个学科。

普通高中设置信息科且定为必修的目的主要是为了培养高中学生能够在日常生活中恰如其分地活用计算机自主地选择、处理、传递信息的能力；使学生理解信息化的进展给人和社会带来的影响，使学生拥有作为有助于健全的社会发展的、理想的社会人的态度；使学生在初中阶段学习的基础上，掌握更有效地活用信息和信息手段的知识和技能，形成对信息的科学的见解。

职业高中的信息和社会福利两门学科的创设，产生于日本信息化、老龄化社会的背景下，这类学科是伴随信息产业和社会福利产业各自形成独立的领域、信息技术者和服务行业人员的需求增多的社会变化和产业动向产生的。

日本对外语非常重视，从他们学习和生活中广泛使用外语，高中也聘请外籍教师等方面都可以看出这一点。虽然各个学校实际上把外语作为必修课来对待，但到前一次学习指导要领的修订为止，日本未把外语列入必修学科。将外语改为必修学科，并把培养理解对方的意向、传达自己的想法的实践性交流能力作为主要目标，表现出对国际理解教育的加强和改善。

3. 高中课程设置的新动向

(1) 初高一贯教育的课程编制

近年来，日本一直在探索初高一贯学校的建设。初高一贯教育是在高中教育普及、准义务教育化的前提条件下提出的，推行6年一贯的中学教育是为了创造一个宽松、安定的学校生活，实行6年一贯的有计划的、持续的课程，以发展学生个性，发现学生才能。6年一贯的有计划的、持续的课程，除了基础知识的学习和基本能力的培养外，还引入自然和社会的体验性学习，开展丰富的教育活动。为了使初高中一贯学校能适应学生的特点，编制多样的、可选择的、有特色的课程，6 年一贯课程的主要措施为：前期（即初中阶段）放宽选修课的课时上限；后期（高中阶段）放宽“其他科目”的学分上限（原为 20 学分），并且“其他科目”的选定可以由学校独立决定，最多可以达到 30 学分。根据上述课程标准的规定，初高中一贯学校在选修科目的种类、数目和学校设定的学科科目、学分数上都有较大的自由度，即在课程编制和实施上有较大的自主权。

（2）高中有限学分制课程方案

日本当前新的课程方案认为，由于现代青年学生的能力倾向、关注和兴趣多样化，高中教育在义务教育阶段之后，在继续培养学生基础知识、基本技能、基本态度的同时，需要进一步发展在未来升学、就业的前提下的、适应个人能力趋向、发展个性的高中教育。为此，需要扩大学生自主选择的范围。各学校在编制和实施课程上要发挥各自的特色，更具弹性。实施这种预见未来、适应能力趋向、发展个性的教育的一种方法就是学分制课程，其特点如下。

第一，必修学科最低学分的设定与必修学科的多样化和选修化。

日本的课程方案认为，高中需要让学生较为均衡地掌握较为广泛的领域里的基础知识和基本能力，因此，需要设立选修课。日本高中毕业所需的最低学分，按 20 世纪 80 年代的课程方案为 80 学分，按现在新的课程方案已减为 74 学分。其中，必修学科学分按照 20 世纪 80 年代的课程方案，普通高中最低学分为 38 学分，职业高中、综合高中最低学分为 35 学分，按照新的课程方案，各类高中最低学分统一为 31 学分。

新的课程方案提出，为了能够在国家基准的范围内消减总的学分，各学科的必修科目须尽量设置小学分。为了能进一步发展学校的主体性，创设不受现行学科框架束缚的、有特色的课程，在总的课程框架内设立多个学科构成的学科群（如理科学科群、艺术学科群等），提示学科群中的必修学分数，以使科目多样化得以实现。

为了实施以学生为本，坚持基本、预见未来、适应能倾、发展个性的高中教育，日本当前的课程方案提出了必修科目多样化，必修科目选修化的方法，学生可以在必修科目中，选择适合自身的科目。①

第二，必修学科外课程的多样化和弹性化。

前面已经提到，日本高中毕业所需的必要学分74学分与必修学科最低学分31学分的差为43学分，两者之间存在着较大的选择空间。

高中的综合学习安排为3~6个学分，由于综合学习是一种多样化的学习活动，有时需要比较集中的学习时间。因此，新的课程方案也给予高中综合学习的学分和课时以一定的幅度。综合学习的学分可以作为毕业所需的必要学分。以往作为职业高中科目的“课题研究”以及作为综合高中科目的“产业社会与人”等科目是学生确立生活观、社会观、职业观的课程，今后将作为各种类型的高中都应适当引入的课程。

新的课程方案提出，高中学校可以在学习指导要领规定之外，根据地区、学校的不同情况，设置特色课程。这些课程可以涉及科学、艺术、哲学等广泛领域的教养课程，可以是以体验活动为主的课程，也可以由学校对校外修学的成绩进行学分认定。②

二、日本普及高中教育的课程改革

在战后至今的60年里，日本高中的课程标准（日本称为“学习指导要领”）共有8个版本，进行了7次改革、修订。改革的原因主要是缘于日本社会经济发展和适应普及高中教育的需要。③

（一）战后初期的课程改革（1948年实施的高中课程标准）

战后初期的课程改革也就是前面论述到的1948年新制高中的改革，新制高中课程分为两大类：一类是以普通教养为主的普通高中课程；另一类是以实业为主的职业高中课程。新制高中课程有如下几个特点。

第一，大幅度采用选择制。高中毕业的学分为85学分以上，共计38个学分作为必修，其他学科与科目均作为选修。可见，新制高中课程已由

① 教育课程审议会报告．日本教育新闻［N］．1998年资料版．

② 方明生，等．日本基础教育课程改革的动向及若干分析［J］．全球教育展望，2001（4）：41-44.

③ 汪霞．国外中小学课程演进［M］．济南：山东教育出版社，2000：125.

旧制高中课程的统一型向多样化转变，它是适应学生多种多样的出路和发展学生个性为目标的课程。

第二，采用学分制。由于科目选择制的采用，学生学习的科目不一样，这就有必要采用学分制。学分制实行以后，对于全日制高中和定时制高中的学习量的测定也具有了共同的基础。作为 1 个学分，是以每课时 50 分钟、每学年 35 课时为单位的。此外，新制高中学科课程的特色，还包括新设置了“社会科”和“自由研究”的时间。

（二）第一次修订（1951 年实施的高中课程标准）

新制高中课程于 1948 年 10 月颁布，1949 年对部分内容作了修正，1951 年又作了补正，并于当年和《小学、初中的课程标准一般篇》一起发布。新的教学大纲和 1948 年的大纲相比，并没有根本的变化，只是在内容上作了一些增加和改变。

为重视课外活动，增设了特别教育活动。关于特别教育活动的宗旨，大纲的表述为：“特别教育活动，虽然没有规定学分数，但却能达到所设学科达不到的目标。特别教育活动是高中教育的新探索，它是否能有效地实施还必须通过观察、试验研究。但必须注意的是不要过分重视学科学习而轻视特别教育活动”。在高中，特别教育活动的内容主要包括课外学习、学习机会、俱乐部活动等，课程标准建议每周对每种活动安排 1 课时。

（三）第二次修订（1956 年实施的高中课程标准）

1955 年 12 月，文部省对《课程标准一般篇》（1951 年修订版）中的高中相关部分进行了修订，1956 年第一学期开始实施。过去的课程采用了大幅度的选修制，在实施过程中，学生片面选科造成了文化基础方面的偏差。有关方面对如何进行系统化教学及学校管理等问题提出了意见，文部省根据教育课程审议会的审议报告，对高中课程标准作了修订。

在《高中课程标准一般篇》中，前言部分说明了修订的宗旨：（1）高中教育以完成普通教育为基点；（2）高中课程着眼于编制各种特色课程，以实现教育目标；（3）为了使教育更具有计划性，特别在普通课程中，课程类型的设计应根据学生的个性和出路，根据上一学期的学习进度，进行分阶段学习；（4）为了提高教学效果，对各学科、科目进行必要的组织；

(5) 各科学分数是根据各种课程的需要确定的。一门学科不只限一种科目，应该使课程选择有一定的广度；(6) 为了使学生在社会科、数学科、理科中获得基本的知识和能力，各自的必修范围应当扩大；(7) 在全日制普通高中，实施艺术、家政和其他与职业有关的教育。

(四) 第三次修订 (1963 年实施的高中课程标准)

1955 年以后，高中学生数量激增，高中的入学率也超过了 60%。为应对高中的普及，文部省于 1961 年制定了"关于公立高中课程设置、配置和教员定额标准"，对学校设置、学校、班级编制、教员定额均作了明确的规定，并采取了由地方交付税款以扩大财源的措施。1960 年，文部省颁布了《新高中课程标准》，并于 1963 年第一学期开始实施。这次修订，在小学、初中、高中教育连贯性方面比 1956 年更为彻底。为了推行以社会进步为目标，并考虑适应学生能力、能倾和出路的教育，此次修订采取了加强文化基础教育、强化道德教育、提高基础学力和充实科学技术教育等措施。

(五) 第四次修订 (1973 年实施的高中课程标准)

1968 年，文部省向教育课程审议会提出了关于改进高中课程的咨询，并接受了审议会的审议报告。1970 年，文部省发表新的高中课程标准，于 1973 年第一学期开始实施。

自 1960 年修订高中课程标准以后，日本高中普及率加快，入学率急速上升、高中适龄青少年大部分接受了学校教育。显然，高中学生的能力、能倾和出路也因此呈现多样化的趋势。同时，科技的革新，经济、社会、文化的快速进步对高中教育提出了新的要求，高中课程必须相应进行改革。

教育课程审议会对高中课程改革提出了以下基本方针：1. 必须以人的发展和协调为主要目标；2. 必须以培养对国家、社会有用人才所需的素质为目标；3. 要编制有弹性的课程；4. 改进教育内容的质量，精选基本内容。

（六）第五次修订（1982 年实施的高中课程标准）

1978 年的课程标准强调“高中作为多数青少年的国民教育机构”，为此，课程采取了小学、初中、高中一贯制的方式，精选教育内容，尽可能使学生拥有一个既有闲暇又充实的学校生活。

课程标准的修订始终依据教育课程审议会提出的基本方针，其基本精神包括：1. 尊重学校主体性，尽力建立有特色的学校；2. 根据学生的个性和能力实施教育；3. 实现宽裕而充实的学校生活；4. 在体验劳动乐趣的同时，进一步重视道德教育。

（七）第六次修订（1989 年实施的高中课程标准）

1980 年日本高中入学率达到 94.2%，基本实现了高中的“准义务教育化”。面对高中教育准义务教育化的实现，为巩固高中教育普及取得的成绩，提高教学质量，临时教育审议会在《关于教育改革的第四次审议报告》（1987 年终结报告）中，提出了教育改革的基本课题：1. 面向 21 世纪的教育的基本措施和方向；2. 纠正学历社会的弊端，使终身学习组织化、系统化；3. 充实初等及中等教育，实现多样化；4. 提高教师素质；5. 教育适应国际化社会；6. 教育适应信息化社会；7. 改革教育行政和财政。为考虑教育改革的基本方向，该报告提出了教育改革的三原则：1. 重视发展个性；2. 向终身学习体系过渡；3. 使教育适应国际化和信息化。

1987 年 11 月，教育课程审议会根据上述方针，发表了改善学校课程标准的审议报告，强调这次课程标准的改革要面向 21 世纪。报告从“培养活跃于国际社会的日本人”这一观点提出了修订课程标准的四项目标：1. 根据学生的发展阶段和学科的特点，通过整体教育活动，培养具有心灵纯洁、情操高尚的人；2. 重视作为国民所必需的基础知识和基本技能，逐步充实和完善发展个性的教育；3. 培养学生自我学习和主动适应社会变化的能力和创造精神；4. 在重视培养学生尊重传统文化的同时，加深理解世界文化和历史，培养适应国际社会的日本公民的素质。文部省根据以上审议报告的精神，于 1989 年完成高中课程标准的修订，并于 1994 年正式实施。

（八）第七次修订（2003年实施的高中课程标准）

日本第15期中央教育审议会在1996年发表的审议报告中，确定了面向21世纪教育发展的基本方向：在“轻松宽松”中培养“生存能力”。教育课程审议会依据该审议报告的基本思想，修订了高中课程标准。

同小学和初中课程一样，高中课程的主要特点也是最大幅度削减课时和增加“综合学习时间”，以此实现在“轻松宽松”中培养“生存力”，实施有特色的个性教育的基本目标。具体修订内容包括：扩大选修的自由和范围；减少最低学分数；加强横向的、综合性的学习；增加国际化和信息化方面的内容。

纵观日本高中教育战后的历次课程改革，普及高中这条主线贯穿其中。1948年实施的高中课程标准以恢复高中发展为主，同时为高中的普及奠定基础；1951年至1982年的数次高中课程改革都是普及高中的直接措施之一；1989年和2003年实施的高中课程标准则是以巩固普及高中的成果，提升高中教育的质量为基点。

第四节　日本普及高中教育的教师培养、任用和培训

随着日本高中的普及，学校数量和学生数量不断增加，高中的师资建设成为确保高中教育健康、快速发展的关键之一，在高中普及过程中显得尤为重要。日本在加快普及高中的过程中，也十分重视高中教师的培养和培训，并具备自身的特色。高中教师教育的发展为高中的普及提供了有力的保障，做出了巨大的贡献。因此，研究日本高中教师教育，对全面了解日本普及高中有着重要的意义。

一、日本现行高中教师培养制度

（一）"开放型"教师培养制度

战前，日本的高中教师是由高等师范学校和中等师范学校培养的，师范生享受公费待遇，毕业后在一定期限内有当教师的义务，这是所谓"封闭型"的师范教育。

"二战"后，日本根据美国教育使节团的建议，进行了日本教育史上的又一次教育改革，改革的重点之一便是师范教育制度。当时停办了中等师范学校，将旧制师范学校升格为教育大学或学艺大学，这样就使高中的教师一律由大学培养。按照《教育职员许可法》规定，一般大学毕业生如果修得所规定的学分，也能获得教师许可证。所以，无论国立、公立大学，还是私立大学，只要开设文部省批准的教师培养课程，学生修完规定课程的学分，均可获得高中教师资格，这就是所谓的"开放型"教师培养制度。"开放型"教师培养制度主要有以下特点。

第一，有利于大量培养师资。只要经文部省批准，一般大学或短期大学都可以承担培养教师的任务。随着高中教育的快速普及，承担培养高中教师的大学数量也逐渐增加。在这些培养高中师资的大学中，有些名为学艺和教育大学，或设学艺部和教育学部。这些大学和学部以培养教师为主要目的，但又不仅仅培养教师，其毕业生也没有特定的服务义务，它们不同于旧制的师范学校。

第二，有利于提高师资的质量。由于培养教师的大学水平不断提高，高中教师都是大学学部或研究生院的毕业生。大学开设培养高中教师的课程，通过这种组织形式培养相应的教师。现在，日本的高中教师队伍受教育程度较高，高中教师中大学和大学院（研究生院）毕业的人数达到97.1%，有力地提高了高中普及的质量。

第三，便于政府采取临时措施，调节某些学科师资供求的矛盾。当日本经济进入高速增长时期之后，随着产业结构和就业结构的变化，高中教育结构也发生了变化，高中的工业学科增多，如机械、电气、工业化学等学科，因而缺少大量工业学科的教师。为解决这个问题，日本政府于1961

年制定了《关于国立工业教师培养所的设置等临时措施法》，在九所国立大学附设了国立工业教师培养所，从1961年开始招生至1969年停办，八年中培养了大批高中工业学科教师。这一事例说明，日本政府正是通过“开放型”教师培养途径，采取挖掘原有大学的潜力等临时措施而非增设新学校，解决高中各科教师比例失调问题。

（二）教师许可证制度

日本为保证新培养的高中教师质量，普遍实行了教师资格许可证制度。根据1949年公布的《教育职员许可法》规定，凡正式高中教师必须取得教师资格许可证方可做教师。为了取得教师资格许可证，必须修完所规定的课程和学分，经考试合格，由教育委员会颁发教师资格许可证。

按照《教育职员许可法》规定，日本中小学教师资格许可证有两种：普通教师资格许可证和临时教师资格许可证，普通教师许可证又有一级和二级之分。临时教师许可证的类别和普通资格许可证相同，但它只在本地区有效，有效期为3年。普通教师许可证终身有效，并在全国相应的学校通用。

教师资格许可证一般由文部省批准的具有培养资格的大学检定。《教育职员许可法》规定：高中教师一级资格许可证必须具有硕士学位者或四年制大学一个专业结业，且必须受过教育专业训练。高中教师资格许可证有国语、社会、数学、外语、理科、音乐、美术、工艺、书法、保障、体育、护士、护士实习、家政、家政实习、农业、农业实习、工业、工业实习、商业、商业实习、水产、水产实习、商船、商船实习、职业、职业指导、宗教、道德教育等。

为了提高教师教育质量，日本国会于1988年12月21日通过了部分修改《教育职员许可法》法案，并于12月28日公布，并在1989年4月实施了新的《教育职员许可法》（大学从1990年起按新许可法的标准培养师资）。修改的要点为：为了提高大学的教师培养课程的专门性，并使有高深学识者任教，把“普通许可证”改为“专修许可证”“一种许可证”“二种许可证”。“专修许可证”为新设，其基础资格是研究生院硕士课程结业程度；“一种许可证”的基础资格是大学本科毕业程度；“二种许可证”的基础资格是短期大学毕业程度。新设“专修许可证”的目的，在于促使研究生院结业者任教，并鼓励在职教师为取得上一级许可证积极进修。同时，适应学校教育多样化的需要，新设“特别许可证”，以招聘有社会经验者任教。为了便于没有许可证者任教，新设“临时讲师制度”，并提高了对校长、教导主任等的许可证级别的要求。文部省有关省令规定：高中校长和教导主任的任职资格为“专修许可证”。此外，为适应新教学大纲实施的需要，创设了高中的“地理历史”科和“公民”科的许可证。

二、日本高中教师任用制度

从大学或研究生院毕业经过考核获得教师资格许可证之后，要当高中教师还必须参加公开的甄选考试。任用高中教师是由都道府县教育委员会负责，各级教育委员会每年举行甄选考试。各都道府县教育委员会以甄选考试的方式从持有教师资格许可证者当中任用一定名额的高中教师。凡持有高中教师资格许可证者都可以报名参加应聘考试。从 1989 年起，实行了严格有条件要求的任用教师制度，规定新任高中教师要有一年的试用期，允许新任教师担任实际的教学工作，根据试用期间的实际表现然后做出评价，合格者才能被任用为正式的高中教师。

在日本，要成为高中教师一般要经过三次审查和考试：第一次是在大学或研究生院毕业时提交毕业论文；第二次是符合规定者领取都道府县委员会颁发的教师资格许可证；第三次是参加都道府县教育委员会举办的教师任用考试（甄选考试）。

各都道府县教育委员会以甄选考试的方式，每年从持有教师资格许可证者当中录取一定名额的高中教师。这种考试是公开选拔，其任用方式是派任制而非聘任制。如今，随着日本高中教育普及的完成，志愿报考高中教师的人数不断增加，教师的甄选竞争也就越来越激烈。各都道府县举行的教师任用选拔考试除了教养和专业方面的笔试以外，还采取面试（个人面试和集体面试）、技能测验和体力测验、音乐技能测验、图画技能测验、作文和论文测验，适应性检查、社会服务活动的经历和教育实习成绩等多种选拔方法。报考者在参加考试之前，一般要先提出志愿书、健康诊断书和教育实习成绩报告书。例如，从 1995 年开始，日本 59 个都道府县和指定城市的教育委员会任用教师选拔考试的主要内容除了教职教养、一般教养和专门教养的笔试外，还有论文考试、面试、技能测验、体力测验和适应性测验，等等。

日本任用高中教师制度的特征可以概括为五个方面。

第一，高中教师的任用和升级是采用“选考”方式，即高中教师的任用者（包括教养委员会等）不是采用只看考分的竞争考试，而是根据一定的选考标准（例如，担任高中教师必须具备教师资格证和相应的能力等）和高中教师的供需情况妥善地选考和聘用教师。

第二，高中学校校长的“意见具申”法规化。所谓意见具申，就是高中校长向教师的任命者详细提出对新任高中教师的意见（例如，工作情况、任免事项等）。这种意见与其说是校长的个人意见，不如说是全校教师意向的体现。高中教师的任用者应该尽可能尊重校长的意见。

第三，市町村教育委员会的“内申”制度法定化。内申，即指都道府县教育委员会根据市町村教育委员会的内部报告，对由公费负担的高中教职员的任免和人事安排做出决定。

第四，由公费负担的高中教职员具有公务员身份。具体地说，由国家公费负担的高中教职员属于国家公务员，由都道府县公费负担的高中教职员属于地方公务员。

第五，经过有条件地选拔后聘用的高中教师还有一段试用期，即让新任高中教师担任实际的教学工作，根据试用期的实际表现做出评价，合格者才能被聘用为正式教师。1989 年实施的为期一年的新任教师研修制度，是以一年的预备期中的工作能力以及表现作为能否成为正式高中教师的判断依据。①

三、日本高中教师培训制度

（一）培训的相关法律规定

《教育公务员特例法》（1949 年颁布）中规定了高中教师及任用者（县以上主管部门，县相当于我国的省）在教师培训方面各自的权利和义

① 陈永明．当代日本师范教育［M］．太原：山西教育出版社，1997：115－116.

务。例如，教师为履行其职责，必须不断地进行研修和学习等；主管部门必须努力建立培训设施，制订培训计划以及鼓励培训的办法等。

《关于地方教育行政组织及营运的法律》（1956 年颁布）规定，由县一级教育主管部门负责高中教师的培训，可以由下级（市町村）教育委员会来实施；市町村教育委员会对县（都道府）组织的高中教师培训，必须予以支持和配合；在新任高中教师初次培训期间，市町村教委可以请求都道府县教育委员会派遣兼职教师来临时顶替空缺等。

（二）培训的组织机构和体系

在高中教师管理方面，日本政府的行政指导和调控力度是很强的，教师培训也不例外。自上而下从文部省——都道府县（包括政令指定市）——市町村有一完整的组织体系，实施主体以政府为主。

文部省——国立教育研究所、有关国立大学等。20 世纪 70 年代以后为了加强高中青年教师教职意识（师范意识）以及提高高中教师的学位层次，文部省先后建立了兵库、上越和鸣门教育大学，专门接受在职高中教师进入教育类硕士研究生课程学习，以取得硕士学位。至 1997 年，各都道府县均有一所国立大学设立了教育学部，除开设高中教师培养课程外，也接收在职教师攻读教育类硕士课程。

都道府县（包括政令指定市）——教育中心、教育事务所等机构。教育中心是短期培训在职高中教师的主要机构，其教学、实验、研究、生活、娱乐等设施均比较完备，对高中教师培训起了相当大的作用。

市町村——教育中心，类似于我国市、县教育部门的教育研究室。各市町村教育中心对在职高中教师的培训也发挥了相当大的作用。

教师所在学校——校长为首的“教师研修指导委员会”。负责专门指导新任高中教师和青年教师的教学、学生指导等实践。

有关教育团体——如“教员组合”“教师协会”等。每年都组织大量不同学科课程、教材教法等方面的讲习会、研究会等。

（三）培训的形式、内容和实际状况

按照任教的年限分类，包括新任高中教师的培训、任教 5 年和 10 年高中教师的培训。此类培训为硬性规定，也称行政命令培训。按职务及资历

分类，包括有骨干教师培训、校长、副校长、主任培训等。按照培训组织层次分类，包括中央培训（文部省）、地方培训（都道府县）、市町村培训等。按照培训内容分类，包括在各级教育中心进行的新教育内容、教材教法及学生指导等方面的培训，由各都道府县派遣到企业、农村的社会体验培训，有在大学进修基本课程的培训和获取高一级学位的培训，校长、副校长、主任课程培训等。根据培训的形态分类，包括校内培训、校外培训、个人自我进修提高和国外培训等。

接受培训的时间除了新任高中教师培训统一为1年外，其余均不相同。由各级教育中心组织的培训多为1周到3个月，社会体验培训一般都在6个月以上。根据日本国立教育研究所近年来的调查，高中45.6%的教师参加了各国立、公立培训机构组织的培训；在各教育团体举办的研修活动中，高中教师参加的比率达到56.4%。①

四、普及、巩固高中教育过程中日本教师教育的新动向

随着高中教育的不断普及和发展，日本近年来非常重视高中教师教育的改革。1997年7月，教育职员养成审议会提出了“面向新时期教师培养的改善对策”的咨询报告，1998年6月，教育职员养成审议会研究生院等特别委员会提出了“关于教师培养中积极运用硕士课程”的中间报告等，对高中教师教育的目标以及实现的方略做出了明确规定。具体表现在以下几个方面。

（一）确立新的高中教师培养目标

日本高中教育当前的任务是巩固、提高普及高中后的教育质量，因此，“具有业务专长和丰富个性的教师”，是当前日本高中教师教育发展的新目标。这个新目标要求高中教师在具备“任何时代的教师都应具备的一般素质”的前提下，还应具备适应时代变化的特殊素质。所谓一般素质，即具有作为教育者的使命感和对人的成长、发展的深刻理解，有对学生的教育热情和与教学科目相关的专门知识，有广泛而丰富的教养，以及以这

① 彭新实．日本的教师培训和教师定期流动［J］．外国教育研究，2000（10）：50－54.

些为基础的实践指导能力。其特殊素质也包含丰富的内容，首先是站在全球的角度行动的素质，其中包括对地球、国家、人类等的恰当理解；丰富的人性；国际社会中所必需的基本素质。其次是生活在变化时代的社会人应具备的素质，其中包括与解决课题相关的素质；与人际关系相关的素质；适应社会变化的知识和技能，主要是外语表达能力和计算机的基本运用能力。最后是高中教师的职务所必需的素质，其中包括对学生和教育应有状态的恰当理解，对教师职业的热爱、自豪感和一体感；为学科指导、学生指导而应有的知识、技能和态度等。

（二）转换高中教师培养的课程结构

高中教师培养课程结构转换的基本内容主要包括新设名为“与专业类或教育类课程相关的科目”，并引入选学方式。以往由于必修的科目以及授课的时数在《教职员许可法》及其实施规则中都作了详细的规定，留给大学教师对课程进行充实与改革的余地很小，从而阻碍了高中教师培养课程的灵活搭配。而“与专业类或教育类课程相关的科目”只是在制度上对总时数给予规定，而对必须学习的科目及每个科目的时数没作具体的指定。这样对大学来说，开设科目的自由度加大了，不仅容易发挥各自的特色，同时也可根据以用人方面为主的各种社会要求，开设适宜的科目，选择适当的内容和方法。最终，根据大学的各种各样的创见，促进多样化的课程编制，而且也改变了高中教师所学科目完全一样的现状。由于多样化、高质量的高中教师培养课程的编制，以及选学方式的导入，对教师来说，能够依据自己的意愿和未来要从事的职业的需要，重点学习某一领域的内容，从而促进教师自愿建立专长和发展个性。对用人方面来说，可以根据高中教育的实际状况，对重要专业优先录用那些重点学习过该领域知识的人，还可在录用选拔过程中，针对每个人所学习的专业认真组织面试，确保高中教师具有业务专长和丰富的个性。

（三）增设和充实教育类课程

为“培养全球视角行动的能力”，增设“综合演习”课程。时代的发展，使人类的日常生活渐渐地超出国界，互相之间产生着各种影响。基于此，高中教师要对尊重人权、保护地球环境、理解不同文化、民族对立、地域纠纷、人口等人类共同的课题予以广泛、深刻的理解，同时，能够根据学生的发展阶段就上述课题对其给予恰当的指导，因此特设“综合实践”教育课程。“综合实践”是以讨论为中心的实习形式的教学，教学方法要与学习的学年相适应，在有条件的地方，还加入了实地见习、实际参与、调查等形式。

为“培养在变化的时代生活的能力”，改善教学方法，并把“外语表达”和“信息机器的操作”确定为必学的科目。生活在现代社会的人要具备以创造力和应用能力为基础的解决问题的能力和能使自己终生不断进步的自我教育能力。高中教师从事的是培养人的工作，他们更应该是具备这些能力的社会人。为培养高中教师解决问题的能力，要积极采用事例研究、讨论学习等方法，对研究生层次的高中教师的自主研究活动要给予奖励。保持协调的人际关系的能力也是重要的，其培养途径除教学之外，还要为高中教师提供与不同人接触的机会，丰富他们的体验。作为适应国际化、信息化社会变化的实际能力，外语表达能力和计算机的基本运用能力受到了重视，所有的高中教师都要学到必要的内容。

为“巩固实践指导能力的基础”，一是新设了“与形成对教职的志向和一体感相关的科目”，以唤起对高中教师职业的欲望，培养使命感，并为恰当地判断自己将来是否适合从教提供各种机会，也使高中教师志愿者所期望的教师形象明确化，以便有目的地选择学习。二是充实教育实习。同时对教育实习的质量也作了强调，如事前指导，不仅要认识实习的意义、研究教材、编写教案，还要利用录像及对教学实践记录的研究。在大学的附属学校和实习协力校等对实际教学进行观察、模拟教学等，做好实习前的充分准备。而事后指导靠单纯的总结会和写出体验报告是不够的，要以实习时的教学实践记录为基础，对教材和教案作进一步的分析，举行有在职高中教师参加的关于实习中的具体问题、疑难问题的讨论会，这样会收效更大。三是充实教育咨询的内容，高中的“学生指导、教育咨询和职业指导”的最低学习学分数，由现行的2学分改为4学分。这样改的理由是，现在学校很多教师都面对着欺辱弱者、旷课、乱用药物等与学生直接相关的问题，尽管他们做了大量努力，但也难以找到有效的解决办法，所以有必要充实教育咨询的内容。四是重视学科教学法，取得高中教育中的一种许可证，每学科教学法的学习要确保4～8学分，现在实际上平均只有2学分左右，同时要进一步充实其内容。此外，还提出增加教育类课程，削减专业类课程；充实理科教育，重视实验和观察；确保教育类课程各科目内容间的整合性与连续性；教育类课程与实际的联系不够，要研究更为具体、实际而又容易理解的教学方法，等等。

（四）推进在职高中教师的硕士课程研修

“尽可能多地为在职高中教师提供接受硕士水平教育的机会”，是1998年日本教育职员养成审议会研究生院等特别委员会就此问题进行专门讨论后所达成的共识。现行的高中教师培养制度是以本科毕业为标准建立的，旨在形成“实践指导能力的基础”。而国际化、信息化等社会变化和欺辱、学生旷课等学校问题的存在，要求在职高中教师通过终身学习，更进一步提高素质、能力。通过硕士课程的学习，使在职高中教师把与自己的教育实践相关的东西理论化，把最新的研究成果及时、有效地运用到教育实践中去，以高度充实的内容对在职教师实施再教育是非常必要的。

具体改善措施包括：1. 进一步扩大在学人员的数量，为更多的在职高中教师提供接触最新学术成果、振奋精神、开阔视野的机会。同时，硕士课程的修业年限弹性化，开设以在职高中教师为对象的一年制课程。2. 提供一边从事校务，一边接受硕士水平教育的机会。有必要扩充利用晚间、周末、长期休假期间的通勤学习。利用远程教育，为通勤学习硕士课程有困难的在职教师提供接受硕士水平教育的机会。3. 充实硕士课程中教育研究的内容。各大学有各种各样教育研究的特色，但仅限于学术研究成果的传授是不行的。讲授的内容要与在职高中教师的需要相适应，抓住线索、认识本质，以求培养创造性活动能力。此外，还要推进课程的开发研究以及具体制度的改善等。

此外，延长高中教师教育的年限并将高中教师教育的资格提高到硕士或博士水平也是当今日本高中教师培养的发展趋势。现代高中教职正在逐步走上专业化，日本高中教育质量和地位的提升，对高中教师的要求也越来越高。围绕为高中教育普及、发展服务的要求，高中教师教育不仅严格贯彻执行高中教师资格制度，而且也在不断努力促进高中教师培训制度的完善。

第五节　对日本普及高中教育的反思——得与失

“二战”后日本通过振兴教育，使其社会经济得以在一片废墟上迅速崛起，成为亚洲率先实现工业化和现代化的经济大国，日本的高中教育在数量上和质量上都得到迅猛的发展。新世纪日本高中教育又面临着巨大挑战，随着人民生活水平提高，需求日趋多样化、个性化、高层次化，生活观念也发生了变化。同时，随着高新科技的发展，产业结构、就业结构已经发生了很大的变革，社会信息化、国际化进一步加强，日本高中教育在应对这种变化的过程中，出现了一系列不能适应时代变化和社会需求的现象。加之在普及高中教育过程中各个方面不可能完美无缺，从而也暴露出一些亟待解决的问题。

日本是和我国一衣带水的邻邦，与华夏民族有着相似的文化渊源和价值取向。目前，我国正在为彻底“普九”和积极发展高中教育而努力，部分东部发达地区已经开始了普及高中教育的工作。因此，研究、借鉴日本普及高中过程中的得与失，无疑对我国的高中教育的发展极具参考价值和积极意义。

一、“得”：日本普及高中教育的经验和特色

（一）从本国国情出发，普及高中教育

1. 普及高中教育体现了日本“教育先行”的传统

自明治维新以来，为了赶超欧美发达国家，日本教育的思想、制度、内容等立足于国家现代化的需要而得到发展，加强教育的发展是明治政府的基本国策之一，逐渐形成了“教育先行”的传统，以教育促进经济的发展。战后，日本政府制定的一系列社会经济计划都把培养人才、振兴科技作为重要的组成部分，坚持“教育先行”的传统，在落实义务教育的同时大力普及高中教育。

日本政府和国民都非常重视各级教育，通过确保维护教育机会均等，不断提高国民教育水平，成功地实现了成为教育发达社会的目标，其教育在数量和质量上均达到世界的最高水准，其中高中入学率为97%，同美国并驾齐驱，达到世界最高水平。就质量而言，日本的高中教育得到国际上的高度评价，日本高中生的平均学力远远高于世界平均水平，其高中教育质量之高举世公认。

2. 普及义务教育的完成是高中教育普及的前提

高中教育的普及不可盲目，日本普及高中教育的前提是义务教育普及的完成。“二战”结束到20世纪60年代，日本教育政策和措施的重心是普及九年义务教育。20世纪60年代中后期，日本基本完成义务教育的普及任务。根据社会经济发展的需要和普及义务教育后人民对学历水平要求的提高，日本才开始大力发展、普及高中教育。

此外，日本高中教育中的许多政策、制度的实行也是以义务教育的普及为前提条件。例如，前面论述到的初高中一贯的教育制度，其实施是以普及义务教育的完成、高中教育准义务教育化为基本前提，类似于我国一些地区取消初中阶段重点学校，举办小学、初中一贯制学校。在普及12年义务教育未落实的现状下，这一政策在我国尚缺乏普遍的现实意义。

3. 高中教育的普及与社会经济发展相适应

根据前面几节的内容，我们可以得出这一结论，日本高中教育普及的根本动力之一在于适应了社会经济的发展。20世纪60年代以来日本经济的飞速发展，要求学校培养社会需要的大量技术人员和熟练工人，义务教育的普及已经完成，高中教育的发展、普及正是为了满足社会对人才的需要。其中，重视高中职业教育的发展，是日本高中教育普及过程中的突出特色。可以这样说，正是有了高中职业教育的健康发展，日本普及高中教育的目标才能顺利实现；高中职业教育的壮大，推动了高中教育的快速普及。在日本普及高中教育的过程中，高中职业教育的发展具有以下两个表征。

（1）日本高中教育的双重任务

日本高中的任务是双重的，一方面实施普通教育，为青年继续升学作准备；另一方面，实施职业教育，为学生就业作准备。

日本高中分为三类：普通高中、职业高中和综合高中，这三类高中都涉及职业教育的相关内容。普通高中和综合高中的普通科主要是为学生升学作准备，但也开设职业课程，供学生选修，为就业作必要准备。职业高中包括农业高中、工业高中、商业高中、水产高中、家政高中等，其培养目标是社会经济发展所需的熟练工人和技术人员。

20 世纪 60 年代，日本经济进入高速增长期。这一时期，大力开展技术革新对劳动力质量提出了越来越高的要求。同时，由于新能源、新材料、新设备和新工艺的不断出现，使社会分工日趋复杂化，职业种类不断增加，从而对人才的需求也变得更加广泛多样。因此，日本社会要求在普及高中的过程中加快职业教育的发展，培养与现代生产发展相适应的多方面的技术人才和熟练工人。

职业教育的快速发展，在确保学生的所学专业与产业部门对口和开发人的才能等方面，确实起到了积极的作用，仅仅在 20 世纪 60 年代，日本高中就有 700 多万毕业生到各个产业部门去工作，为实现经济高速增长做出了巨大贡献。同时，高中职业教育的迅猛发展也促进了高中教育的快速普及。

（2）高中与产业界积极合作

在日本普及高中教育的过程中，高中与产业界合作的直接原因是为解决企业界里准备从事技工的初中毕业生的双重就学问题。从 20 世纪 60 年代中期开始，随着高中教育的普及，初中毕业生升入高中的超过了半数，高中教育已经不是什么“高级教育”，而是作为社会成员的一个最低条件。这不仅使企业不容易录用到优秀的初中毕业生，而且使初中毕业生进入企业后，无论掌握了怎样高超的技能，也总是感到低人一等。导致许多初中毕业生白天在企业里的训练所接受职业训练，夜晚还要到定时制高中上学，以便取得高中毕业的资格，从而出现了双重就学的问题。但是，这种双重就学不仅使职业训练生负担过重，影响了职业训练的积极性，而且在一部分学科上还存在重复的现象，造成教育工作的浪费。为此，企业方面积极要求建立“产学合作”体制。

鉴于这种实际情况，1961 年，日本政府修改了《学校教育法》，使进行这种合作制度化。同时，为了进一步扩展合作教育，1967 年文部省根据中央教育审议会《关于扩充和整顿后期中等教育问题》的咨询报告中的精神，采取放宽技能教育设施认定基准的措施，将合作范围由工业扩大到农业、商业、家政等方面，将企业内职业训练年限由 3 年以上缩短为 1 年以上，将职业训练指导员由 10 名训练生配备 1 人以上改为 20 名训练生配备 1 人以上。因此，1968 年后实行合作职业训练机构又有了增加，到 1970 年，被文部省认定的职业训练机构有 291 所，同他们实行合作的定时制高中有 72 所，学员近 3 万人。这在初中毕业生就业人数不断下降，高中入学率急剧上升的情况下，是一组不小的数字。①

灵活多样、符合社会经济发展需求的职业教育形式促进了日本高中职业教育的蓬勃发展，从而推进了整个日本高中教育的快速普及。

（二）采取各种针对性的措施，保障高中教育的普及

1. 宏观视角：教育制度方面

（1）制定长期性的综合高中教育发展计划，结合社会发展需要，针对性地修订计划

在普及高中教育的过程中，日本将发展高中教育的计划纳入国民经济计划之中，发挥政府的宏观调控作用，并根据社会经济发展的要求，针对性地修订计划，确保高中教育的顺利发展。20 世纪 50 年代日本高中教育开始快速发展以来，至 20 世纪 90 年代，正式由日本政府制订的国家发展计划共计 10 个，从鸠山内阁的《经济自立五年计划》（1956—1960）、岸信介内阁的《新长期经济计划》（1958—1962）到大平内阁的《新经济社会七年计划》（1979—1985）、中曾根内阁的《80 年代经济社会的展望与指针》（1983—1990），等等。进入 21 世纪，面对新形式，日本文部省根据“教育改革国民议会”的最终报告制订了《21 世纪教育新生计划》（彩虹计划），明确了日本今后各级教育（包括高中教育）发展的总方向，提出了具体方针、措施、课题和时间表。在这些计划中，高中教育都被置于重要地位，合理的计划确保了高中教育的顺利普及和快速发展。

（2）在调查研究基础上健全教育法制，稳步普及高中教育

完善的法令法规是普及高中教育的基本保障，1947 年日本政府制定和

① 梁忠义．战后日本教育研究［M］．南昌：江西教育出版社，1993：237－238.

颁布的《教育基本法》和《学校教育法》确定了高中教育的基本方针和体制。同年，日本政府制定了中小学指导要领试行草案，作为指导高中教学的参考。1952 年，日本为了制定教育法令和法规，专门建立了中央教育审议会，对有关教育、学术和文化的基本实施情况进行调查研究，然后写出咨询报告。有些重要的问题，审议会要经过长期的调查研究。1984 年，日本内阁又专门组织了临时教育审议会，审议当时内阁总理大臣提出的“为使教育适应我国社会变化和文化发展而进行的各项改革的基本方针”的咨询报告，1985 年 6 月到 1987 年 8 月，临时教育审议会共提交了 4 个咨询报告。

此外，1955 年起，中学指导要领作为编制高中课程的基准，具有法规性质。此后，中学指导要领都是在上述审议机构经过调查研究提交的咨询报告的基础上制定的。指导要领不仅在制定以前有调查研究的基础，而且在制定颁布后还要经过 3 年或 3 年以上时间的实施准备才正式实施。所谓实施准备是使各级教育行政部门、教学研究机构、出版社、学校有充足的时间制订实施方案、编写出版教材、培训师资，等等。如 1989 年颁布的高中指导要领，5 年以后（1994 年）才在高中实施。如果法令法规制定之前没有经过认真的调查研究，制定之后又匆忙付诸实施，缺乏充分的实施准备，实施以后听到部分地区或人士的不同意见，就匆忙修改，甚至完全颠覆原来的方案，这样的法令和法规难以起到良好的作用，高中教育的普及也很难稳步推进。

（3）重视对高中教育的投资

日本的教育经费占国民生产总值一般在 4% ~5%，占国民收入一般在 5% ~7%。从 1950 年到 1990 年的 40 年间，日本公共教育经费总额绝对数增加了 100 多倍，年平均递增 14%。中等教育经费在教育经费中占主要部分。

日本的各级政府对教育的投入都承担义务，日本法律明确规定了对各级教育的财政收入，中央政府和都道府县与市町村两极地方政权都有各自的责任和义务。中央和地方对教育都进行投入，使学生人均经费达到比较高的水平，高中生生均经费年递增 11.7%。在教师工资方面，国立高中全部由国家负担，公立学校国家负担一半。

日本对高中教育的投入是充足的、有保障的，这是高中教育普及必不可少的条件。

2. 微观视角：课程与师资方面

（1）课程及其改革积极为普及高中教育服务

在本章第二节我们已经论述到，日本高中的课程及其改革一方面是为了满足社会经济发展的要求，同时还积极与高中的发展和普及相适应。

首先，在课程的基础理论的方面，随着日本高中教育普及、发展，高中课程设计的理论基础由“三层次四领域论”“学力论”发展到“生存能力论”，由支持高中普及发展到巩固高中普及后的教学质量。其次，在课程内容方面。高中普及过程中职业化的倾向，促使高中课程也由普通课程占多数，发展到职业课程的广泛开设，普通课程和职业课程共同主导高中课程内容，积极迎合了高中教育发展的走向。再次，在课程设置方面，初高一贯教育的课程和有限学分制课程等新内容的增设，从课程的角度充分体现了高中普及、发展的新趋向。最后，课程改革积极服务于普及高中教育的进程。普及高中这条主线贯穿于高中课程改革之中。1948 年实施的高中课程标准以恢复高中发展为主，同时为高中的普及奠定基础；1951 年至 1982 年的数次高中课程改革都是普及高中的直接措施之一；1989 年和 2003 年实施的高中课程标准以巩固普及高中的成果，提升高中教育为基点。

（2）普及高中和高中教师教育相辅相成

日本高中的快速普及，致使学校数量和学生数量不断增加，需要高中师资建设的有力保障，高中教师教育在高中普及过程中显得尤为重要。因此，日本高中教师的培养、任用、培训和教师教育改革，都以高中普及为重点，服务于高中教育的普及和发展。一方面，高中教育的普及对高中教师教育不断提出新要求，促进了日本高中教师教育的发展与改革；另一方面，高中教师教育的发展、改革也为普及高中教育奠定了雄厚的师资基础，确保了高中教育的稳步发展。两者相互促进，相得益彰。

二、“失”：日本普及高中教育的问题和难点

如前所述，战后日本迅速、成功地普及了高中教育，并具备自己的特

色。但是，任何事物都存在正反两个方面，日本在成功普及高中教育的凯歌声中，也夹杂着高中教育领域的痛苦和无奈叹息。

（一）日本高中教育的难点和问题

1. 学校教育刻板和僵化

受长期的中央集权制影响，日本高中教育制度形成了相对统一、讲究效率、提倡平等、培养标准化人才的特点。这种体制适应日本经济社会的发展，有利于高中教育的普及，提高国民学历水平。但同时也给高中教育带来了刻板化和封闭化的弊端，高中学校教育强调形式上的平等，忽视学生个性发展，对于培养创造性思维、实践能力的重视程度远远不及对知识的记忆力的培养。这样的高中教育显然不适应价值多元化的现代社会的需要。“人性主义”“能力主义”和“弹性化”正在代替“国家主义”“僵化”的高中教育，也成为高中教育普及之后的发展趋势。

2. 过分偏重学历

日本自明治维新开始，就确立了通过受教育提高和改变人的社会地位和生活条件的机制，素有“学历社会”之称。日本高中教育的普及，也并未减轻学历对日本的影响，反而有加重的趋势。高中教育普及后，学生普遍形成了轻视“学了什么、学得怎样”，而重视“在何地学的”社会心理，进入名牌高中，进入名牌大学成为学生及其家长根深蒂固的教育情结。高中学校的名声高低直接关系到学生的升学，因此人们对学历和进入名牌高中达到了狂热的程度，造成中等学校大搞应试教育和过度激烈的考试竞争。

3. 高中学生精神上的贫乏

在日本经济高速发展时期，一些社会和学校中的问题困扰着高中教育的普及。考试竞争的激烈化、学校暴力、逃课厌学、欺辱弱小学生等学生精神荒废现象，被认为是高中教育为经济成功所付出的“代价”。特别是高中生自杀情况严峻，日本平均每年有 250 名高中生自杀，高于其他各级学校的年平均人数（小学 20 名、初中 130 名、大学 50 名），造成高中生自杀的主要原因是处在青春期的高中生情绪不稳定，学业压力过重。在普及高中教育的过程中，虽然强调以完善人格、尊重个性、教育机会均等为基本原则，推动高中教育的准义务教育化。但从整体上看，普及高中教育存在着否定日本传统文化的特性与长处、轻视道德、权利意识和责任意识不均衡的一面，造成学生精神上的贫乏，高中教育中完善人格、尊重个性等方面尚有许多需要不断发展、巩固之处。

4. 高中校舍不足

高中教育的快速普及，加之在20世纪80年代中后期日本生育高峰期中降生的一代需要升入高中，造成了日本高中近年来校舍略显不足的困难。在一些偏远的农村地区，不得不把各个年龄层和年级的学生编在一起，采取所谓的“复式年级”教学。例如，日本全国知事会曾经在1995年计划在全国新建高中430所，但由于财政等方面原因只新建了230所。进入2000年，随着高中教育的普及，高中每个年级的入学志愿者都超过200万人，校舍不足的矛盾更为突出。

（二）日本普及高中教育过程中课程改革的难点和问题

1. 学校教育由量的扩大转向质的充实

战后至今，对日本的高中教育来说，是一个数量上快速普及、急剧扩大的时期。但在普及的过程中，由于升学竞争，尤其是高中升入大学的激烈竞争，产生了私塾泛滥的现象。这种专为升学作准备的私立营利性教育机构适应了社会上另外一些需求。不仅如此，高中教育也有成为升学准备学校的姿态。20世纪80年代，随着高中的普及，希望进入职业高中的人数锐减，升学要求普遍向普通科倾斜，高中教育升学竞争异常激烈。

高中教育的普及不应当仅限于数量的扩大，必须研究高中教育的应有形态、实际运作方式等有关教育教学质量的问题、深入研究教育内容、改进教学方法是日本今后高中教育普及中的重点和难点。

2. 能力主义和平等主义的结合点

教育上的平等主义是指教育机会均等、学校的开放型等原则，而日本普及高中教育过程中的平等主义是一种“结果”的平等，随着高中学校数量上的扩大和普及，这种“结果”的平等主义对于提高国民素质和社会经济发展的作用是显而易见的。而能力主义是近代学校教育的重要原则。从日本高中教育发展的过程来看，重视能力主义成为促进高中教育普及的重要因素，能力主义也是促进社会经济发展的基本原则。

在高中教育的课程上，能力主义和平等主义一直是高中学校现实中的两难问题。课程上的能力主义和平等主义在高中教育实践中不仅是一个观念问题，而且是一个实践问题。提出重视个性发展的教育原则的日本临时教育审议会主张打破高中教育的单一性和僵化性，发展多样性和灵活性，主张在保持高中教育机会均等、学校的开放性等平等主义原则的同时，在教育内容和学习活动中采用能力主义的方式。新的高中课程标准修订中，一个基本思路就是在平等主义的学校教育制度的框架中，在高中教育内容等方面发挥能力主义方式的作用。

3. 共性和个性的共存

为巩固高中教育普及的质量，在具体考虑高中教学内容时，同上述的能力主义和平等主义相同，存在着共同性和个别性之间的对立，这一点不仅存在于教育内容上，也存在于教学方法上。

在人的发展的不同阶段，共同性和个别性的重点、量和程度都各不相同，应当仔细考察这种差异。同时，教师应该经常意识到共同性和个别性的问题，在备课、课堂教学、评价等过程中积极加以研究和改进。高中教育的目标之一是指导学生掌握基础知识和基本技能、同时培养他们主动学习的意志、习惯和能力，即自我教育能力。高中时代是学生个性发展的重要时期。高中教育的普及，为更多的学生提供了接受高级中等教育的机会，在此基础上，高中教育更应该追求学生个性的分化和自我意识确立的培养。在课程内容的安排上，研究深化共同性的内容安排，把握个别性的内容的适当性，特别要考虑给予学生体验教育教学内容的机会。在整个普及高中教育的过程中，个别化教学的方法也应当引起重视，加以深入研究。①

（三）日本普及高中过程中教师教育中的难点和问题

1. 日本高中教师教育（培养、任用和培训）存在的主要问题

日本在普及高中教育过程中，高中教师培养和任用方面存在的难点和

---

① 奥田真丈．中学新教育课程编制的基本思路［J］．中等教育资料（日），1989（12）．

问题主要有：开放型教师教育导致教师混乱不清、一般大学对高中教师培养的热情不足、大学之间有关高中师资培养的水准及其内容存在差距、高中教育实习形式化、任用高中教师的考试竞争激化，等等。

高中教师培训方面存在的难点和问题是：从法律角度看，高中教师培训仍然存在一定程度的机会不均现象，由于工作学习之间的矛盾而引发的人事管理纠纷仍然存在；各种高中教师培训形式之间，以及接受培训的高中教师的年龄、教龄、培训时间、内容和方法等方面缺乏层次，连续性和系统性不足，一定程度上影响了高中教育普及过程中的教学质量；大学在培训高中教师方面发挥的作用仍显不足；高中教师职前培训和职后培训之间的连续性仍须加强，特别是大学后期的培养与新任高中教师培训之间的有机结合更是其中的一个难点。

2. 产生上述问题的主要原因

（1）在开放制的原则下，特别是因为高中教育的快速发展、普及，高中教师的需求数和培养数之间容易产生不平衡。

（2）很多大学、研究生院、学部把各自专业领域的研究和教学放在首位，担任高中教师培养、培训课程的教师往往水平较低，像履行公事那样为取得高中教师许可证而开设必要的科目，这种高中教师教育的结构造成许多人不是为从事高中教育事业而工作，而是为了取得高中教师资格去攻读教师教育课程。

（3）由于高中教师教育实习制度不完备，各大学和研究生院没有完善的管理和指导体制，又没有和接受高中教师教育实习的中学建立稳定良好的关系。

（4）在接受高中教师教育的学生中，毕业后是否从事高中教育工作还不明确者很多。“迄今占有统治地位的教师形象正在萎缩……如像过去那样向外国寻求新的教师形象是困难的，新的教师形象只有靠教育工作者自己去创造。”①

（5）直属文部省的咨询机构——教育职员培养审议会于 1997 年就已经针对高中普及过程中教师教育的相关问题和难点向文部大臣提出了咨询

① 市川昭午．教师教育再检讨［M］．东京：日本教育开发研究所，1986：33.

报告，有关法令的修订和改革方案仍在调研和制定中，从日本立法和行政的运作周期比较长的惯例来看，这些问题的解决还需一定的时间。

3. 为解决上述问题所进行的改革

为解决上述难点和问题，确保高中教育普及的质量，日本正朝着以下方向进行教师教育制度的改革。

（1）新设的教育大学试图培养在校生具有作为高中教育工作者应有的使命感和爱心。回应高中教育普及后面对的新要求，在此基础上具备广泛的一般性教养和有关学科的专业知识，充分理解高中教育及其普及的目的、方法和人的身心发展规律以及掌握先进的教育教学技术等，努力确立作为高中教育专门职业的教师形象。

（2）为尽可能得到优秀的人才，从高中教育专门职业的立场出发探讨和充实高中教师的培养、任用和培训等阶段。

（3）为培养优秀的高中教师，日本政府对高中教师许可证制度进行了修订，不仅增加取得普通许可证的必修学分数，而且新设专修许可证（相当于硕士课程毕业程度）。

（4）各级教育委员会实施的高中教师任用选拔考试力图纠正过去只重视知识和学历的倾向，确保高中教师应有的素质和能力。任用教师的基准不仅仅是知识和技术，还要对人的品质进行全面判定。

（5）为培养新任高中教师具有实际的指导能力和使命感以及具备广泛的知识见解，正式实施从高中教师任用当天起为期一年的新任高中教师进修制度。

（6）以新任高中教师研修的制度化为转机，文部省试图整顿和充实高中在职教师研修制度，并使其体系化。培养高中教师具备适合本职工作的素质和能力，不仅是在培养阶段，而且要通过整个高中教职生活逐步形成。因此，政府越来越重视对高中教师的不断培训来提高其素质和能力。

虽然存在上述问题和难点，但日本普及高中教育从总体上来说是成功的，这点已经得到国际教育界的认可。日本同我国在社会制度等方面有根本的不同，日本的高中教育性质同我国的高中教育性质也有本质的差别。但在普及高中与社会经济发展相适应，以及日本普及高中教育在制度、课程、师资等方面的成功之处值得我们关注和研究。我们要从中国的具体国情出发，取人之长，补己之短，吸收和借鉴日本普及高中的成果经验和方法，在切实普及九年义务教育和高等教育大众化的背景下，适当加快高中教育的普及，为建设有中国特色的社会主义教育体系，推进我国的社会主义现代化建设而努力。

第四章

巴西普及高中教育的政策与改革

巴西是拉美大国，国土面积850万平方公里，为世界第五大国，因自然、经济、社会等方面条件相似而被分为五大区域：北部、东北、中西、东南和南部。巴西属于发展中国家，在过去几十年中经济时而发展，时而衰退，到2004年全国GDP为6,650亿美元，人均GDP为3,665美元，经济增长速度约2.4%。人口为1.82亿，81.2%的人口集中在城市和沿海地区。巴西是一个多民族多文化国家，其主要民族为葡萄牙人、印地安人和非洲人。在巴西现代化进程中，教育曾发挥过重要作用，巴西高中教育也在战后经历了较大发展，特别是20世纪90年代以后，巴西政府为推进高中教育普及、提高高中教育质量采取了一系列有针对性的措施，为巴西高中教育的发展注入了强大的动力。但是，由于巴西国内贫富差距悬殊，地域发展不均衡，以及较高的留级率和辍学率，使得巴西高中教育还面临着诸多挑战，巴西政府为应对这些挑战做出了相应的调整，这对即将进入高中教育普及阶段的中国而言无疑具有较高的参考价值。

第一节　巴西普及高中教育的发展与现状

一、巴西普及高中教育的发展

“二战”至今，巴西高中教育的发展经历了四个阶段：缓慢发展时期、大发展时期、动荡发展时期和大挑战时期。无论从各阶段总体状况还是内部运行看，这几个阶段内呈现出大起大落的状态，高中教育的改革成为整个巴西教育改革中最有争议的一个领域。尽管改革的势头有强有弱，改革的结果有好有坏，但巴西高中教育从产生到发展到更进一步的普及，这一过程仍然是可喜的，这也与巴西教育总体发展态势及巴西社会、经济、政治发展密切相关。

（一）缓慢发展时期（“二战”后到20世纪60年代中期）

“二战”后到20世纪60年代中期，巴西国内由民主政府执政。其间，巴西的经济较之过去有了一定的起色，在国家干预经济的基础上逐步向工业化、现代化方向发展。60年代巴西迁都内地，重新建立工业发展中心，这不仅调整了经济发展的模式，也促进了各地区的均衡发展。

在巴西社会经济向前发展的前提下，巴西国内各级各类教育也在不断的变化调整以适应经济发展的需要。其中最为明显的一个标志就是中等职业技术学校正式成为了中等教育不可或缺的一部分。在拉美国家积极发展中等职业技术教育的推动下，巴西政府专门制定了法律，以保证中等职业技术教育在高中教育中的地位。虽然巴西政府已经认识到了原有教育在许多方面都无法适应整个社会的新发展，巴西政府对中等教育的改革仍然没有触动最根本的不足，那就是束缚中等教育发展的以培养上大学为主的单一化原有教育模式。由于国内各政治派别理念不一，也导致这一时期没有出现更详细的教育发展计划，整个中等教育依然是以传统教育为主。

这一时期内，巴西整个中等教育的注册学生人数和学生入学率都有了明显的提高。仅1950—1960年10年时间，注册学生人数就从约37万上升到了近100万。学生入学率也从1960年的29.6%上升到1965年的36.1%。其中，高中入学率从1960年的7%左右上升到1965年的10%。[①]

（二）大发展时期（20世纪60年代末期到20世纪80年代初）

这一时期的巴西从民主政府执政转向了军人统治。军政府采用高压政策来巩固和稳定政权。对于分权制度盛行的巴西，这一时期的集权创造了巴西经济发展史上有名的“经济奇迹”。

---

① Carlos A. Herrán, Alberto Rodríguez. Secondary Education in Brazil: Time to Move Forward [R]. Inter-American Development Bank, and the World Bank, 2000: 23.

高中教育在此时仍然实行传统教育模式，相对于经济的飞速发展，这种僵化的教育模式已无法面对劳动力市场对中等技术人员和熟练劳动力的需求。尽管巴西早就在高中内实施了可选择性的中等职业技术教育，但是受传统观念的影响，选择职业技术教育的学生比例相当小，选择职业技术教育的学生多数来自中下阶级家庭。在新的社会经济发展模式中，陈旧的高中教育模式对经济发展带来的负面影响日益突出。对此，整个中等教育开始受到巴西政府的极大关注，1971 年，巴西政府在全国范围内对中等教育进行改革。这次改革一方面重新确立中等教育的目标，另一方面对原有的学制结构体系和课程内容进行了调整。①

这次改革势头十分强劲，并重点关注职业技术教育，强调所有学校的职业技术课程都必须直接与就业相关。虽然改革的结果并不如预期的那么理想，但总体而言这次改革给巴西高中教育的发展注入了新思想：作为中等教育的一个重要组成部分，高中教育不仅要为高等教育输送合格人才，同时也应该培养社会所需要的有技术的劳动力大军；高中教育的发展应该与社会经济发展和劳动力市场密切联系；高中教育的发展在符合国家整体发展目标的同时，也要适应各地区发展的实际需要。这等于重新确立了高中教育的培养目标。

这一时期内，巴西高中教育得到了极大的发展。学生入学率从 1960 年的7%左右上升到了 1980 年的30%；教师人数方面，1980 年在校教师人数是 1960 年在校教师人数的四倍。② 数量的急剧增长从另一个侧面反映出当时巴西高中教育存在的显著特点，即适龄就学人数增加的同时，超龄就学人数也在不断增长。这一特点表明巴西已经出现与正规教育体系平行的“补充教育”体系。大部分大龄学生都是来自于社会中下阶层，他们在适龄时期没有机会就读高中或者没有完成高中就中途退学。这部分人群白天一般都有各自的工作，在晚上则去具有“补充教育”性质的夜校进行学习。

（三）动荡发展时期（20 世纪 80 年代末到 20 世纪 90 年代初）

经历了巴西社会政治经济文化大发展时期之后，巴西国内人口增长速

---

① 董建红．巴西教育及发展［J］．外国教育资料，1995（4）：74－76.

② Carlos A. Herrán, Alberto Rodríguez. Secondary Education in Brazil: Time to Move Forward［R］. Inter-American Development Bank, and the World Bank, 2000: 28.

度开始超过国内生产总值的增长速度，人均收入大幅下降。同时，随着20世纪80年代后期通货膨胀和外债危机日益严峻，巴西经济出现了一定程度的倒退并遭遇到了危机。

面对经济发展的困境，巴西政府开始寻求一系列解决办法。为全力应对经济危机，巴西各级政府削减了对教育的投入，并中止了已经制订的一部分教育发展计划。这些都极大地影响了教育的发展，加剧了各地区教育发展的不均衡，也造成教育制度中各级教育发展的不平衡。

由于这一时期政府对高中教育的发展缺乏足够的资金和明确的发展政策，使得大量本该进入高中就读的青少年被迫过早就进入劳动力市场，一部分仍然坚持上学的青少年也只能选择教学质量很低的夜校完成高中学业。经济危机的到来使得巴西高中教育的发展更加举步维艰。

（四）大挑战时期（20世纪90年代中期至今）

进入世纪交替的新时期，巴西在经济上开始调整步伐，在发展经济的同时更加注重教育所产生的影响力。在20世纪90年代，巴西高中教育取得了长足的发展，高中学生的入学率已达70%。尽管小学入学人数开始出现下滑，初中入学人数在2000年左右已达到顶峰，但普遍预计高中入学人数还会在很长一段时间内保持增长的趋势（见图4－1）。

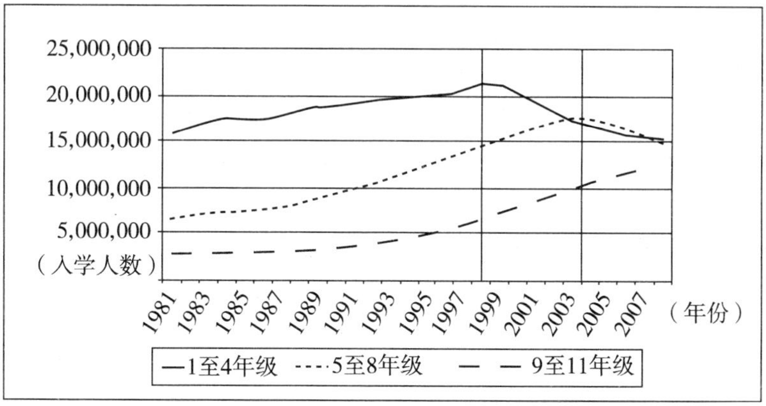

图4－1　巴西小学、初中、高中入学情况演变图

（资料来源：Klein Calculations，**1999**）

随着社会对教育要求的不断提高及高中入学人数的不断增加，巴西需要重新审视高中教育，更好地面对新世纪的挑战。为此，巴西政府重新修订了高中课程纲要，把高中发展的重点从职业技术教育重新转向传统专业教育；给予学校更充分的自主权，从而增强学校应对各方需求的变革能力；成立基础教育及教师补助基金①，资助贫困的学校和学生，让更多的人能够接受更全面的教育。

尽管已经取得了一系列的进步，在普及高中教育的过程中，巴西仍在升学、教育公平和教育质量等方面存在诸多问题。本章将在接下来的内容里对这几个重要方面逐一展开论述。

二、巴西高中教育的现状

高中教育是一种高层次的基础教育，也是高等教育的预备阶段。高中教育的任务是对接受过义务教育的适龄人群进行再培养，以造就更高层次的社会建设者。过去，巴西受过中等教育的人数不到总人口数的1/3，受过高等教育的人群也只占全国总人口的7%左右。换言之，巴西有绝大部分劳动者未受过高中以上教育（含高中教育）而在社会各界从事现代化生产。巴西儿童和少年中较高的文盲率必然导致劳动力质量低下，并直接影响巴西经济的发展。

在20世纪的最后10年里，巴西初等教育最显著的进步就是入学人数每年增长超过50万人，这对高中教育提出了更多的要求。在近10年的时间里，巴西在初等教育方面取得了长足的进步。20世纪80年代早期，巴西很少人能完成前四年的初等教育，仅仅一半的人完成小学教育，17%的人完成中等教育。到20世纪90年代，将近90%的孩子进入学校后期望完成所有的初等教育（1~4年级），人均入学时长已接近6年，小学教育完

① 基础教育及教师补助基金（the Fund for Development of Fundamental Education and Valorization of Teachers，简称FUNDEF）于1998年1月全面启动，目的是保证基础教育阶段贫困学生学业的完成，基金补助的重点在义务教育阶段。基金资助的学生每年最低能获得315雷诺尔（折合300美元）的补助。该基金根据市、州各级教育入学人数的多少，对州和市教育资源进行重新分配。联邦政府通过该项基金，为那些资源拥有率低于国家最低水平的州或市提供资助，借此减少各地区教育支出的差异。

全普及，一半以上的孩子能升入中学继续学习，其中有1/3的能完成高中教育。[①] 随着小学和初中教育的日益普及，巴西政府开始将重点更多地放在高中教育的普及上。

（一）巴西高中教育体系

1. 系统结构

1934年的巴西宪法就把受教育明确规定为全体公民可享受的基本权利之一。今天，巴西的基础教育被分为学前教育、八年义务教育和高中教育。在每个阶段的最后一年，学生都要接受国家的统一水平测试，以考核学生在该阶段的学习水平。学前教育是对6岁前儿童进行的系统教育。八年义务教育是由小学（1～4年级）和初中（5～8年级）组成。根据1996年巴西教育法（LDB）规定，高中教育（9～11年级）是基础教育的最后阶段，所有公民都有义务完成该阶段的学习。这也拉开了巴西全面普及高中教育的序幕。[②]

尽管小学教育和初中教育被界定在义务教育范畴内，但实际上基础教育的小学阶段和初中阶段被分在不同学校进行教学。大多数学校在拥有高中教育的同时也开办了初中教育。[③] 所以，一般意义上的中学就包括了初中和高中两个阶段。

巴西的高中教育分普通高中和职业技术高中两种类型。普通高中学制3年，入学年龄在15～18岁。普通高中的教学目的是使学生接受系统的文化科学基础知识教育，为进入大学深造作准备。职业技术高中学制通常为2～4年，教学的主要目的是训练学生的实际工作能力，为适应社会经济发展需要培养具有中等技术水平的劳动者和技术人员。巴西职业技术高中设有工业、农业、矿业、商业、地质、导游、护理、公共服务等70多个专业。

① Carlos A. Herrán, Alberto Rodríguez. Secondary Education in Brazil: Time to Move Forward [R]. Inter-American Development Bank, and the World Bank, 2000: 32.

② 周世秀.90年代巴西教育的改革与发展［J］. 拉丁美洲研究，2000（3）：41－44.

③ 巴西全国教育研究中心（INEP）1998年提供的数据显示：同时开展义务教育（1～8年级）和高中教育（9～11年级）的学校占全国学校总数的58%，同时开展初中教育（5～8年级）和高中教育（9～11年级）的学校占总数的25%，同时开展小学教育（1～4年级）和高中教育（9～11年级）的学校占总数的2%，单独开展高中教育的学校总数的15%。

在巴西，学生在高中期间需在三年时间内完成 2,200 个小时的有效学时。如果需要进一步的专业培训，学习年限可能就要延长至 4 ~ 5 年，而具体年限的设定是根据每个区域内联邦教育理事会①对各门课程的最低要求来安排。

高中教育分别在全日制学校和夜校实施。夜校是巴西多年来高中办学的一大特色。约 60% 的高中学生进入夜校学习，主要原因是他们大部分白天都有全职工作。就读夜校的学生大都年龄偏大，他们认为进入普通高中会使他们的就学机会成本增大。夜校在一定程度上为一部分由于各种原因已经工作的成年人完成高中教育提供了机会。

2. 教学目标

巴西 1996 年教育法明确了高中教育的三个具体目标：其一为学术准备，建立在低年级学生对数学、葡萄牙语和科学知识掌握的基础上；其二是为成为合格的公民作准备，包括具有批判性的思维技巧、道德感知和社会技巧；其三，要求高中教育必须为年轻人作好就业的准备，在日益增长的全球经济中为社会培养有较强学习能力的学习者和能适应劳动力市场不断变化的青年。1996 年教育法还指出，培养 21 世纪的合格人才需要对教育进行变革，一方面教育必须以促进经济、科学和文化三方面发展为目的，另一方面教育要贯彻联合国科教文组织提出的“四个学会”② 以培养合格人才。从中可以看出，高中教育教学目标在集中强调普通教育的同时，更注重个人学习能力和生存能力的培养，以及分析和选择能力的提高，这些都不同于以前单方面的职业技术训练和单纯对记忆力的考察。

多元化的教学目标体现了机遇与挑战并存的时代特征。然而，复杂的目标也常常难以被有效的执行，所以认清各项目标之间的相互关联，吸引和保持青少年学习的积极性对教学目标的实现十分重要。

3. 课程安排

和许多国家一样，巴西很多年来在高中都实行双轨制：一方面为高校输送合格人才，另一方面为社会输送合格的劳动者。1998 年巴西政府对中

---

① 巴西地方教育管理机构，级别等同于我国的省级教育厅。

② 学会共同生活（learning to live together），学会求知（learning to know），学会做事（learning to do）和学会生存（learning to be）。

等教育课程纲要的调整，废除了传统上将普通教育和职业教育并行的双轨制教育体系。新课程纲要强调高中课程应该加强普通教育，仅允许25%的非学术性内容存在于教学中，这一改革代表了新的课程理念。

新大纲将重点置于数学和科学方面。专业知识和技能的学习通过与生活相关的主题展开，如经济、体育、艺术和健康等。大约75%的规定课程在新课程纲要中被明确列出，剩余25%的课程由学校根据当地的需要及学校的能力进行选择性安排。这使得各地学校能根据自己的实际情况开展教学，教师在课程把握和教学实施过程中也更具灵活性。

具体来看，巴西普通高中的课程结构可以分为三大块。第一块为公共核心课程，由三部分组成：（1）交际与表达课程；（2）社会学科课程，包括历史、地理、巴西社会政治组织等；（3）自然科学课程，包括数学、物理、生物等。公共核心课程由联邦教育委员会统一规定，是巴西全国统一的必修课程。第二块为非核心必修课，主要包括道德及公民教育、卫生、体育、艺术等。第三块为职业技术教育课程，这类课程是多样化的，由州教育委员会提供开设课程的种类，各地区的学校根据当地经济发展的需要、学校的办学条件及学生的个体差异来确定所开设的课程，学生可根据自己的兴趣和能力倾向自由选择。

最近几年，为了适应社会发展对多功能人才的需要，巴西还在高中课程中新增了心理学、社会学、人类学、政治学和信息技术等课程供学生选择。同时，巴西虽已取消双轨制，但政府依然注重在高中教育阶段对学生各类基本技能的培养。在基本技能训练中，培养学生的适应能力。有选择地执行“课程内容扇形递进轨道系统”①，即随年龄的增长，在公共核心课程的基础上，由浅入深地增加职业性课程，最后在高中后教育阶段进入专门的职业训练，并取得所学专业的中等技术员证书。学生在学校每周需有30个小时的职业技能学习时间，学生可以根据自己的爱好选修不同类型的技能课程。

4. 学校类型

巴西基础教育主要在两种类型的学校中进行：公立学校和私立学校。

① 黄志成．巴西教育［M］．长春：吉林教育出版社，2000：45.

公立学校分布在州（占州级学校总数的 69%），市（占市级学校总数的 15%）和联邦（占联邦区内学校总数的 1%）学校系统中。1997 年，公立学校拥有初高中入学总人数的 85% 左右，私立学校则只拥有 15% 的学生。但在高中教育阶段，私立学校学生人数就占高中学生总数的 1/3 以上。①

在财政支出上，巴西宪法规定了各级政府在基础教育财政供应上的不同责任。同时，1996 年教育法明确指出由州政府主要负责高中教育投入的供应和管理。由于公立学校占州政府学校总数的半数以上，州政府也因而成为公立学校的主要财政来源。私立学校的主要财政来源则是私人投资和社会捐赠。

表 4－1　公立学校与私立学校对比②

公立学校	私立学校
非优秀教师	优秀教师
学生每天 2～3 小时学时	学生每天 5～6 小时学时
教师经常缺席或罢工	教师从不缺席或罢工
对所有学生免费	每生每月花费 50～400 美元不等
提供免费午餐	不提供免费午餐
提供免费材料	不提供免费材料
学生使用校服	学生通常使用校服
课程安排和教学计划弱	课程安排和教学计划强
组织不良，纪律不强	组织良好，纪律严谨
学生多来自于贫困家庭	学生多来自于富裕家庭
简陋的学校设施	比较好的学校设施

一直以来，巴西贫困地区及自治市设立的公立学校质量一般都不如私立学校（见表 4－1），公立学校和私立学校之间在教师态度、教学质量、教学设施及学生来源等方面都存在巨大的差别。私立学校一般附属于某一区域，该地区居民经济条件好并且社会文化背景优越。中产阶级和上层社

① Carlos A. Herrán, Alberto Rodríguez. Secondary Education in Brazil: Time to Move Forward [R]. Inter-American Development Bank, and the World Bank, 2000: 45.

② Phillip H. Davidson. Education in Brazil [EB/OL]. [2005－04－20]. http://www.ndu.edu/library/ic6/93-RS04C.pdf.

会的家庭把他们的孩子送到私立学校，一方面为得到更好的教育，另一方面也是为孩子进一步升入最有声望的、公立免费的高等教育机构作准备。而贫困家庭的学生就读于不被重视的公立中学，如果确实想接受高等教育，他们也只能考虑进入那些声望一般的大学，或者更多的是进入私立大学。但是，公立学校不是专门为贫困家庭开设的，私立学校也不是有钱人的专属。巴西政府如何将教育资源均衡化，如何使每一个孩子都能享受高质量的教育，这些将在后文进行专门的讨论。

（二）巴西高中教育的质量监测

巴西高中学生日常学习过程中的评估是通过其课程作业（包括家庭作业和学科项目）来考核的，考核的形式包括书面考核和口头测验两种。课程评分标准根据不同的得分由高到低分为 A、B、C、D、E 和 F 六个级别。①

高中教育的毕业考试是由全国教育研究中心（National Institute for Educational Studies and Research，INEP）来承担。全国教育研究中心管理着国家基础教育评价体系（The National Basic Education Assessment System，SAEB）和国家课程测试体系（The National Course Examination，ENC）。他们都产生于 20 世纪 90 年代，主要负责高中教育的质量评估工作。

1. 国家基础教育评价体系

国家基础教育评价体系于 1990 年正式启用，该体系主要为公共教育管理机构提供技术或管理的信息，以使他们出台更合理的教育政策或计划，同时给教育工作者和一般的民众提供具体的教育结果信息，使他们了解现有教育条件和国内各区域教育发展的平均水平和差距。②

国家基础教育评估体系每两年运行一次，取样范围广，包括 26 个州和联邦特区。数据的统计采用抽样调查的方式，分为测试和问卷两部分。测试只针对学生，问卷则针对学校所有的学生、教师和校长。该评估体系的

---

① 巴西高中课程评分标准具体划分为：A 级为优秀（9.0～10.0），B 级为良好（7.0～8.9），C 级为合格（5.0～6.9），D 级为不合格（3.0～4.9），E 级为失败（0.0～2.9），F 级为放弃（无考试记录）。

② 贾玉梅．巴西教育改革策略：建立全国评价系统［J］．基础教育参考，2004（12）：26.

正常运行不仅需要全国教育研究中心的参与，也需要各地公、私立学校的合作，以及各州教育官员的协助。

国家基础教育评估体系主要针对基础教育中的4年级（小学教育的最后一年)、8年级（义务教育的最后一年）和11年级（中等教育的最后一年)。测评的课程包括：基础教育中的科学、地理、历史、数学和葡萄牙语课程，中等教育中的生物、物理、地理、历史、数学、化学以及葡萄牙语课程。每门课程的分数满分为500分。①

国家基础教育评估体系主要考察的是学生对知识的熟悉程度，即学生在学习过程中获取知识的能力（知道什么、明白什么、能做什么)。评价的结果给巴西基础教育提供了一个在社会经济信息、学生学习习惯发展倾向、教师培训和学校管理等方面的诊断信息。这些诊断信息在一定程度上帮助监控了教育系统的质量、效能和公平。到目前为止，根据该评价体系提供的资料显示，影响学生学习的主要因素有以下几个方面：学生的年龄、家长的受教育水平、教师质量、课程目标与实施过程之间的差距以及学校设备。

总之，有效的信息资源对于完善教育政策和推进教育改革来说都十分重要，它为教育当局提供了清晰的现状和对未来的分析，也对教育政策的执行提供了一个统一的评价标准，在很大程度上规范了分权制社会下教育系统的和谐发展。

2. 国家中等教育评价考试（ENEM）

中等教育评价考试是用来评估个体在完成基础教育时的技能和水平，检查他们作为一个积极公民必要的资格和能力发展状况。该项评价体系与国家基础教育评价体系不同，主要采取自愿参加的形式。

中等教育评价考试开始于1998年，每年8月份的最后一个星期天举行，从下午一点开始，持续5个小时。它作为高等教育选拔考试的一个替代或补充，目的是为了考察完成了11年基础教育的那部分学生在即将离校时的综合能力。一方面，这一评价制度不断推动中等教育的发展变化，另一方面，其评价结果也是学生能否升入大学的评价标准之一。在中等教育

---

① Maria Helena. Education Assessment and Information Systems in Brazil, 2001 [EB/OL]. [2005-04-22]. http://www.iacd.oas.org/LaEduca?15783/aaisi.htm.

评价考试的测评过程中，教师自己也感受到更多改变他们的教学方法和对学生课堂评价方式的动力。国家中等教育评价考试的评价标准是根据基础教育的指导方针，特别是以中等教育新的课程计划和国家课程作为参照。因此，作为一个对教育水平测量和改革的工具，该项目在巴西得到了广泛的认可。1999 年，超过 120 万的学生参与了这项考试，约 300 所高校将该考试定为高等教育入学选拔考试。现在，245 个教育机构、36 个公立学校和 209 个私立学校已经确定将使用这个测试的结果作为评估学生的标准。①

在巴西，所有中学应届毕业生都可参加该项考试，只需填写一份申请表格，交纳一定的报名费用即可。考试内容包括两部分：一部分是由 63 个多项选择题组成的客观性试题（满分为 100 分），另一部分是作文（满分为 100 分）。考试主要测试 5 种能力，其中包括精通语言的应用能力；现象的了解能力；问题的解决能力；逻辑论证能力和团队合作能力。

参加该项考试的考生会收到各自的成绩报告卡，考生成绩不会以出版物或其他形式公布于众，招生院校可以履行一定的程序向国家教育研究中心提请考生的成绩作为选拔优秀学生的依据。同时，测试的结果可以被作为学生未来就业、继续接受教育和进入劳动力市场的参考。由于这是一个自愿参加的测试，全部的记录不可以作为各州和教育系统之间比较的数据来源。

3. 学校人口状况评估

由于国家中等教育评价体系是属于自愿参加测评，全国教育研究中心采用了另一种形式收集每年全国各个学校的数据，这就是学校人口状况评估计划。学校人口状况评估实际上相当于一个数据库，所采集的数据在一定程度上影响着联邦政府的教育政策。在各州和地方教育机构的支持下，学校人口状况评估的数据每年得以收集一次。

这个调查的对象包括巴西 217,000 多个学前学校、小学、中学、成人学校和特殊教育学校。该评估问卷由学校校长或者学校负责人来完成，同时必须将问卷于每年的 4 月 30 日前送回各州教育秘书处。

学校人口状况评估收集的信息是关于学校每个班级入学学生的人数、

① Maria Helena. Education Assessment and Information Systems in Brazil, 2001 [EB/OL]. [2005-04-22]. http://www.iacd.oas.org/LaEduca? 15783/aaisi.htm.

性别、年龄和教育水平，每个学校各年级教师和教学用具的数量等。同时，该年内学校已经通过教育评价体系测试的、没有通过测试和中途辍学的学生都要被计算在评估内容里，以便更好地呈现同一年内各年级学生的变化情况。

州教育秘书处自 1997 年就承担每年评估的数据统计，并负责公布评估的结果。这一评估对整个教育体系带来了较大的发展动力，也使巴西得到了国际组织的普遍关注。包括联合国教科文组织、世界银行和经济合作发展组织等国际组织，都把学校人口普查计划作为发展中国家教育评估和统计领域的参照点。

事实上，该计划每年举行一次，以使国家能够掌握最新的教育数据。这为各级政府扩展和推进教育质量，启动新的教育工程和项目提供了具体的基准。该计划的推进有助于减少教育资源浪费，并为教育部门规范项目提供更透明的和可操作性的建议。同时，基于各州和地方学校系统已有学生的数量和需求，有限的教育资源能够得到更具体和公平的分配。

（三）经费投入

1999 年，巴西教育领域的公共开支占国民生产总值的 4.7%，超出了拉美 3.7% 的平均水平。在教育公共开支内，36% 用于小学教育、33% 用于初中和高中、26% 用于大学。① 根据 1988 年宪法，三级政府（联邦、州和市）都要承担各级教育的支出。基于宪法的新纲要，1996 年教育法进一步明确了各级政府对教育应承担的责任：市和州政府共同负担义务教育阶段的教育财政支出，州政府主要负责高中阶段的教育财政支出。法律明确规定，州政府至少必须将税收的 25% 用于支持教育事业的发展，其中 15% 指定用于基础教育及教师补助基金，其余 10% 或者更多（如果州政府的教育投入多于税收的 25%）将被作为高中教育的专有基金。②

小学阶段，州政府负担在校学生 47% 的教育支出，市级政府则负责 43%，其余部分由联邦政府和私人承担；初中阶段，州政府对在校学生的

①② Carlos A. Herrán, Alberto Rodríguez. Secondary Education in Brazil: Time to Move Forward [R]. Inter-American Development Bank, and the World Bank, 2000: 50.

教育支出已增加到70%，市级政府为20%；高中阶段，州政府对在校学生的教育支出已占总数的72%，私人对高中教育支出的投入占20%，市级政府占6%左右，联邦政府占2%左右。① 很明显，州政府的角色一直在发生显著的变化，州政府的财政支持对整个教育的发展有着极其重要的作用。为了减轻州政府的负担，使其能更好地支持高中教育的普及，联邦政府逐渐把小学阶段财政支持的重点转移到市级政府。

第二节 巴西普及高中教育存在的问题

一、高中阶段的升学与辍学问题

巴西基础教育在过去20年间取得了令人瞩目的进步。在20世纪80年代早期，巴西人均只有不到四年的在校就读时间，总人口中仅有一半完成小学学业，17%的人完成高中教育。到1996年，巴西人均拥有5.7年的在校学习时间，3/4的学生完成了小学教育，1/2完成初中教育，约1/4的学生完成了高中教育。成年人的文盲率也从1980年的25%下降到1998年的15%。妇女平均教育获得年限（6.0年）已经略高于男性的受教育年限（5.7年）。②

根据户籍调查数据（Household Survey Data，又称PNAD）提供的资料（见图4－2），对1981年与1996年间巴西18～25岁人口的受教育情况进行了比较。结果显示，已完成4年小学教育和8年初中教育的学生所占百分比已有大幅度的提高，高中完成率也有一定程度的提高。

① Carlos A. Herrán, Alberto Rodríguez. Secondary Education in Brazil: Time to Move Forward [R]. Inter-American Development Bank, and the World Bank, 2000: 51.

② 同①，35.

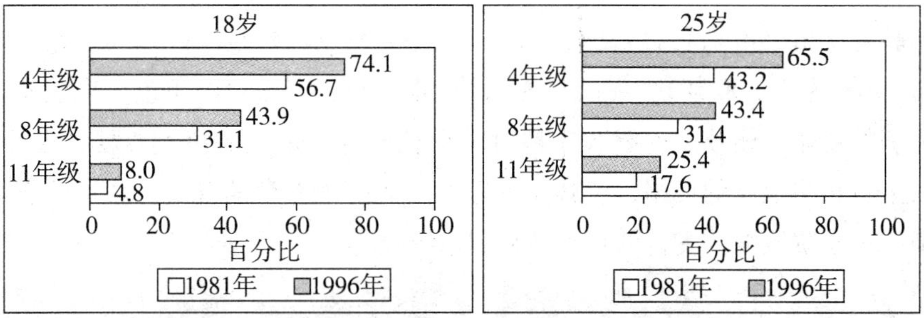

图 4－2　18 岁和 25 岁人群完成各级教育的百分比

比较这两个图表，可以得出以下结论：首先，18 岁组完成小学教育的人口百分比要高于 25 岁组，这是因为年轻的就读者比年长的就读者更容易融入一个有效的教育系统；其次，在两组内完成初中教育的人口百分比十分接近，这是教育系统取得进步的一个重要表现，这意味着已经减少的留级率使原来 25 岁青年才能完成的教育水平提早到了 18 岁；最后，25 岁组完成高中教育的人口百分比要高于 18 岁组，这说明大多数学生完成基础教育时已经超过 18 岁，从另一方面说，这显示了高中教育中存在显而易见的年龄差距。

实际上，巴西学生一旦升入了中学，辍学就成为一个极其严峻的问题。① 辍学是教育系统内长期留级的产物：学生如果被要求多次留级，那么他们容易对自己的学习能力产生怀疑，对学习失去兴趣和信心，从而在面对学习困难时更容易选择辍学。学校要求学生留级的目的是为了让学生学到更牢固的知识，但实际上辍学带来的是更多的负面影响。大量研究表明，如果某学生在小学、初中或高中入学第一年就被要求留级，那么在接下来的学习中这些学生留级的概率就更大。留级并不是提高学生水平的有效方法，已留级的学生与该年级中未留级的学生相比具有更低的成就感和更严重的自卑心理。同时，留级学生大部分来自于贫困家庭，这也表明在留级与辍学之间折射着教育公平问题。

此外，大龄学生继续学业要抵制更多的诱惑（如家庭、工作等）。大

---

① 曲恒昌. 经济大国巴西为何迟迟没有普及义务教育［J］. 比较教育研究，2002（5）：23－30.

多数进入高中就读的学生已经有过2～3年的留级历史。其中有55%的人年龄超过了正规就读年龄，超过1/3的学生超过正规就读年龄3岁以上。在某种程度上，巴西夜校的流行使得大龄高中生能更好地安排工作与学习时间。[①] 然而，平衡大龄高中就读者工作与学习困难的同时，更要提高低下的教育质量及降低居高不下的辍学率。尽管夜校满足了部分人的需要，仍有1/3的高中新入学者不能坚持读完高中最后一年。[②]

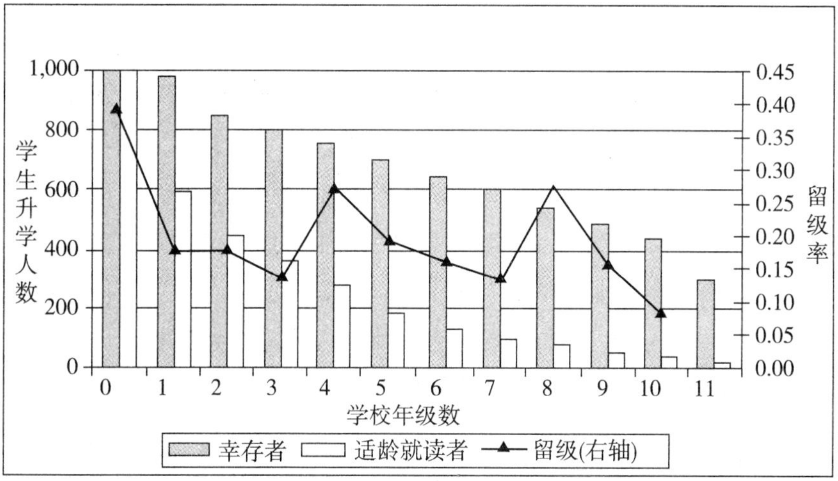

图4－3　巴西基础教育学生流失状况

（资料来源：klein's four model with **1997—1998** rates）

巴西的升学率与国际平均水平存在很明显的差距。巴西的教育执行能力仍然低于经济合作发展组织的标准，特别是在高中教育的发展上甚至低于拉丁美洲的平均水平。巴西学生的留级和辍学证实了巴西教育系统的低效能。巴西基础教育学生流失状况分析（见图4－3）呈现了各级教育中新生的教育发展态势，从图中不断下降的黑色“幸存者”中可以看到：在小学、初中和高中各级教育内，越来越少的学生进入下一个年级继续学习。

① 由于国家政策调整使得留级率和辍学率降低，这给全日制学校造成了巨大的压力，夜校因此而盛行。从另一个角度分析，上述现象的发生是因为某些地区全日制学校缺乏足够的教学设施和空间。

② Fletcher, Philip. Brazilian secondary education: Does Education Quality Enhance Learning and reduce repetition? [R]. Paper commissioned by The World Bank, 1999: 78.

亮色的“按时在读者”表明各年级内适龄人群就读的情况（即无留级记录的学生）。从该图还不难看出，到高中教育的最后一年几乎没有一个学生不曾留级，用黑色线条表明的留级率表示：在 1 年级到 10 年级之间存在很高的留级率（15% ~30%），其中分别在 1 年级、5 年级和 9 年级时留级率达到顶峰，而这三个年级正好是小学、初中和高中的第一年。这也证明，学生留级和辍学是相互影响的。

巴西的高留级率和高辍学率既反映了巴西教育系统内部学生升学方面的巨大问题，又折射出严峻的教育资源浪费问题。在今天，仅有 2/3 的人群进入一年级后能用 10 年左右的时间完成初中教育，仅有 1/3 的学生能用 14 年左右的时间完成高中阶段的学习。单从巴西学生总体入学率和毛入学率比较得出结论，如果整个教育系统内学生流失状况在正常范围内，那么义务教育阶段总计 64% 左右的学生超出了高中所能承受的人数范围，即义务教育阶段有一半以上的学生无法正常升入高中就学。而当我们分析学生完成高中所需时长时，会得出更令人震惊的结果：学生将花费 23 年的时间去完成从小学到高中 11 个年级的学习，这个数字是正常升学所需时长的两倍多。

实际上，巴西基础教育阶段学生的毛入学率几乎已经达到 95%，在义务教育普及的背后隐含了几个重要特征：首先是学生入学年龄更加低龄化；其次，长期的留级对学生完成基础教育阶段学习有负面影响；最后，已完成义务教育的学生大多数年龄已超过 18 岁，这部分人大都选择进入劳动力市场而不愿继续升学。这些特征也决定了进入高中阶段学生的大致水平，同时这些特征也成为影响巴西普及高中教育的关键因素。因此，高中升学面临的另一个特别棘手的问题就是减少新生的留级率和辍学率。根据巴西的教育结构体系，9 年级作为高中的开始，学生通常会转换学校，甚至会从市属学校考入州属学校。但由于巴西教育系统缺乏统一性，学校和区域的变化对学生来说都可能在他们升学过程中起到阻碍作用。

对巴西现行的高中教育而言，探索大龄高中生（包括已工作人群）有效学习的方法已成为短期内减少辍学与推进高中教育普及的主要挑战。对于这样的挑战，巴西教育系统要将更多的重点放在两个方面：课程内容的调整和夜校质量的提高。

二、高中阶段的教育公平问题

巴西的中学，特别是高中，绝大部分位于城市之中，这使得巴西高中城市化问题特别严重。巴西国内94.8%的初中生和98.8%的高中生都生活在城市里，而极高的留级率和辍学率却主要集中在农村地区的学校。[①] 巴西贫困人群的留级率和辍学率要高于富有人群。高留级率和义务教育的低完成率背后存在质量和内在效能问题，这些问题直接导致升学困难，尤其是对贫困人群的升学带来巨大不便。

巴西高中教育水平在地域之间、种族之间、社会不同阶层之间和性别之间存在巨大的差异。从地域方面来看，城市的国民教育水平比农村高，东南部及南部经济发达地区的国民教育水平比经济落后的东北部及北部地区高。进入新世纪以来，地区差别继续扩大，西南部的学生人均就读年限为5.59年，东北部仅3.71年。11周岁学生的就学率在东北部为97.3%，而在西南部为98%，数据表明这一阶段学生入学情况基本一致。而到16岁的时候，东北部的学生就学率为77.7%，西南部则达到了86%。[②] 虽然随着年龄的增长，各年龄层次的入学率都有所下降，但还是能看出东北部与西南部的差距明显加大。从种族差异来看，巴西有一半人口被归类为“非白种人”，虽然这一归类与种族起源有关，但它与收入和教育机会之间也存在很大的关联。表面上看，现在白种人和非白种人在学校就读的机会几乎在各个阶段是一样的，但这并不意味着种族差别不再存在。2001年在巴西整个入学就读时间达到9年以上（含9年）的人口中，有1/4的白种人接受了适龄阶段的教育，而黑人和混血人种接受适龄教育的人数只占各自人种总人口数的1/10左右。从社会不同阶层的差异来看，在巴西的贫困地区及自治市设立的公立学校，通常教育质量都不如私立学校（私立学校一般附属于某一区域，该地区居民经济条件好并且社会文化背景优越）。中产阶级和上层社会的家庭把他们的孩子送到私立学校，一方面为得到更

① Carlos A. Herrán, Alberto Rodríguez. Secondary Education in Brazil: Time to Move Forward [R]. Inter-American Development Bank, and the World Bank, 2000: 60.

② Simon Schwartzman. The Challenges of Education in Brazil [M]. Oxford: Oxford University, 2003: 13.

好的教育，另一方面也是为孩子进一步升入最有声望的、公立免费的高等教育机构作准备。来自富裕家庭的学生通常能顺利完成大学，甚至研究生阶段的学习。来自贫困家庭的学生仅仅有15%能够读完小学，4%读完高中，如果确实想接受高等教育，他们也只能考虑进入那些声望一般的大学，或者更多的是进入私立大学。在巴西，绝大多数私立大学不仅需要付费，在学校威望和质量方面也与公立大学有差距。最后，巴西高中教育在性别方面也呈现出不公平。虽然近几年在基础教育层面上女性学生所占比重有较快增加，但是女性教育在量方面的变化并未引起质的重大改进，并且一般女性所选择学习的依旧是传统学科。

家庭的社会经济水平决定了这个家庭成员能够享有何种教育以及享有怎样的教育环境。在巴西，不同的社会经济群体之间存在很大的差异。父母受教育的情况、种族和劳动力市场的需求，这些都与工资和其他社会经济特征相关。仅仅是家庭收入水平的不同，就能使学生的入学机会和学业完成产生很大的差别。将父母受教育层次进行对比，教育差异就更为明显。反映在高收入阶层，受教育权利的差异更加明显——巴西各级教育中的优秀人才多来自于高收入家庭。由于收入不均引起的教育机会不平等也体现在高中入学及毕业形势上。贫困人口中只有很少的学生能完成小学以上的学习，在15～20岁的人群中，贫困者（特别是处于社会经济收入排名末尾30%的人群）只有1/4完成了义务教育阶段的学习，少于10%的人能完成初中或初中以上的学习。通过对比，来自社会经济收入前30%家庭的孩子有一半以上读完初中，这也意味着这部分人群是高中教育的主要受益者。教育公平问题严重影响到了那部分贫困人群，并危及到高等教育的发展及社会对人才的选拔和需求。①

三、高中教育质量提升问题

高中教育的普及最需要的是数量与质量并重。然而，从整体教育水平看，巴西高中的教育质量是相当低的。根据1997年国家评估测试的结果，

---

① 张宝宇．巴西教育问题：发展经济学视角的国际比较［J］．拉丁美洲研究，2000（3）：39－43.

全国范围内，仅有52%的8年级学生和26%的11年级学生达到该年级应有的葡萄牙语水平；数学方面的问题更加严重，仅有7.6%的8年级学生和5%的11年级学生达到了该年级的合格水平。巴西高中教育总体质量较低还体现在教育管理层运作效能低下、教师和教育管理者缺乏系统的技能培训和教育物资供应不足等方面。

第一，从教师方面来看，现有的教师质量水平与高中教育的发展趋势是不相称的。据巴西国家教育研究中心2001年的统计数据显示，19%的巴西年轻人在16岁以前已经离开学校，至18岁已经有43%的青年人离开了学校。原因在于大多数学校的教学内容不仅单方面倾向于扫盲课程，而且学校所聘用的教师多数不知道如何教给那些后进学生相应的知识，也没有经过专门机构的教师资格认证，更缺乏上岗后系统的培训。① 实际上，教师水平与学生学习成绩的低下反映了教师培训质量的低劣和不充足。在这种情况下，教师的个人教育经验就相对突现出对提高学生学习成绩的重要性。根据1996年教育法规定，2007年以前，所有高中教师都应该取得高中或高中以上的学历。然而到目前为止，仍有10%的高中教师没有达到这一要求，43%的无证教师仍在东北部地区任教。② 教师教育的低水平也影响了教师的薪金水平，虽然教师的收入水平与学生学习成绩并不直接相关。同时，不同区域间工资水平存在巨大差异，东北部高中教师的工资只有东南部高中教师工资的35%。工资的巨大差异必然会影响教师的积极性，导致大量优秀教师集中在高收入地区，这就使得教育质量不高的地区更加缺乏优秀的教师资源。此外，社会各界一直以来对教师职业态度和教师工作环境都缺乏必要的关注。教师职业态度势必影响教师行业整体发展水平，而教师工作环境则是吸引更多人从事教师行业的一个客观因素。忽略了对教师的培训和关注，在很大程度上也影响了教育质量的提高。目前，巴西同其他拉美国家一样，在许多科目上缺乏合适的教学人员，数学和科学两个科目尤为明显。展望未来，随着高中入学人数的快速增加，教师缺乏问题将变得越发严峻。

---

① Brazil-Parana. Basic Education quality project [EB/OL]. [2005-12-14]. http://www.-wds. worldband. org/servlet/WDS-IBank-Servlet? pcont = details&eid = 000009265-3961006.

② Carlos A. Herrán, Alberto Rodríguez. Secondary Education in Brazil: Time to Move Forward [R]. Inter-American Development Bank, and the World Bank, 2000: 71.

第二，从校长方面看，巴西绝大多数高中的管理者，仍然多为上级政府指派，在选择校长的问题上并没有设定标准。大多数校长都是教师出身，在学校管理方面并没有接受过专门的培训。这就使得校长在管理学校的时候，更多是依托过去作为教师时管理学生的经验。但班级的管理和学校的管理存在巨大的不同，仅靠经验行事或是在实践中摸索会造成教育资源的巨大浪费，影响教育质量的提高。现在，部分州和市已经制定了任命校长的最低选择标准，但由于这样的标准没有经过权威的系统评估，所以并没有被推广。通常情况下，校长的教育经历和薪金与学生成绩存在相关，能力低下的学校管理者不能对学校财政和专业发展起良好的推动作用，不能在学校发展过程中始终保持忧患意识，因此也不能适应实际发展的需要，更无法根据实际需要对教学进行合乎时宜的改革。而现在，大多数巴西高中的校长，特别是东北部贫困地区高中的校长大多存在这样的问题。

第三，从学校物质条件来看，巴西高中也存在着数量不足和分配不公的问题。学校物质条件与教育质量有较大相关，丰富的学校教学设施和教育投入的有效利用是保证高质量教育水平的关键，也是近年来巴西政府努力的主要方向。高中的教育物资投入不同于小学和初中，主要表现在需要大量的实验室和具有特殊知识的教师。由于经费的缺乏，巴西绝大多数地区很难实现足够的教育物资投入，这也使得巴西高中教育的质量一直无法有效的提高。而在一些发达地区内，许多高质量投入已经对学生学习产生了明显的效能，教育资源分配不均衡的问题开始凸显出来。

第四，从提高夜校质量方面来看，还有很长的路要走。受巴西整体教育水平的影响，夜校在很长一段时间内将有其存在的价值。夜校既是巴西整个教育系统中问题最大的一部分，也是影响教育质量整体提高的关键因素之一。提高夜校的教学质量，将能在很大程度上推进整个教育质量的发展。现在，巴西整个教育系统内依然存在高留级率和高辍学率，使年长的有工作的学生偏好选择夜校接受教育。夜校的教学时间明显较全日制学校的教学时间短，学生的来源复杂，迟到和旷课情况严重。另外，学生对学习兴趣不足也使得他们的学习态度不积极，许多夜校学生由于只完成了小学教育而缺乏基本的知识。针对这一特殊群体，学校的质量和教师的教学经验是提高入学率的重要保证。巴西的高中很少调整教育教学方式来适应这部分人群的需求。现在，巴西高中新的课程模式已经提出了课程相关性的观点，以使教学内容与夜校学生的实际工作生活更紧密的联系在一起。但由于教育资源和专业教师的缺乏，以及不同学校执行情况的不同，这一理念并没有在全国范围内得到良好的推广。

第五，从学校自主权方面来看，虽然学校领导委员会的成员（产生于学校委员会）不断增加，但是这些委员会几乎没有实际的权利。1994 年，巴西有 12 个州建立了学校委员会，其中仅有为数不多的几个学校委员会真正有财政和决策方面的自主权。学校领导部门只能通过对财政结构和管理机构进行调整来寻找增加学校自主权的方式。实际上，那些拥有更多自主权的学校能立足自身的需要更好更灵活地推进学生学习成绩和能力的提高。可以说，给予学校自主权是推进学校教育质量提高与学生进步的第一步。当前，为了更好地推进教育的发展，巴西部分州开始逐步把权力下放到学校。

对比发现，学校质量与学生成绩有很大的相关——学校自身的高质量比留级能带给学生更多的学习收获。研究表明，发展中国家学校水平对学生的影响比发达国家强，但在校外教育环境和教育经费投入方面发展中国家不如发达国家明显。因此，当巴西高中教育不断得到普及时，教育资源被直接用于改善学生学习成绩就变得十分重要。

四、高中教育投入问题

巴西高中入学人数的扩大使高中教育财政投入必须考虑以下几个因素：1. 必须在不增加原本较高的财政预算的情况下，提高教育质量和扩大学校的接纳能力；2. 联邦政府可以给州政府一定的帮助，以使州政府满足高中教育支出的最低标准；3. 保持教育财政力度的均衡，这是高中教育良性发展的关键；4. 必须清楚高中教育质量的提高与入学人数的扩大，是与义务教育阶段学生的升学情况密切相关的，义务教育阶段有效的节约能给高中教育的发展带来更大的资源空间。①

---

① 徐辉富，黄志成. 影响巴西教育政策的若干因素与分析［J］. 外国教育资料，1996（5）：16－19.

近年来，巴西高中财政制度已经发生了很大改变，州政府减少了对基础教育的投入而加大了对高中的支持力度。[①] 州政府的这一举措对高中教育未来的发展产生了重大影响，同时对高中教育也提出更高的质量要求。巴西高中财政面临的主要问题是新增入学人数的增多和提高学校教育质量的投入需求，基础教育阶段学生的顺利升学能给学校节约相当一部分教育开支，降低各级教育的留级率则是提高教育资源均衡分配的关键因素。随着高中入学人数的不断增加，来自贫困家庭的入学者也会存在一定程度的增加，三级教育系统的非和谐共存成为巴西基础教育发展不均衡及效能低下的主要原因。

高中教育的财政资源还有来自其他方面的竞争，如高等教育、学前教育以及退休教师的工资等。缺乏固定的资金投入，使巴西高中在面临入学人数增长时变得无力承受。目前，在巴西教育公共开支内，36%用于小学教育、33%用于初中和高中、26%用于大学。[②] 然而，这些资金的分配与入学人数并不成比例。例如，大学用教育公共开支的26%服务于少于2%的高等教育受教育人群。高等教育充足的财政投入反映了两个问题，一是高等教育中学生人均花费更高，另一个则是公共教育支出对第三级教育有明显的政策支持倾向。

根据现在的升学情况看，最近几年巴西的小学入学人数呈现下降趋势；在教育资源丰富的州，初中入学人数下降的情况也开始呈现；在东北部欠发达地区，由于学生复读和辍学人数的减少，初、高中入学人数正在逐渐上升。目前，随着高中入学人数的不断增长，政府在财政投入上也做了进一步的调整。根据现在巴西高中学生人均开支状况分析，到2010年为止，普及高中教育总计要投入56亿美元，这也说明在高中教育领域财政投入的持续增长是十分必要的。在高中教育内，资源合理的再分配也是资源更有效利用的关键，但是在实际操作过程中，各州具体情况的不同会给资源合理分配带来一定困难。

正如前面提到的，州政府主要负责初中和高中的教育支出，私人资助

① 徐辉富，黄志成．巴西初等教育经费问题研究［J］．外国教育资料，1997（1）：21－26.

② Carlos A. Herrán, Alberto Rodríguez. Secondary Education in Brazil: Time to Move Forward [R]. Inter-American Development Bank, and the World Bank, 2000: 50.

则是私立高中的主要财政来源。仅 1997 年，20% 的学生和 1/3 以上的学校建设都依赖于私人资助。对私立学校和公立学校就读学生情况进行对比发现，私立学校的学生多来自有特殊社会经济地位的家庭，私立学校的财政并非主要依靠政府，更多的是来自于私人资助。

尽管近几年来政府颁布了各种强制性的教育财政计划以及资金转移计划，各州之间以及各州内不同区域之间学生人均教育开支仍然不均衡。例如，在基础教育阶段，东北部学生的人均教育开支仅达到国家平均水平的 1/4，而东南部一些州则是国家平均水平的 3 倍。州政府管辖区域内的差异也值得关注。在里约热内卢，市教育系统的开支不到州政府教育系统开支的 1/3。为此，联邦政府一直在努力提高区域间和区域内教育支出的均衡性。

正如前面提到的，巴西高中教育经费的主要竞争者是高等教育。在各州之间，州政府对高等教育的投入并不一致。例如，在巴伊亚，州政府对该州拥有的 1. 75 万名大学生提供的经费投入占税收的 12%（其他各级教育拥有近 400 万学生）；在圣保罗，政府则将税收的近 30% 投入只拥有 7. 33 万名学生的高等院校（其他各级教育拥有近 830 万学生）。高等教育的高投入通常使州政府缩减了对高中教育的财政供应。就读于高校的学生只占总人数的 2%，却占用了所有教育资源的 26%，这样的教育投入方式十分不均衡。1988 年的宪法和 1996 年的国家教育法已经鼓励州政府和市政府在教育责权上进一步具体化，将义务教育阶段教育财政供应的主要任务转移到市政府，以使州政府能更好地将资金和注意力投放到高中教育的发展上。

作为发展中国家的巴西，它具有特殊的历史文化和地理位置，这也使其在教育上出现了与其他国家不同的一些问题。就整个巴西的教育体系而言，学生升学困难、教育质量总体低下和政府过于重视高等教育是不争的事实。如何合理而有效地解决好以上这些问题，不仅需要借鉴他国经验，更需要从巴西本国的实际情况出发，探究问题形成的原因，从而更好地从源头上解决问题。

第三节　巴西普及高中教育进程中问题的成因

众所周知，从教育问题的形成过程来看，每一个问题的形成总与社会背景有着密不可分的关系，某一特定时期教育领域存在的问题必定会体现当时的政治、经济、社会文化状况，而且教育的性质、内容、规模和发展水平也无不受这些因素的影响和制约。因此，全面地了解一个教育问题，就必须分析其问题产生的缘由，研究巴西高中教育存在的问题也离不开对巴西当时教育背景、经济发展情况和社会文化传统的分析，只有找出巴西高中教育问题存在的真正原因，才有助于我们更好地理解巴西政府针对问题提出的对策，有区别、有选择地结合本国的情况进行借鉴和学习，更好地推进我国高中教育的普及。

一、基础教育逐步普及

到20世纪90年代初，巴西国内升学的重点已经开始从小学转向初、高中。高中入学率的增加以及学业完成率的提高促进了教育机会向更公平的方向发展。但在贫困人群中，只有为数不多的人能完成初中和高中全部的教育。

表4－2　巴西基础教育的覆盖率和完成率

年级	总入学人数 1998（%）	毛入学人数 1998（%）	学业完成率 1996（%）	新生学业完成率估算（%）
小学	163	100	79	90
初中	105	85	45	66
高中	68	31	28	48

（资料来源：MEC/INEP/SEEC：PNAD（1996），and Klein，1999）

上表比较了巴西基础教育中各级教育的入学率（总入学率和毛入学率）和学业完成率。其中，完成率是从两个不同的方面进行检测：第四列显示了1996年完成各级教育的人口百分比；第五列根据当年学生的留级率和辍学率，反映1998年分别就读于小学、初中和高中1年级的学生可能完成本阶段学业的人口百分比。值得注意的是，首先，超过100%的总入学人数说明基础教育阶段能为适龄人群提供足够的教育资源。其次，总入学人数和毛入学人数的对比率（小学为1.63；初中为1.24）表明在小学和初中阶段仍有很大的发展空间。换句话说，如果留级率为零，在小学和初中就会有更多的教育资源提供给适龄人群就读的学生，甚至可以节约出部分剩余的教育资源供给高中。再次，入学率（总入学率和毛入学率）和完成率的对比揭示巴西在教育系统有效性方面存在巨大的问题。最后，从1996年各级教育学业完成率与1998年新生可能完成该阶段学习的比率分析，可以看出近年来巴西教育系统的效能有一定程度的提高。

基础教育阶段小学和初中的逐渐普及，使得越来越多的人希望升入高中进一步继续学业，但短时间内高中在学校教学设施和师资配备的能力方面有限，教育资源无法满足所有求学者的需要，这就使得巴西国内出现了高中升学困难的现象。同时，政府对高中教育有限的资金投入，又使得这一现象在一段时间内无法得到有效的改善。升学的困难又反作用于教育领域，使更多的学生在激烈竞争面前放弃继续升学的机会，选择进入劳动力市场。

二、区域差异的客观存在

巴西基础教育领域一直以来都是被州政府或者地方政府直接控制，通过教育立法赋予州和地方政府组建各自教育系统的权利，但是州政府和地方政府在职能运作上并不一致，这种不一致影响了区域间和区域内部社会经济发展的平等性，区域间经济发展的不平衡在教育中则反映为各区域所管辖的各种教育机构或系统的不均衡发展。联邦政府只通过对州及地方政府提供技术和财政资助，充当补充和辅助性的职能，然后由州和地方政府对资源进行再分配，其原始目的是为了确保各区域内公平的入学机会和最低限度的教育质量标准。

巴西教育系统的这一特征与巴西行政管理模式有着直接相关。巴西是一个极度分权的国家，在1988年的联邦宪法里就规定了所有的州政府都实行自治。到目前为止，加上首府巴西利亚在内，巴西一共有26个州政府、5,561个自治市和5,507种地方教育系统。巴西由27个州（包括联邦政府管辖区域）组成，其中包括东南的经济中心区域和东北及北部的贫困区域。① 区域发展的多样性造成各州教育系统发展的巨大差别。当东北部经济最发达的州教育整体水平已超过拉美平均水平时，南部和东南部贫困地区的基础教育指数仍是拉美最低水平之一。区域和社会收入的巨大差异也是导致巴西教育领域内问题重重的因素之一。这两大差异导致来自贫困家庭的学生能够顺利升入高中就读的人数极少，引发了高中教育公平问题的出现。基础教育区域间差异对比（见表4-3）显示了巴西基础教育水平两极分化的特征。

表4-3　巴西基础教育区域间差异对比（1996）

	平均入学时长（年）	小学毛入学率	期望完成义务教育的学生比率	高中毛入学率	期望完成高中教育的学生比率
巴西	6.0	95%	50%	31%	26%
巴西东南部	4.4	90%	35%	14%	20%
巴西东北部	6.6	97%	65%	43%	35%

（资料来源：MEC/INEP/SEEC，PNAD，and Klein model simulation）

正如前面提到的，一直以来，巴西各个地区的有钱人都将子女送入私立中学学习，贫困学生就读的公立中学没有被重点发展。在许多贫困地区，普及高中主要的瓶颈是小学与初中的低质量和低效能。当然，在某些贫困地区的城区内，高中入学者的快速增长与发达地区表现的一样，这也说明造成各区域间教育差异的主要原因，不是地理意义上的区域，而是各区域间不同的经济发展状况。②

通过对比发现，在东南部和南部较发达的州，人们的生活水平较高，义务教育阶段的留级率非常低，这就为高中的普及提供了良好的基础。2/3已完成义务教育的学生要求升入高中继续学习。例如，圣保罗的高中

① 巴西概况［EB/OL］.［2005-04-15］. http://news.xinhuanet.com/misc/2002-06/23/content_453177.htm.

② 周世秀. 巴西历史及现代化研究［M］. 石家庄：河北人民出版社，2001：128.

（9～11 年级）拥有 200 万左右的高中生，这个数量占巴西全国的 1/3。①

州与州之间较大的经济差异、劳动力市场的高要求以及各地区教育系统成熟度的不同都会在州和地方上产生不同的教育机会。如表 4－4 所示，在巴伊亚地区，学生一进入 1 年级就可能有 46% 不能完成 8 年义务教育，60% 可能不能读完高中。这一地区的学生平均需要花费 6 年的时间来完成 4 年的小学教育，花费约 12 年的时间完成 8 年义务教育。对比圣保罗，在那里就读 1 年级的学生全部都能按时完成小学教育，并有 71% 的学生用 9 年时间就能完成义务教育阶段的学习，50% 的学生最终读完高中。

表 4－4　巴伊亚与圣保罗地区基础教育学生流失状况对比

	巴伊亚学生流失情况（1997）		圣保罗学生流失情况（1997）	
	完成率（%）	所需时长（年）	完成率（%）	所需时长（年）
1～4 年级	78	6.2	94	4.3
5～8 年级	54	11.5	71	8.7
9～11 年级	41	15.2	51	12.0

（资料来源：Klein model with 1995/1996 system effieciency rates）

这些数据当然不是静止不变的。然而，取得较大和较快进步的州，通常是在很多年前就把重点放在提高义务教育质量和长期采用学生流失修正计划（后面将进行详细分析）这两个方面。这一发现强调，无论是在经济发达地区还是经济欠发达地区，在不断提高本地区经济水平的同时加强各级教育计划的精确性是十分重要的。没有这些方面的推动，区域间教育差距的减少是不可能实现的，而教育差距的存在必然导致教育不公平现象的产生，影响各地区教育质量的提高。

三、教育资源分配的不均衡

在巴西，公立和私立学校之间，州属和市属学校之间存在着很大的质量差异。各类学校质量投入的不均衡导致富人和穷人受教育的机会越来越

① Carlos A. Herrán, Alberto Rodríguez. Secondary Education in Brazil: Time to Move Forward [R]. Inter-American Development Bank, and the World Bank, 2000: 75.

悬殊，更成为教育资源无法合理分配和教育质量不能有效提高的直接原因。

公立学校在学生升学、学校教育物资投入和质量方面与私立学校仍然存在很大的差距。其中有两个方面是差距形成的直接因素，特别值得关注。一是全日制学校、夜校和教学时间。私立学校有更长的在校学习时间，90%的私立学校每天有超过4小时的课堂授课时间，然而公立学校却只有60%的能达到这样的水平。80%的私立学校选择在白天进行教学，而仅有60%的公立学校如此，其余40%的公立学校多实行“三班制”，即选择上午、下午和晚上进行教学，并且夜校每天的授课时间不超过4小时。二是低质量的市属学校。市属学校缺乏足够的物质投入，包括图书馆、科学实验室和其他教学设施。在这方面，州属学校与私立学校具有可比性，而市属学校则远远落在后面。

从社会经济学角度对学校质量和升学情况进行可行性分析发现，通过对家庭收入不同学生进行分组，来自富有家庭的学生与来自贫困家庭的学生之间的教育机会与教育质量的差距就立即显现，主要表现在：来自富有家庭的孩子有更多的时间在学校专注于学习，而来自贫困家庭的学生花费较少的时间专注于学校的学习，甚至很大一部分选择白天工作，晚上在夜校完成学业；提供免费午餐和免费教科书（公共项目）已经在很多学校施行，但在整体教育投入（包括书、实验室和其他教学设备）方面各个学校有所不同，例如，在电脑的配备问题上，来自富有家庭的学生所集中就读的学校中，60%的学校拥有足够的电脑进行教学活动，而来自贫困家庭的学生集中就读的学校，只有20%拥有电脑；尽管州政府一直想努力扩大贫困学生的书籍占有量，但是来自富裕家庭的学生始终因为经济的优势而能得到更多的书籍。书籍的占有量在某种程度上反映了学生的受教育条件，也从另一侧面反映了为什么来自富有家庭的孩子能一直就读于高质量的学校，而来自贫困家庭的孩子只能选择低质量的公立学校。

充足的教育设施和教育投入是推进和维持学生良好成绩的关键因素之一，一旦这些投入在全国范围内均衡化，私立学校与公立学校、市属学校与州属学校之间的差别将会消失。[①] 就读于具有良好教学设施学校的学生能比其他学校的学生节省半年的学习时间，这样能更好地促进学生进一步完成下一阶段的学习，从而有效地降低与减少留级和辍学情况的发生。学校设施和教育物资包括黑板、打印机、办公室、书、投影机、录音机、电视、放映机、礼堂、体育用品、科学及电脑实验室等，对学校设施和教育物资的维护和有效利用对维持学校高质量和学生良好成绩都有积极的作用。

第四节　巴西普及高中教育的新措施

在前面的章节中，我们讨论了四个有关普及高中教育的关键问题：巴西教育系统内普遍存在的留级率问题，留级问题对普及高中带来的影响，普及高中所需要的资源条件，不同区域、不同社会经济群体之间教育机会的不平等，以及造成这些问题的原因。这一小节将对巴西政府应对上述挑战而提出的各项举措进行分析。有的内容来自研究建议，更多的来源于部分学校成功的示范。只要是有利于问题的解决，巴西政府都可能拿来进行推广。

一、推行“学生流失”修正计划

导致基础教育低效能的关键因素是长期存在的高留级率和学生之间巨大的年龄差距，其中，造成高留级率的原因比较复杂，包括学生自我期望值、教师的学术文化水平和教师在教学过程中缺乏正确的引导方法等因素。巴西各界在过去的 20 年间对于该问题的认知在不断地深化，降低留级率和辍学率再次成为普及高中教育的重点，对欠发达地区和贫困人口而言

① 这样的结果是值得期待的，也成为加大学校投入的关键证据。但其他研究则证明，公立和私立学校在组织和管理方面的不同是教育资源能否有效利用的决定因素。特别是公立学校拥有更低的自主权，对教育投入缺乏宏观管理，因此在学校教育资源使用上，公立学校的效能低于私立学校。

更是如此，因为来自贫困家庭的学生基本占据了所有的留级和辍学名额。正如前面提到的，可能来自于最低收入家庭的学生完成小学教育的仅占这部分人口总数的15%。人们对教育问题更多的关注使高中新生的留级率有所减少，同时也促进了增加后进生的学习以及修正“学生流失”计划的产生。借助“学生流失”修正计划，降低留级率和辍学率的目标在一定程度上得以实现。该计划主要包括“促进班”和“夏日学校”两个部分。①

1998年巴西国家教育部（MEC）公布的报告显示，基础教育阶段73%的学生年龄大于各年级应招收的适龄年龄，这些学生中很大部分最后选择辍学。由于大龄入学者选择低质量学校继续学业会造成更大的机会成本浪费，为了使更多的人愿意重返学校继续完成学业，巴西政府出台了“学生流失”修正计划。根据这一计划，巴西国内陆续出现了一系列灵活的教育机制。1999年，巴西教育文化与行动研究中心（CENPEC）创办了“促进班”。该项目负责组织大龄学生完成1～8年级的基础教育，并根据年龄分布对大龄学生进行水平评估。“促进班”成立的目的是鼓励大龄学生升学。“促进班”成立以后，在巴西国内得到了广泛的推广，并根据各地区不同的情况制订了不同的发展计划。其中，圣保罗地区开展了“学校流失学生重组计划”，巴拉那州进行了“初中学生流失改进计划”，类似的项目在巴伊亚和塞阿拉地区也得到了应用。巴伊亚的州教育秘书处（SEC-BA）于1998年1月建立了“夏日学校”计划，从而在各州教育系统中成为有效减少高留级率的代表。在巴伊亚的各级学校中，包括高中学校，学生家长在各学年结束时都会收到学校寄出的信函，信函描述了为期两星期“夏日学校”的计划安排与办学特色，鼓励家长让自己的孩子报名。实际上，每年报名参加该学校的学生都远远高出计划招生数。但是为了保证“夏日学校”的质量，巴伊亚的州教育秘书处不得不拒绝较迟报名的学生，“夏日学校”的成效也是十分显著的：在参加了“夏日学校”的58,250名初、高中学生中，96%的人继续升入了下一年级进行学习。这对一个初、高中留级率达到10%～15%的州来说，“夏日学校”计划有效地减少了该地区在校学生的流失。

“学生流失”修正计划不仅在教学形式上更多关注后进生，也要求在

① 陈亚伟．巴西基础教育十年进展述评及启示［J］．基础教育参考，2006（5）：18－26.

教学方法和课程设计上给后进生提供更多的帮助。根据这一要求，巴西国内产生了教师培训与课程改革综合项目，该项目注重教师技能技巧的培训，加强教师和学生的自主权，着重于激发后进生对学习的兴趣。“学生流失”修正计划给学生和教师带来了更灵活的教学空间，计划初期的结果是令人满意的。但对这一项目仍需进一步的评估。

二、实施学分制和直接升学制

研究表明，留级容易导致学生的自卑心理与自闭行为。对于学生来说，当他们不再对学校生活充满幻想并对学习感到麻木和无趣时，当他们开始面对校外的诱惑时，多次的留级常常成为辍学的直接诱因。有两个办法可以将教育资源的浪费与学生因留级产生的不良情绪降低到最小限度：一是在高中建立学分制，用一对一的弥补来取代过去的全面复读；二是建立直接升学制。

首先来看高中学分制的建立。学分制是以学分作为计算学生学习量的单位，以取得最低必要学分为毕业标准的弹性教学管理。学分制的内部机制是以选课制为基础，与导师制相结合，建立重修、重选与补考、免修、免听、成绩考核与评定计分，以及毕业、授予学位等一系列相应的管理制度与规定。学分的计算规定与方法是：以课程为单位，通常把课程的各种教学形式，课内外所需学习时间合并折算为学分。尽管各国、各校计算学分的规定与方法各异，但是有最基本的、简易的、约定俗成的计算方法，即凡需要课外学习的课程，每周授课一课时，读满一学期并经考试及格为一学分，学生修满一定数量和学分方能毕业。针对学分制，每门必修课程都建立了最低标准。学生学习完该课程后，只要超过该门课程要求的最低标准就能通过。学分制具有灵活的特点，然而在灵活的同时也要考虑到学生（参与该系统可以是全日制学校的学生，也可以是夜校就读的学生）如何获得学分以及何时可以获得学分等问题。

现在，巴西高中学生主要接受三门科目的考查：葡萄牙语、数学和科学。一般情况下，三门主考科目有两门考试未通过就必须重复整个学年的学习，包括已经通过的科目在内。在学分制系统下，这样的学生只需要重修没有通过测试的那门科目，而其他科目则可以继续下一年的学习。单科重修制目前更多地在高等教育系统内广泛使用，较少将它广泛应用于高中阶段。该方法有利于所有学生都精通至少一门知识，并在毕业前具有一定的能力，同时给予了学生更多自我发展的空间。

另一个解决留级问题的方法就是直接升学制。在直接升学系统下，学生可从一个年级直接升入下一个年级，而不过多要求各门科目的具体成绩。在一个直接升学的系统下，第 9 年级的学生如果在数学考试中失败，他们仍然可以继续升入第 10 年级，但这些学生要进入数学补习班重修第 9 年的数学课程，所有的学生都要通过三年的数学考试才能毕业。许多国家在高中都实行直接升学制。在美国，直接升学则是高中的一大特色。

巴西有几个州已经在部分年级内实行了直接升学制。在圣保罗、巴拉那、戈亚斯和其他几个州各自成立了为期两年的直接升学系统。在这两年内，学生可以直接升级，目的是让他们在进入社会之前有更多时间去掌握某项技能。直接升学制有效地缓解了留级率过高的问题，也在一定程度上提高了学校教育质量。在高中，学生精通某门专业课程对于他们未来的发展是十分重要的，就此而言，直接升学可以相对弥补学制过严的缺陷。

三、积极推广同等学历考试

同等学历考试是正规教育与非正规教育之间的一个重要连接通道。同等学历考试考察的内容等同于正规教育中某一特定年级水平，面向全社会，特别是那部分已经辍学的人群。尽管参加同等学历考试补习班对报考者没有很大必要，大多数同等学历考试机构还是以非正式的形式（通过一定的组织，采用灵活的教学时间和教材）提供课程辅导。大多数参加同等学历考试的人都有如下两个共同点：首先，他们希望在辍学后继续接受正规教育系统的学习；其次，他们渴望得到更多的知识和技能以提升自己的学历水平。

同等学历考试模式在巴西已经开展了十几年，但并没有被全面推广。一方面是因为考试有一定的难度，造成考生通过率低；另一方面对该考试所颁发文凭的认可程度也成为同等学历考试进一步扩展的制约因素。同等学历考试允许学生从一个学年升入另一个学年，只要该生学完了该年级的必修课目就行。近年来，巴西同等学历考试模式大规模增加，帮助并促进了更多学生的发展，同时也更充分地保证了社会人群整体文化水平的提高。根据国家基础教育评价体系检测，同等学历考试在各个年级的成效都很显著。同等学历考试具有灵活的日程安排，考试日期、科目和考试所需时长都经过了仔细的考虑，巴西在这方面的经验是非常有价值的。

同等学历考试扩大影响力的一个有效策略就是将重点放在小学、初中和高中的最后一年，为这些年级的毕业生提供全面的测试。除了已有的全国教育研究中心为这些年级提供测试外，毕业生在接受测试后，所测试的结果还需接受劳动力市场的评定，这有助于提高同等学历考试的社会认可程度。

四、学校重组和建立高中最低运作标准

正如前面所提到的，巴西在一所学校内同时具有初中和高中一直被认为是一种优势。与此同时，一些州提出政策推动新模式的发展，极力推动义务教育最后阶段与高中合并。这种模式注重该阶段学生身心发展的特性，避免将少年儿童与青春期少年放在一个简单的环境中进行管理，有利于初中与高中的教育教学工作的顺利进行。从管理层面上说，初、高中的合并使州政府和市政府在教育财政责权分担上更加清晰：州政府成为初、高中教育的主要责任人，市政府则成为小学教育的主要负责者。学校重组过程也要增加对夜校质量的关注，因为在夜校就读的多为来自贫困家庭的学生。同时，多项研究显示，年轻男性由于社会性别角色的压力，往往具有更高的辍学倾向。增加高中教育的吸引力，特别要针对年轻男性，这将有助于整体教育质量的显著提高。在这个问题上的主要挑战来自于政府教育决策人员如何干预学校教学，从而在增加学校吸引力的同时减少年轻男性就读的机会成本。其中最主要的是提高教学实践，使学生有更多的参与机会，并根据学生实际情况提供相应的学习材料，强调学习有效性，增加与年轻男性身心发展相适应的课外活动（如体育、音乐、剧本写作和艺术表达等）。除此之外，业余时间的培训或社区工作计划的合理安排，能使学生在充分发挥自己兴趣爱好的同时赢得一份有薪水的兼职工作，这也减少了学生进入学校就读的机会成本。

提高高中教育投入分配有效性的一种方式就是使用高中最低标准模

式。高中最低运作标准涉及以下几个主要方面：1. 教育物资，如教科书的质量和数量、地图和录像机等；2. 物质投入，如课桌、教具等；3. 公共设施，包括灯具、换气扇等；4. 人力资源，包括教师和校长选择的最低标准等。根据最低运作标准，一个详细的学校调查被应用于计划执行区域内的所有学校。该调查将每个学校与制定的最低运作标准进行对比。没有达到最低运作标准的学校将会得到一定的资助，使他们离标准更近一步。

巴西通过政府决策来提高教育质量和教育资源均衡化，以及在支持教育投入方面使用最低水平模式是有效的。在高中建设方面，通过政府决策推进最低运作标准的实施，能使得资源得到更合理的分配，从而更有效地推进普及高中教育的进程。同时，为了确保生活在农村的人群有更多的机会接受高中教育，提高农村高中入学率和完成率，建立高中教育可行性最低标准是有必要的。

五、推进州与市级政府、公立与私立学校的合作

提高学校系统的有效性很大程度上需要州和市政府的合作来实现，这其中具有代表性的就是“州—市联合计划论坛”的创建。该论坛依托巴西国家普查局（IBGE）来提升市管辖范围内州与市级教育管理部门的全面合作和联合委任，市长作为代表负责连接州教育秘书处与市教育管理部门。该论坛所要执行的任务包括以下几个方面：第一，讨论小范围内市级教育系统、州教育系统以及他们合作的优势；第二，商议将多样化的市级教育行动计划合并成一个简单的符合地方发展特色的小范围教育行动计划（PAZ）；第三，商议小范围教育行动计划的目标；第四，策划和监控小范围教育行动计划的执行；第五，提供论坛年度报告。州政府与市政府的合作，能够最大限度地利用高中有限的教育资源，避免重复投入造成的浪费，也能使政府在具体教育问题的处理上责权更加清晰。[①]

同样，公立学校与私立学校合作也能推进学校质量的提高。私立高中入学人数占高中入学总人数的20%，这一数据表明私立高中还有发展空间

① Phillip H. Davidson. Education in Brazil [EB/OL]. [2005 - 04 - 22]. http://www. ndu. edu/library/ic6/93 - RS04C. pdf.

用以接纳更多的学生。有效的利用私立学校的优质教育资源，扩大私立学校入学机会，能够在很大程度上节约成本，减少不必要的重复投入。同时，公立学校和私立学校的合作，还能减轻政府的财政负担。例如，通过在公立学校和私立学校之间建立校园网，高质量的私立高中能为公立学校提供教育物资、技术支持和教师培训。通过介入私人基金和商业运作，巴西学校间的合作已经取得了巨大的成功。例如，巴拉那基地（Paraná-based）就是由巴西境内近1,500所学校组成，他们之间互相提供技术、物资和教师的支持，使得许多低质量学校从中获益。①

同时，巴西政府还致力于提高公立高中自身的办学质量。除了贫穷限制了高中的普及外，私立学校和公立学校的巨大质量差距也是阻碍高中教育普及的原因之一。低质量的投入、缺乏系统的教师培训和极少的教学实践，这些导致了公立高中的低附加值，而这些低附加值又使公立高中的教师和学生在教学过程中缺乏动力。提高公立高中的教育质量和教学有效性能给学校和学生带来更长远的发展，这也为学生完成基础教育后接受高等教育或进入劳动力市场拿到更高的报酬打下扎实的基础。

六、提供高中阶段的远程教育

远程教育在巴西并非近几年才开始，巴西在远程教育和远程教育技术支持方面已经有了很长的历史。大约在60年前，远程教育就以广播的形式开展。时至今日，电脑使用率的飞速提高以及科学技术的广泛应用，使得巴西远程教育出现了历史性的转折。1995年，巴西教育部建立了“2000远程教育项目”（Telecurso 2000），它的主要特征包括：目标人群为15~30岁已就业人群；教学课程基于小学、初中和高中教学大纲，主要为同等学历考试作准备；教育目标强调教育为了工作、教育为了基本技能的培养、教育全民化和教育有效性；使用广播电视、打印材料、由私人教师在中心教室等地进行教学；学生在第二学期必须通过每门科目的考试；全部必修课目通过，可获得全国通用的证书。“2000远程教育项目”已经取得了一定成绩，现在有超过70万学生报名参加一个或多个项目课程，选择中心教

① 陈亚伟．巴西基础教育十年进展述评及启示［J］．基础教育参考，2006（5）：18－25.

室这种教学形式进行学习的人数已经从1995年的6,000多人上升到了1999年的25万人，另外，中心教室的数量也从1995年的243所上升到1999年的8,000多所。[①] 已有研究也表明，接受“2000远程教育项目”的学生整体素质并不低于正规学校的学生。[②]

现在巴西高中教育的毛入学率为25%，这给高中教育的普及带来了极大的困难，深入探索可选择性传输策略就显得十分的重要。因为这种传输策略能扩大学校的入学人数，能使原来无法接受传统学校教学的区域和人群能够享受到传统学校模式的优势。远程教育是一个有效的方式，它使得因没有达到最小规模而无法建立高中的人口低密度地区的人群，能够通过远程教育接受到传统学校模式的教学，也为更多人提供了受教育的机会。

七、建立教育资源不均衡分配的补偿措施

巴西政府在1996年建立了基础教育及教师补助基金，保证了在全国范围内义务教育阶段学生花费的最低水平，也使教育资源被重新分配后更加有利于贫困地区教育的发展。[③] 巴西普及高中教育必须提高穷人受教育权并让他们享受更高质量的教育。巴西政府对提高巴西高中教育资源均衡化所做的努力如下。

第一，建立融资机制。基础教育及教师补助基金已经把工作重点放在区域差异问题的解决，以及保证国内义务教育阶段在校学生人均最低教育开支的实现上。这两个方面的努力已经对资源的重新分配产生了巨大的动力，这将有利于贫困地区，同时也进一步将州政府与市政府联系在一起。融资机制在基础教育领域（包括高中）的推广以及类似的融资措施能给高中带来更多财政资源，促进有效资源分配机制的建立，这些都受到巴西决

① Brazil's Telecurso 2000 [EB/OL]. [2007－02－10]. http: // www1. worldbank. org/education/ adultoutreach/Doc/Brazil-Telecurso2000. pdf.

② Rio Grande do Norte, Projeto Serra do Mel [EB/OL]. [2006－02－14]. http: // www. uol. com. br/omossoroense/240102/regional. htm.

③ Crespo, Manuel, Jose Francisco Soares, and Alverto Mello Souza. the Brazilian national evaluation system of basic education: context, process, and impact [J]. Studies in Educational Evaluation, 2000 (2): 105－125.

策制定者的关注。[1]

第二，资助贫困家庭。家庭因素对教育的获得有很大的影响，家庭教育支出所产生的回报非常大，所以富人对教育的投入也相当大。然而，教育本身需要的高投入对低收入家庭来说无法实现。总体上看，购买书籍和生活费占去了穷人教育支出的相当部分，而富人的教育支出主要花费在选择高质量学校的学费方面。学校提供的津贴、书、教育物资（如教科书）和往返校车往往比直接给家庭提供现金资助更能提高学生的成绩。[2] 良好的目标机制设计是政策制定需要考虑的重要方面，当然，各州之间也存在具体情况的不同，需要因地制宜地进行机制调整。教育资助计划能普遍应用于贫困州和市，而基本收入目标计划则能在更多富裕州内的贫困社区开始启动。

第三，提高贫困人群的教育投入。当高品质的基础教育成为社会发展的普遍需求，而一些全面的有计划的项目无法使贫困人群受益，这部分利益将被非贫困人群获得。造成这种现象主要是因为来自贫困家庭的学生在高中不具有代表性（因为他们大多都没有完成小学教育）。因此，在改进计划时，更多的是考虑有利于教育系统整体发展的因素。例如，学校午餐（merenda escolar）和教科书计划（Nacional do Livro Didático）都是政府为增进基础教育质量提出的。根据1996年至1997年间一个关于学校午餐和教科书计划的跟踪调查显示，当教科书计划取得成效时，前者则出现回归现象。[3]根据这一调查，学校午餐计划在城市的覆盖率较高，来自高收入家庭的学生多选择参加这一计划。相比而言，教科书计划在农村地区特别是贫困地区更受欢迎。这些发现在改进这些重要计划的设计和应用过程中是值得参考的，也被巴西政府在高中阶段贫困人群中积极推广。

第四，建立收入提供机制。在一些州，收入提供机制能在一定程度上提高入学人数和贫困家庭学生保持率。这样的机制已经在其他国家的高中有过尝试（例如阿根廷）。相关背景研究显示，家庭收入不同只是学生获得何种级别教育水平的一个相关因素，并不像父母的受教育水平或学校教

① Alfredo M. Gomes. Opportunity Foregone: Education in Brazil [J]. Childhood Education, 2000 (1): 115－116.

②③ Carlos A. Herrán, Alberto Rodríguez. Secondary Education in Brazil: Time to Move Forward [R]. Inter-American Development Bank, and the World Bank, 2000: 71.

育质量一样对学生的学习和留级率产生重要的影响。① 当考虑使用收入支持政策作为教育计划之一时，这一问题就需要仔细衡量。该计划主要的风险在于，可能对教育目的的影响不大，特别是在学校质量的推进方面。另一个风险则是被吸纳的财政资源可能会向教育质量高的领域转移。

第五，重新分配州政府的财政资源。根据对巴西高中发展前景的估计，巴西政府估算出巴西教育发展的资源需求。根据 1996 年国家教育法，州政府负责高中财政，并在减少对基础教育及教师补助基金的投入后，保持对高中财政的支持力度。这些财政供应是否能满足教育发展的需要，表 5 - 6 对此进行了分析。然而，巴西是一个极度分权的国家，重新对州政府的财政资源进行分配存在很大的难度。州政府内部不会主动对财政资源进行重新分配，这就要借助联邦政府的力量，在政府之间形成一定的干涉。

第六，增强教育投资的有效性。通过限制额外的联邦投资项目，可以提升公共教育的投入并增加州政府的投资项目。正如上文提到的，让州政府主动重新分配财政资源或是增加对高中的财政投入很困难。因此，联邦政府制定出以下的应对措施。

（1）设立高中教育专项基金。基础教育及教师补助基金将承担高中教育基金的建立，执行标准参照基础教育及教师补助基金。基础教育及教师补助基金的主要任务是在各州政府内建立高中教育投入均衡的税收百分比，建立高中学生人均最低教育经费标准，如果州政府财政支持力度不够，则由联邦政府给予补助。这一教育基金给高中制定了最低投入标准，同时给低收入的州政府提供帮助。

（2）刺激和鼓励州政府对高中的投入。一直以来，州政府都在不断提高对义务教育阶段的投入。巴西紧急情况应对组织（PROMED）给州政府提供了资助，目的是刺激和鼓励州政府将更多的资金投入到高中。在这种情况下，巴西教育部也将资源转移到州政府，负责提供州政府的资源补给。资源转移的数额根据高中入学人数、基础教育的效率和州财政情况来制定。

（3）减少州政府对义务教育的投入。目前巴西教育部已经制定政策，

---

① Carlos A. Herrán, Alberto Rodríguez. Secondary Education in Brazil: Time to Move Forward [R]. Inter-American Development Bank, and the World Bank, 2000: 72.

暂停各州将更多的资源投入到义务教育阶段，联邦政府也要求减少州政府对基础教育及教师补助基金的投入，这使得州政府有更多的财政资源能被用于高中的发展。这一措施的实施，使州政府在教育财政方面的主要责任更加专一化。①

八、努力提高教育系统的运作效能

1995 年，教育财政一共支出了 9 亿美元用于留级生。这个数字等同于巴西一个城市内各级教育一年的开支。巴西对高中财政资源支持力度的加强，需要首先控制义务教育阶段的留级和辍学人数并提高直接升学率。学生直接升学率的提高，将使更多的资源能被利用到新生的培养方面，从而避免无畏的重复浪费。义务教育阶段的入学人数在 1999 年达到了顶峰，并在 2000 年开始下降。② 这也说明，将有更多的学生和教育资源能被投放到高中。因为如果义务教育阶段财政支出的有效利用率每年提高一个百分点，即节约 1.69 亿美元，并将义务教育阶段节约的经费用于高中的普及，每年就会有近 300 万高中学生获益，同时高中入学人数也会成倍增长。③ 当然，义务教育阶段节约的经费并不能完全被转移到高中。正如前面讨论的，市级政府为了增加自身的可支配资金，会把义务教育阶段节约的经费用于增加小学生和初中生的人均开支或是其他方面。在这种情况下，州政府和市政府的合作尤为重要。

其次，提高夜校教学质量也能提高教育系统的运作效能。提高夜校教学质量主要通过以下途径进行：1. 周末补习班；2. 远程教育；3. 课程安排合理化；4. 增加教学组织的灵活性；5. 采用多种教学方式，应对不同年龄层次学生的需求。增加教学时间已经是拉美国家为提高学生学习成绩而普遍采取的方式。巴西高中学生获得的教学时间不多，尤其是在夜校。增加教学时间对于改进学生学习成绩有一定的帮助。但是在夜校要增加教

① 郑莹．巴西高中教育的问题及对策初探［J］．世界教育信息，2005（11）：17－19.

② Carlos A. Herrán, Alberto Rodríguez. Secondary Education in Brazil: Time to Move Forward [R]. Inter-American Development Bank, and the World Bank, 2000: 74.

③ Carlos A. Herrán, Alberto Rodríguez. Secondary Education in Brazil: Time to Move Forward [R]. Inter-American Development Bank, and the World Bank, 2000: 74.

学时间实际上存在相当的难度。前面提到，单方面增加教学时间并不能提高学生学习的实际水平。要提高学生实际水平，更多的是增加学习的效率。在巴西，教学时间的增加可以通过开设周末补习班以及通过远程教育（电视、收音机和邮寄材料）来实现。除了增加教学时间，还可以有选择地增加教学内容，包括通过使用更灵活的教育组织建立更长的“教学区”，因为它将允许学生和教师传递更多更深的教学内容。“教学区”的建立能够通过合理安排课程或建立学分制系统来实现，而“教学区”的实现将使学生能在同一时间内根据自己的能力和需要进行多科目的学习。

再次，丰富教师技能培训计划。该计划的前期准备特别强调内涵的培养和建立实际培训的具体要求，在计划进行过程中通过远程教育和多媒体教学将教师技能培训的强度进一步扩大。1996 年哥伦比亚实施的教师技能培训计划已经证实了能有效增进教师技能，巴西教育部决定引进这一培训计划，并拨款建立了教师技能培训基金。① 所有高中教师培训的经费支出都来自于这一基金。该培训计划具体如下：在内容方面，培训将以增加教师知识和技能为目标；在经费方面，将培训基金更多地投入支持“去中心化”的省份；在培训方式方面，允许各州根据实际情况选择不同的培训方式。实际上，在州与州之间，培训的方式存在很大的差异，培训的内容多集中在数学教师教育，大多数州与大学或是其他培训机构也建立了合作。培训计划到目前为止花费了近 300 万美元。事实证明该培训计划对提高教师教学实践能力有很大的帮助，但对学生成绩的影响还在研究过程中。②

最后，建立校长竞选制和学校委员会。校长竞选制的建立有三个前提条件：1. 候选人接受必要的教育和管理技能培训；2. 政府建立进行教育和管理技能培训的管理培训研究会；3. 学校委员会成员支持并参与选举。在新西兰，强劲的竞争力和综合能力是竞选校长的必要条件，也是校长候选人获得更多支持者的有力保障。同时，新西兰政府在高校也建立了研究机构，从决策者和研究者的角度共同制定校长评价标准。借鉴国际经验，巴西政府为提高和影响学校领导机构的效能也做出了一系列的努力，其中

① Fretwell, David H. Hungary Secondary Education and Training [R]. Secondary Education Series, World Bank, Human Development Network, 2001.

② Carlos A. Herrán, Alberto Rodríguez. Secondary Education in Brazil: Time to Move Forward [R]. Inter-American Development Bank, and the World Bank, 2000: 82.

包括建立各种各样的计划来提高校长或校长候选人的水平。同时，建立校长竞选制还能增加学校自主权，学校的发展要依靠政府的决策，而政府决策也是学校运作和效能监控的起点。学校校长在上任初始都要在决策制定、资源管理和教师职业安排等方面接受严格的培训。新校长在完成培训后将培训所学立即应用于各自所在的学校，而校长管理意识的有效执行需要得到学校委员会的支持。完整的学校委员会应该包括家长、教师和学校职工。学校委员会成立后开始对学校存在的问题重新认识，并按优先次序对这些问题展开分析。在分析的过程中，学校委员会形成学校发展目标并在委员会内共同商议学校发展计划。整个过程中最重要的就是合作，学生、家长、教师和学校领导为了推进学校和学生的发展，一起工作在学校发展计划形成的每一个阶段。初始阶段的经验显示，这种参与过程不仅使家长和学校教职员工对学校的支持率和忠诚度增加，也为校长和教师提供了更丰富、更贴近学校发展需要的学校发展计划。

九、优化人均教育开支计算方式，合理配置教育资源

要合理配置教育资源，必须正确计算和预算各级各类学校学生的人均教育开支。要正确的计算和预算就必须找准科学的计算方法。巴西政府一直以来采用的是传统的单位成本计算方法（每年每生花费情况），这种计算方法本身是科学的，但从巴西教育资源的分配情况看，这一方法分析得出的结论很有可能存在误导。在这种情况下，另外两种学生人均教育开支的计算方法被引入。

首先是升学成本计算法。该计算法根据学生完成一个年级学习所需要的时长进行计算。传统单位成本计算法得出的结果隐藏了一个问题，那就是巴西的学生由于高留级率几乎都要花费一年以上的时间来完成一个年级的学习。巴西的学生平均需要 5.4 年完成 4 年的小学教育，10.3 年来完成 8 年的义务教育，14 年完成整个 11 年的基础教育。正因为这样，简单的以每生每年的教育开支来计算单位成本并不能最恰当的评估教育开支。而以完成某阶段教育学生所需总的教育时间来计算则能弥补传统的计算方法这一缺陷。

其次是毕业生成本计算法。毕业生成本计算是根据高中毕业生的数量

进行计算。除了复读，辍学增加了合格毕业生产生的困难。实际上，循环的留级易导致学生辍学，而中途辍学常常要消耗和浪费大量的教育资源。传统计算方法和升学成本计算法都没有涉及辍学所造成的合格毕业生培养的附加值。因此，第三种方法就是根据注册总人数计算出培养一个合格毕业生平均需要的教育投资。这也包括曾经留级或是中途辍学的毕业生。因此，总入学人数也包括那些入学后没有完成该阶段学习的学生。

正确利用这些计算方法，可以使有限的教育资源得到更充分有效的利用，从而让学生愿意选择在学校学习，并且能有更多的人顺利地完成学业。也就是说，在留级和辍学人数减少的前提下，少量增加或不增加总的教育投入也能满足所有在校学生完成义务教育阶段 8 年的学习，从而为高中教育的普及提供良好的前提条件。

第五章

印度普及高中教育的政策与改革

地处南亚次大陆的印度是世界四大文明古国之一，又是当代最大的发展中国家之一。印度人口众多，用仅占世界 2.4% 的土地养育了占世界人口 17% 的人民。印度是一个多民族、多宗教、多语言的国家，有印度斯坦族等 10 个比较大的民族和许多小民族。居民 83% 信仰印度教，11% 信仰伊斯兰教，其余的信奉基督教、锡克教、佛教等。与印度多民族、多宗教这一特点相联系的是印度存在多种语言。1961 年的人口普查确认有 1652 种不同的语言和方言。

印度教育的历史同样源远流长，其发展历经古印度教育、中世纪教育、英国殖民时期教育和独立后教育四个重要阶段。印度古代教育灿烂辉煌；殖民地印度教育遭遇了世界历史进程中由东西方文化的冲突、碰撞而产生的剧烈震荡；独立后的印度教育经过重建，走上了以改革与人力资源开发为主题的现代化道路。

自 1947 年获得独立以后，印度政府通过三次重大教育改革，最终统一全国学制，即“10 +2 +3”制。新学制中的“10”代表小学和初中即 1 ~ 10 年级阶段。因为印度教育主要由各州政府和自治区政府负责，所以小学和初中的具体年限各州有些不同：有的州实行 5 年初小、3 年高小和 2 年初中，但也有的州采用 4 年初小、3 年高小和 3 年初中的模式。不管何种模式，初中教育都不分流，学习共同的必修课目，因此和初等义务教育合在一起构成 10 年普通教育。“ +3”是高等教育的第一阶段。新学制中的“ +2”就是我们主要研究的高中教育阶段。根据联合国教科文组织于 1997 年修订的《国际教育标准分类：1997》（International Standard Classification of Education，ISCED），教育可划分为七个等级和不同类型，其中第三级教育和第四级教育属于后期中等教育。第三级教育指的是中等教育的第二阶段，即高中阶段，而第四级教育则指的是非高等教育的中学后阶段，如我国曾经的技校、中专等性质的学校。由此可见，印度教育体系中的工业训练学校（Industrial Training Institute）以及多科技校（polytechnics）便不在我们所要研究的“+2”阶段的范畴。

高中阶段是联系基础教育和高等教育的桥梁，是教育结构中承上启下而又面向社会的阶段。因此，高中阶段的教育至关重要。随着初等教育的迅速普及，普及高中教育已是当今世界各国面临的一个普遍问题。发展中大国印度也不例外。早在独立之初，印度政府就致力于调整殖民时期遗留下来的中等教育结构；尔后努力扩展中等教育规模，为更多适龄青少年提供受教育的机会；提出“中等教育职业化”，改革中等教育课程以适应不同孩子的发展需要以及本着社会公平的原则追求优异……所有这些举措都是印度政府为实现到2020年普及高中教育的宏伟目标所做的努力。当代印度由于其经济发展的极不平衡、包含有表列种姓（印度落后阶层的一个群族）的社会结构的错综复杂、宗教问题的突出、民族和语言问题特别复杂而被称为“发展中国家的缩影”。[①] 因而，印度在普及高中教育过程中所积累的经验和取得的教训，对与印度有着相似发展历史和国情的我国来说具有一定的启发和参考意义。

第一节　印度高中教育发展的历史与现状

一、独立前印度高中教育概述

在印度源远流长的教育历史长河中，曾出现过灿烂深邃的古代教育文明。但由于古代印度教育主要是宗教教育，教育的核心任务是维系种系压迫和培养宗教意识，而不是传播知识；教育方式是由“古儒”（对经义有研究而又专门从事青少年教育的人）在家中或僧侣在寺庙里指导背典诵

① 顾明远，梁忠义．世界教育大系：印度教育［M］．长春：吉林教育出版社，2000：序．

经。因此，这一阶段并没有严格意义上的学校教育，更别说高中教育了。

8 世纪初，入侵印度的大批伊斯兰教徒在政治上居于统治地位的同时也带来了伊斯兰教育。伊斯兰教育分初等教育与高等教育两部分，实施初等教育的机构是初等学校，往往附设在清真寺中，由虔诚而有学问的“毛拉”（意为“师”或“先生”），指导背诵《古兰经》并传授读、写、算的基本知识；实施高等教育的机构是“马德拉斯”（madrasas），往往也附设于清真寺、穆斯林帝王、贵族的陵寝，主要传授古兰经注释、伊斯兰教法律、先知圣传等宗教内容和阿拉伯文学、文法、句法、逻辑、修辞、哲学、数学、地理等世俗知识。其实，从传授知识的范围和深度来看，这一时期的高等教育只相当于中等教育水平。

19 世纪初，以商业剥削和经济侵略为目的的英国东印度公司面临经济危机。他们发现，聘用经过培训的、既懂英文又掌握现代科学知识技术和管理才能的印度人作为廉价劳动力是缓解公司经济危机的最好办法。另外，也由于一些富有良知的英国人如格兰特（Charles Grant，东印度公司的一名普通官员）、威尔伯福斯（英国下院议员，慈善家，致力于废除奴隶贸易、英国海外奴隶制度）等的努力，促成了 1813 年宪章法案的形成。法案第 43 条规定：东印度公司每年至少拿出 10 万卢比用以复苏和改进文化教育，鼓励有学识的印度人，加强印度英殖民区居民的科学知识。[①] 宪章颁布后，许多进步的印度人纷纷开办自己的学校以保存印度文化。因此，这一时期的印度教育乃至印度中等教育都得到了很大发展。但由于教学用语问题引起了“东西学派之争”。东学派主张，用梵语、阿拉伯语和波斯语改进印度教育，而用英语传授西方教育部分的内容；而西学派则主张，只有用英语作为教学用语传播西方文化、文学、科学和其他类型的知识才能促进印度教育的更快发展。

1853 年，东印度公司任命以伍德（Charles Wood）为主席的议会委员会调查印度的教育进展情况。随后，委员会提交了一份报告，即著名的“伍德教育急件”（Charles Wood Education Despatch）。该急件认为：梵语、阿拉伯语和波斯语应当作为普通科目纳入普通学校；应当在加尔各答、孟买和马德拉斯及其他地区建立大学以主持考试和颁发证书；应当在各省设

① 顾明远，梁忠义．世界教育大系：印度教育［M］．长春：吉林教育出版社，2000：61.

立公共教育部；应当建立大学（3 年）—中间学院（2 年）—高中（3 年）—初中（3 年）—小学（5 年）的学校教育制度；政府应当增加小学、初中和高中的数量以扩展大众教育，等等。该急件虽然在认同和保存印度文化和本土教育上做了努力，但作为殖民统治者的教育文件，它也存在着无法掩盖的问题：以受过英语教育的人应聘政府职务具有优先权为诱饵，间接压制印度本土教育和印度文化；政府将大部分资金用于扩展英式学校，而忽视了穷人就读的印度学校从而加大了两极分化；大学支配了中等教育的各个方面，使中等教育成为大学的附庸，而非为生活作准备的自成一体的独立阶段，因而中等教育课程过于学术化，脱离生活实际，且没有提供职业和技术课程。但公共教育部不仅亲自创办中学，而且通过补助金制度促进了私立中学的发展。

1917—1919 年，加尔各答大学委员会即萨德勒委员会针对中等教育存在的弊端，提出了颇具远见的建议：首先，中等教育应提供多样化的课程，升大学不应是中等学校学生的唯一目的；政府应建立一种新的学校类型即中间学院，提供艺术、科学、机械、机器等课程的学习，这种学院或独立或隶属于某些高中；初、高中学校的所有课程都应重新调整以适应社会的需要，在高中母语应作为指导语。

1929 年成立的亨特委员会在调查印度教育在社会中的地位的过程中，发现若想使教育在全国得到重视，必须使人们感受到受教育的益处，使其起到指导生活、改善生活的作用。这一委员会也再次强调了课程的多样化。许多学生在中学过后就结束了学生生涯，从事某种职业。因此，技术和工业学校要对其进行预先的职业指导；其次，它还为中等教育的顺利实施提出了两项必要措施：第一，为防止有才能的贫困学生辍学，在整个教育过程中，按地区以薪金、助学金的形式资助这些学生；第二，在所有英国政府正式承认的学校中，不管是私立的还是公立的，教师的工资都不能低于中央教育咨询局所制定的标准。这就保证了中等教育的质量和顺利运行。

1944 年萨金特领导的中央教育咨询委员会公布了题为《印度战后教育发展》的报告，又称《萨金特报告》。该报告提出：改革中等教育体制，设立两类可供选择的中学即技术类中学和学术类中学，他们的目标是在高中后期结合学生离校后将从事的职业，提供一种较好的教育；课程应具有一定的灵活性，不能被大学的要求和考试制度完全束缚。① 虽然作为殖民地时期的最后一份教育报告，该报告的许多条款并没有得到很好地贯彻实施，但中等教育得到了少许改革，中等学校的数量成倍增长。

总的说来，这个时期的中等教育特别是高中教育没有自己的体系，没有独立性，具有明显的功利主义的特点，这是由其殖民性质所决定的。因此，汗潘（H. V. Hanpon）这样描述英国统治期间中等教育的总体情况："中等教育的发展是有限的，它未能与促进印度现代化的政治、经济、社会、工业同步发展，未能与最新的教育理论与实践同步发展，课程是唯书的对学生毫无吸引力，不利于实用思维的发展；过多地使用英语作为教学指导语给教师和学生造成了极大的心理负担——它窒息个性，怂恿死记硬背，使指导失去活力，成为机械性活动；忽略了科学和实用课程，没能提供户外和其他创造性活动。整个学校体系是僵化的、无弹性的，只有单调的统一。"②

二、独立后的印度高中教育改革概述

印度于1947年8月宣布独立。独立后的印度实行议会民主制和联邦制，废除原有的省与邦之间的等级差别，把全国分为28个邦和7个中央直辖区。独立后的印度中等教育的发展与改革，大致可分为三个阶段：1. 独立后至20世纪60年代前期；2. 20世纪60年代后期至70年代末；3. 20世纪80年代以后。

（一）独立后至20世纪60年代前期中等教育机构的改建与调整

印度中等教育机构是在殖民地时期建立起来的。其任务是传授西方文化，重视人文学科，为升大学作准备。实际上它是大学的预备校，失去了作为一个独立教育阶段应有的培养目标。这样的中等教育，难以适应独立后政治、经济和文化建设等方面的客观要求，急需进行改革。1948年成立

① 顾明远，梁忠义．世界教育大系：印度教育［M］．长春：吉林教育出版社，2000：279.

② S. R. Vashist, Ravi . P . Sharma . History of Education in India [M]. New Delh: Radha Publications , 1997: 32.

的大学委员会，尽管是为大学服务的，但它也审视了中等教育在国家中的地位，并得出结论："我们的中等教育是教育系统中最薄弱的环节，急需进行改革。"[①]进入20世纪50年代，印度各界人士一再呼吁改革中等教育体制。在这种各界人士迫切要求以及客观需要的形势下，1952年成立了以马德拉斯大学副校长马达利尔博士为主席的中等教育委员会，该委员会于1953年发表了一份报告书。该报告书指出，中等教育真正的目的是"培养能使学生作为公民参与民主的社会秩序架设所需要的品格；增强他们的实际工作能力和职业能力，以便于他们参加使国家经济繁荣的建设；发展他们的文学、艺术和文化兴趣。这些兴趣对于自我表达和人格的全面发展十分重要，没有这些兴趣，生机勃勃的民族文化就不会形成"。[②] 在此教育目的的指引下，该报告为中等教育的重建和改进提出了以下措施：1. 把现行的中等教育阶段改造成一个独立的高级中等教育阶段，将一部分中学或高中改建为"多目的学校"，并新建一些"多目的学校"，使中学课程多样化；2. 有选择性地将原有的质量较高的中学改建升格为高级中学，取消中间学院。

在改建和新建多目的学校的同时，印度政府也认为基础后学校与多目的学校应是两个平行的系统，是彼此互为补充的两部分。基础后学校是甘地创办的基础教育模式中的高级中等学校。于是，1957年，教育部成立了以休科拉（P. D. Shukla）博士为主席的委员会，通过调查，委员会提出以下建议：在选择将一些学校转为多目的学校的同时，也应将一些学校转为基础后学校。基础后学校的手工课与多目的学校的选修课类似，并要为这些课程制定一定的学习标准；要资助基础后学校以提高其人文与科学的学习标准，同时也要提高多目的学校选修课的学习标准，加强基础后学校与多目的学校之间的联系，每一所基础后学校都应达到高级中等学校的要求。因此，在20世纪50年代至60年代，在政府的大力推广和资助下，基

① Dr. V. K. Kohli. Indian Education and Its Problems [M]. Ambala city: Vivek Publishers, 1990: 117-123.

② 瞿葆奎. 教育学文集：印度、埃及、巴西教育改革 [M]. 北京：人民教育出版社，1991: 396.

础后学校的数量逐年增加。[1]

因此，独立初期中等学校的类型有基础后学校，多目的学校，中间学校。但总的来说，这一阶段三类中等教育机构的改建与调整工作都不成功。其主要原因有：缺乏足够的受过训练的师资；财力不足，难以配备足够的图书资料及各种实验设备与实验场所；各邦对改建中等教育机构的态度很不一致，有的邦持反对态度，有的邦消极应付；由于受旧学制的束缚，难于按新计划改建。由于面临种种困难，许多邦在四五计划期间放弃了改建工作，甚至又退回到旧学制的轨道上去了。[2]

（二）20 世纪 60 年代后期至 70 年代末高中教育结构的改革

中等教育委员会提出的多目的学校使学生分流太早，不符合学生身心发展，也违背当今世界教育的发展趋势。因此，实施过程中引来了很大的争议。1964 年，印度政府任命以科塔里博士为主席的科塔里委员会负责调查全国的教育问题，并向议会提出有关全国教育发展的总方针和总政策以及全国统一的教育模式。1966 年，该委员会递交了题为《教育与国家发展》（Education and National Development，END）的四卷本报告。该报告的宗旨是，教育是国家发展的最强大工具，教育的重建与国家的重建紧密相关。印度必须做出面对历史的决定性选择，建立一个完善合理的、富有成效的教育体制，以解决经济发展面临的种种问题，提高生产力，实现国家的现代化。[3] 1968 年，印度政府颁布了印度教育史上第一份《国家教育政策》（National Policy on Education，NPE），它基本采纳了科塔里委员会的建议。《国家教育政策》要求在全国范围内实行“10 + 2 + 3”模式以统一全国学制；合理计划中学校址，将中等教育扩至目前未实施的地区；废除从九年级开始就实行的选科制，并将普通教育延长为 10 年；将高中课程分为“共同必修课程”与“选修课程”两大类；学生分为两组：一组准备升

---

① 顾明远，梁忠义．世界教育大系：印度教育［M］．长春：吉林教育出版社，2000：283 – 284.

② 王桂．当代外国教育——教育改革的浪潮与趋势［M］．北京：人民教育出版社，2001：500.

③ 王英杰，曲恒昌，李家永．亚洲发展中国家的义务教育［M］．北京：人民教育出版社，2003：15.

学，学习学术性课程。另一组准备就业，学习职业基础课程和职业课程。

其中与高中教育普及有关的条款认为：中等阶段教育机会均等是社会变革的主要手段和工具；中等教育设施应当迅速扩展到各个地区和各个阶层，特别是还没有中等教育学校的边远山区和落后阶层；非常有必要扩大中等教育阶段的职业技术教育体系，但所开学校的数量与专业、课程的种类应当与经济发展和就业的要求相适应；应当在大力发展大学阶段的业余教育和函授课程的同时，为中等学校学生、教师以及工人提供业余教育设施和函授课程。①

1978 年的阿迪塞希亚（Adiseshiah）委员会提出了进行“+2”阶段教育的三个原则：一是连续性原则，该原则包含两层含义，首先，这一新形成的高级中等阶段与过去的中等教育有基本的连续性；其次，高级中等教育阶段是整个教育和知识系统的一部分，必须遵守其内在的连续性和一致性。二是国际合作原则：在国际合作的原则下，丰富和扩大各地的教育制度。高级中等学校教育对印度是新鲜的，但它没有国界的限制，以联合国教科文组织为代表的国际组织和许多地区、非地区组织，传播成功的经验和失败的教训。对高级中等教育而言，这种国际合作不但是灵感和信息的来源，也是评价国家和地区努力程度的标志。三是与国家发展目标相一致的原则：首先，中等教育必须与国家的发展目标相一致，必须为目的服务，且以促进、实现教育目的作为判断标准，高级中等教育在普通和职业方面都应与国家的发展目标相联系。②

（三）20 世纪 80 年代以来高中教育改革的动向与趋势

1968 年的教育政策引导了 20 世纪 70 年代印度教育的发展方向。“但其总纲并没有转化成具体的执行策略，因此，年复一年累积起来的入学、教育的质量、数量、效益和财政支出等问题，已经成为需要迫切予以解决的巨大问题。”③“中等教育阶段中最令人不安的问题是：即使接受了 8 年、

---

① National Policy on Education 1986 [EB/OL]. [2006-02-25]. http://www.ugc.ac.in/policy/policy.html.

② 顾明远，梁忠义．世界教育大系：印度教育 [M]．长春：吉林教育出版社，2000：294.

③ Ministry of Human Resource Development. National Policy on Education 1986 [R]. New Delhi, 1986.

10 年或 12 年的学校教育，仍有大批学生未掌握认识自然、文化和社会—经济环境的能力，未获得独立思考的能力。当他们进入就业市场时，并不具备足够的信心、能力和职业技能。"[①] 再者，"在中等教育十年级以上的学生中应该有 50% 的学生养成以就业定向为目标的职业技能，但是，到 1982 学年至 1983 学年，在高中修习职业课程的学生只有 6 万人。"[②] 因此，印度前总理拉·甘地在 1985 年 1 月的一次全国广播讲话中宣布要对现行的教育制度进行改革。是年，印度政府发表了题为《教育的挑战——政策透视》（Challenge of Education—A Policy Perspective）的文件。旨在发动全国社会各界对教育问题进行广泛的讨论，并在此基础上于 1986 年制定了新的教育政策即《1986 年国家教育政策》（National Policy on Education 1986），同年还公布了实施新教育政策的 24 点实施计划，名为《1986 年国家教育政策：行动计划》（National Policy on Education 1986：Programme of Action）。该报告提出了"教育重建"的一系列建议：中等教育职业化；建立"示范学校"，等等。实现中等教育职业化的主要目的在于：使中等教育能保证学生获得有益于未来生活的科学知识和实际技能；把学生导向职业流，减轻高等教育的压力；提供具有一定技能的劳动力，减少失业率；提供多样化的教育机会，实现中等教育的普及。建立"示范学校"的目的是：在教育机会均等的前提下，提高中等教育质量，达到优异的目标；为那些来自全国各地，特别是农村地区的天才儿童提供共同生活、共同学习的机会，以促进国家一体化；挖掘天才儿童的所有潜力。更重要的目的在于以示范学校为样板，在全国范围内推进中等教育改革。[③]

三、印度高中教育发展现状

印度自独立以来，教育包括高中阶段教育的各个方面都得到了较为显

---

① 瞿葆奎．教育学文集：印度、埃及、巴西教育改革［M］．北京：人民教育出版社，1991：396.

② 顾明远，梁忠义．世界教育大系：印度教育［M］．长春：吉林教育出版社，2000：283－284.

③ 王桂．当代外国教育——教育改革的浪潮与趋势［M］．北京：人民教育出版社，2001：514.

著的发展。印度1947年取得独立以后的很长一段时间内，全国实际上并没有统一的学制，高中阶段的学校和学生数没法统计。因此，我们借用中等教育（包括初中和高中）数据来说明印度高中教育的发展状况。

印度独立50多年来，中等教育得到了很大发展，进入中学的学生人数从1950—1951年度的150万上升到2001—2002年度的3,050万，增长了20多倍；同时期的女孩入学人数从20万增加到1,210万，增长了60多倍，女生入学人数的比例从13%增长到了约38%；教师人数从12.7万增长到177.7万，增加了14倍。同时期，女教师的人数增长了31倍。尽管教师数量增长很快，但学生人数增长更快，因此，师生比反而从1∶21增长到了1∶32。表列种姓的高中入学人数也获得了很大的增长，从1980—1981年度的115.2万到2001—2002年度的431.4万，增长了3.7倍。表列部落中等教育入学人数由1980年的32.9万增长到2002年的17.01万，增长了5.2倍。由此可见，中等教育的良好发展给普及高中教育奠定了坚实的基础。

表5－1　印度独立以来中等教育的发展状况①

年度	中等教育学校数（所）	中等教育毛入学人数（百万）			中等教育教师人数（千）		师生比	表列种姓的毛入学人数（千）		表列部落的毛入学人数（千）	
		女	总数	女生比例	女	总数		女	总数	女	总数
1950—1951	7,416	0.2	1.5	13.3	20	127	21	NA	NA	NA	NA
1960—1961	17,329	0.7	3.4	20.5	62	296	25	NA	NA	NA	NA
1970—1971	37,051	1.9	7.6	25.0	155	629	25	NA	NA	NA	NA
1980—1981	51,573	3.4	11.0	29.6	257	926	27	246	1,152	83	329
1990—1991	79,796	6.3	19.1	36.7	417	1,334	31	635	2,338	238	805
2000—2001	12,6047	10.7	27.6	38.6	577	1,761	32	1,394	3,812	535	1,490
2001—2002	133,492	12.1	30.5	39.5	620	1,777	34	1,622	4,314	622	1,701

在此期间，中等教育学校数量也得到了长足的发展，从7,416所增长到133,492所，增长了18倍之多，仅在过去的10年间（1990—1999年），

① Ministry of Human Resource Development of India: Educational Statistics [EB/OL]. [2006-07-02]. http://www.education.nic.in/htmlweb/edusta.htm.

就开办了37,000多所初中和高中学校。大约84%的居民居住区在方圆8公里以内有自己的中等学校，而在方圆5公里以内有自己的中等学校的居住区约占70%。而没有中等教育学校的居住区从1986—1987年度的21%降到了1993—1994年度的15%。中等学校的教育设施得到了极大的改善。大多数中等学校（69%）有教室，平均每所中等学校有8间教室。有41%的中等学校有饮用水设施，77%的学校有便池，57%的学校有厕所，63%的学校有科学实验室。中等教育经费从一五计划的2亿卢比增长到九五期间的260亿卢比，但中等教育的经费始终不足GDP的1%。①

印度中等教育学校按照管理权限和经费来源可分为政府学校、地方机构办的学校、受助私立学校和非受助私立学校。政府学校又有中央政府管理的学校和地方政府管理的学校之分。政府学校办学条件良好，但由于教师工作稳定、待遇有保障，因而没有危机感，工作懒散，因此这类学校大部分成绩平平。受助私立学校是指受政府财政支持但由私人管理的学校。这些学校学术自由、教师工作认真负责，但由于其大部分资金来源于政府资助，因此，办学经费不稳定，常面临财政困难。作为非受助私立学校最为出名的即仿效英国的公学。这类学校采取寄宿制，条件优越，收费昂贵，每人每月2,500~4,000卢比（约合人民币500~800元）。学生都是来自上层社会和富有家庭，非一般平民阶层的子女所能企及。②

表5-2 印度不同管理权限下的中等教育学校数量

年　度	政府学校	地方机构办的学校	受助私立学校	非受助私立学校
1973—1974	26.54	10.85	57.02	5.59
1978—1979	30.44	8.71	57.30	3.55
1986—1987	37.49	7.73	44.79	9.99
1993—1994	37.76	9.29	37.78	15.17
1996—1997	38.96	6.74	36.20	18.10
2001—2002*	36.16	6.29	33.99	23.56

① 以上数据均引自Arun C. Mehta. Status of Secondary Education in India. Amsta-Mangal, Volume X & XI, No. 9, 2002.

② Ministry of Human Resource Development. Government of India: Educational Statistics [EB/OL]. [2007-07-02]. http://www.education.nic.in/htmlweb/edusta.htm.

从上表可以看出，在1973—1974年度到2001—2002年度期间，大多数中等教育学校属于私立学校。私立学校与公立学校数量之比1973—1974年度为63∶37；1978—1979年度为61∶39；1986—1987年度为55∶45；1993—1994年度为53∶47；1996—1997年度为54∶46和2001—2002年度为58∶42。当公立学校有所发展时，受助私立学校得到的政府拨款便日趋下降，因此，受助私立学校的比例持续下降。但非受助私立学校却保持持续上升的趋势。

印度宪法明确规定，应为6～14岁所有儿童提供免费义务教育。因此，自独立以来，印度政府一直致力于普及义务教育而未对中等教育的发展给予重点关注。随着义务教育阶段各项教育计划的实施，义务教育普及目标有望在不远的将来实现。而义务教育普及的逻辑结果便是中等教育的普及。因此，目前印度政府已开始关注中等教育的发展与普及规划，并于2004年成立了中央教育咨询局（Central Advisory Board of Education, CABE）。随后该咨询局于2005年7月发表了一份临时性报告《中等教育委员会关于普及中等教育的报告》（Report of the CABE Committee on Universalisation of Secondary Education）。该报告为印度政府普及中等教育作出了远景规划：预计印度中等教育的普及分两步走，即力求到2015年普及初中教育、2020年普及高中教育。

第二节　印度普及高中教育中存在的入学问题及对策

印度独立后，高中教育获得了长足发展，不管是学校数、教师人数还是学生人数都成倍增长。但要实现政府规划的于2020年普及高中教育的长远目标仍然存在相当严峻的问题。其中，最主要的问题之一便是入学问题，即保证适龄人口入学和保证学龄人口有学可上。

一、存在的问题

任何国家对任何阶段的教育实施普及计划首先面临的问题便是学生入学的问题。这一问题主要表现在两个方面：一是保证一定比例的适龄人口入学；二是为所有适龄人口提供均等的受教育机会，即保证适龄人口能够有学可上。下面我们就从这两个方面来分析印度政府在普及高中教育中首先需要解决的问题：普及适龄人口入学。

（一）印度高中教育入学率太低

从印度官方提供的中等教育阶段毛入学人数来看，中等教育还是获得了很好的发展，已从1950—1951年度的150万增长到2001—2002年度的3050万，增长了20倍之多。但1999—2000年度中等教育的毛入学率（见表5－3）只有30%。况且，印度官方提供的数据是毛入学率，而不是净入学率，统计材料也缺乏可信性，其入学率应该大大低于官方公布的数字。① 如此看来，高中教育阶段的入学人数与适龄人口的比率远远不足1/3。在绝大多数适龄人口都没入学的情况下，谈高中教育的普及其难度可想而知。

表5－3 印度各级教育毛入学率②（%）

年度	初小（1～5年级，6～11岁）			高小（6～8年级，11～14岁）			初、高中（9～12年级，14～17岁）
	男	女	总计	男	女	总计	总计
1950—1951	60.6	24.8	42.6	20.6	4.6	12.7	NA
1960—1961	82.6	41.4	62.4	33.2	11.3	22.5	10.6
1970—1971	95.5	60.5	78.6	46.5	20.8	33.4	19.0
1980—1981	95.8	64.1	80.5	54.3	28.6	41.9	17.3

① 王英杰，曲恒昌，李家永．亚洲发展中国家的义务教育［M］．北京：人民教育出版社，2003：48．

② Ministry of Human Resource Development Government of India：Education Statistics［EB/OL］．［2006－09－02］．http：//www．education．nic．in/htmlweb/edusta．htm．

续表

年　度	初小（1～5 年级，6～11 岁）			高小（6～8 年级，11～14 岁）			初、高中（9～12 年级，14～17 岁）
	男	女	总计	男	女	总计	总计
1990—1991	114.0	85.5	100.4	76.6	47.0	62.1	19.3
1998—1999 *	100.9	82.9	92.1	65.3	49.1	57.6	30.8 * *
1999—2000	104.1	85.2	94.9	67.2	49.7	58.8	30.0 * * *

高中低入学率缘于基础教育的高辍学率（见表 5－4）。而基础教育的高辍学率也许因为基础教育质量低劣、童工和童婚的存在（当然，更深层次的原因还在于经济的贫困）以及应试教育的巨大压力。

表 5－4　印度初等和中等教育阶段的辍学率[①]（%）

	1960—1961	1970—1971	1980—1981	1990—1991	1992—1993	1999—2000 *	2001—2002 *
1～8 年级							
男生	75.0	74.6	68.0	59.1	58.2	52.0	52.9
女生	85.0	83.4	79.4	65.1	65.2	58.0	56.9
总计	78.3	77.9	72.7	60.9	61.1	54.5	54.6
1～10 年级							
男生	N. A	N. A	79.8	67.5	70.0	66.6	64.2
女生	N. A	N. A	86.6	76.9	77.3	70.6	68.6
总计	N. A.	N. A	82.5	71.3	72.9	68.3	66.0

基础教育质量低劣、学生学习成绩低下一直是困扰印度基础教育的难题。1980 年一项印度全国的教学抽样调查的结论是：1. 小学成绩低下，在 11 项测验中，只有一项在大多数邦中有 50% 或更多的学生作了正确的回答；2. 中学水平更差，没有一个邦的分数达到 35 分（满分为 100）；3. 在逻辑推理或知识与技能运用方面的测验中，情况更加糟糕。[②] 甚至在教育

① Ministry of Human Resource Development Government of India：Education Statistics [EB/OL]. [2006－09－02]. http：//www. education. nic. in/htmlweb/edusta. htm.

② 曲恒昌. 印度普及义务教育的目标期限为何一再推延 [J]. 比较教育研究，1994 (4)：1－7.

相对发达的州，学完了小学各年级课程且具有识字能力的人数比例都低得令人难以置信。而且，学校系统里的读写质量也不高。孩子们所获得的学校教学质量不足以使孩子们掌握基本的读写算的技能。在马哈拉施特拉邦塔（Maharashtra），一项基于28个城市和8个农村地区的调查发现：在6~14岁年龄组中，只有30%的孩子能比较流利地阅读基本课文和做简单的算术。在泰米尔纳德邦（Tamil Nadu）的两个地区的一项研究中发现，大多数学生缺乏功能性的读写算技能。在北方的四个州做的研究报告中也有类似的结果。在中央邦（Madhya Pradesh）的两个地区做的一项调查研究中发现，在大多数被访问的学校中，很少有孩子能流利地朗读他们的基本课文，教学方法也过于强调死记硬背而少有对课文的全面理解。印度“基础教育与国家发展”研究小组的报告也认为，除了少数精英学校和其他为中上等阶级服务的学校，其余大多数学校在语言和数学方面的成绩不会有显著的差异。[①] 学业成绩很低的直接结果是大量学龄儿童对学习失去信心而选择辍学。因此，基础教育质量的低劣既是义务教育发展水平低下的反映，又是普及高中教育的绊脚石。

印度的童工现象十分严重。虽然印度法律禁止工厂雇用童工，但法律却允许他们在村舍工业、家庭作坊、餐馆或农村劳动。由于对童工范围没有统一的界定，因此，政府和非政府机构对童工的统计数字差距很大。在农村，14岁以下儿童跟随父母从事农田劳动是十分普遍的现象；绝大部分女孩在七八岁就开始承担绝大部分家务劳动。泰米尔纳德邦的一项对火柴、烟花制造业的抽样调查表明，其工人中有90%是6~14岁的女孩。女孩与男孩的全日劳动比为80∶20，70%的男孩在上学的同时，做小时工；而80%的女孩全日做工。据《印度人》（Indian）1993年6月13日报道的泰米尔纳德邦的一项抽查表明，在7个村子里，有子女做工的65户人家中有一半的家庭，其家庭经济收入程度不同地依赖子女做工的收入。其中17%的家庭，其经济收入中的一半来自子女；40%的家庭，其收入的1/3至一半为子女做工收入。只有12%的家庭，子女做工占总收入的20%。[②]

① 王英杰，曲恒昌，李家永．亚洲发展中国家的义务教育［M］．北京：人民教育出版社，2003：56-57.

② 王晓丹．童工、童婚与义务教育——印度青少年问题［J］．南亚研究，1994（3）：70-75.

由此可见，贫困导致了印度童工的大量存在，而童工又导致了印度初等教育的高辍学率，初等教育居高不下的辍学率影响到中等教育的入学率。

虽然印度早已有了禁止童婚的法令（1929 年），但印度童婚现象仍十分严重。童婚现象主要发生在农村地区，尤以贫困地区为烈。数年前的一项调查表明，拉贾斯坦（Rajasthan）邦在校小学生的 30% 已婚，已订婚的未婚者的 37% 在 15 岁以下。令人震惊的是，在整个拉贾斯坦邦，全部已婚夫妇中有 25% 的年龄在 15 岁以下。据《印度时报》（Times of India）1994 年 1 月 9 日的一篇报道，在道格拉地区一个名叫顿马的小村庄里，新娘最大的年龄不超过 12 岁。因为，新娘年龄越小，婚礼花费越少。因此，贫困家庭为了节约开支而将女孩早早地嫁出去，早婚及童婚是穷人躲避巨大婚礼花费的权宜之计。[①] 这在一定程度上影响了初等教育的巩固率。

（二）大量学龄人口无学可上

独立之初，印度政府将整个教育经费的 50% 用于发展初等教育；之后又将教育的投资重点放在高等教育上，从而相对忽视了对中等教育的规划和投入。政府对中等教育的投入基本在 GDP 的 1.13% 到 1.44% 之间浮动。中等教育经费在各级教育经费中的比例也在逐年降低（从 1999—2000 年度的 4.97% 降至 2001—2002 年度的 4.09%）。当教育经费中的 97% 用于支付教师的工资时，根本无力增建学校和改善学校的教学设施。因此，政府对中等教育投入不足的直接后果便是学校数量不足或设施简陋。

据统计，在约 9,700 万（1991 年）的 15 ~ 19 岁适龄青少年中，只有 2,800 万（28.8%）在中等教育注册。目前，一所中等教育水平的学校平均能容纳 648 名 15 ~ 19 岁青少年；而平均每所初中和高中学校只有 236 名学生注册；因此，要为 15 ~ 19 岁适龄青少年提供入学机会从而普及高中教育，政府需要再修建 21.3 万所初中和高中学校。[②] 另外，从学校的分布来看（表 5 - 5），61.4% 的高中学校在距聚居地 5 公里以外，其中有高达

---

① 王晓丹. 童工、童婚与义务教育——印度青少年问题 [J]. 南亚研究，1994（3）：70 - 75.

② Department of Higher Education, Ministry of Human Resource Development, Government of India. NATIONAL PROGRAMME FOR ACCESS WITH EQUITY IN SCHOOLS [EB/OL]. [2006 - 11 - 10]. http://education.nic.in/access_equity_revised_draft.asp.

36.7%的高中学校在10公里以外。从人口统计的角度来说，约有23%的学生需要到5公里以外去上高中，约46%的农村人口在8公里以内没有高中学校。[①] 这给偏远农村学生，特别是偏远农村女生的入学带来了困难。因为很多偏远山区学生需要走很长的山路，步行这么长一段距离去上学，对他们的安全构成了威胁，家长或学生为了安全起见，也许会选择辍学。另外，越是山区地方，受传统社会习俗的影响也越大。而印度的传统社会习俗是反对女孩接受初等以上教育、禁止她们在家庭以外自由活动。因此，学校与居住地的距离是这些地区女生入学的严重障碍，如此远距离的学校无异于剥夺她们接受高中教育的机会和权利。总之，要实现高中教育的普及，首先应该保证这些地区的适龄学生特别是女生的入学。印度政府需要投入更多的经费在农村聚居地附近为偏远山区的学龄人口新建更多的高中学校。

表5-5 农村地区根据距离聚居地远近的各级各类教育机构的比例[②]（%）

各级各类教育机构	村庄里	2公里以内	2~5公里	5~10公里	10公里以外	无记录
学前	66.5	14.3	4.7	1.4	11.5	1.6
初小	72.3	16.2	6.2	1.5	2.5	1.3
高小	28.9	21.6	35.1	7.8	5.3	1.3
初中	11.9	14.5	38.5	20.0	13.8	1.3
高中	4.1	8.3	24.9	24.7	36.7	1.3
学位学院	0.6	1.6	7.8	16.1	72.7	1.2
信息技术教育机构	0.3	0.7	3.0	6.6	88.0	1.4
非正规教育机构	6.8	2.1	5.1	5.5	78.9	1.6

大量适龄学生无学可上，主要是因为印度政府对中等教育的投入严重不足。不过，印度政府投入高中教育的经费从数量上来看增长速度还是很快的。在印度独立后的第一个五年计划（1951—1956年）期间，中等教育

① Department of Higher Education, Ministry of Human Resource Development, Government of India. NATIONAL PROGRAMME FOR ACCESS WITH EQUITY IN SCHOOLS [EB/OL]. [2006-11-10]. http://education.nic.in/access_equity_revised_draft.asp.

② Ministry of Human Resource Development, Government of India. National Institute of Educational Planning and Administration [R]. New Delhi, 2005.

的经费总额只有2亿卢比，此后中等教育经费在各个五年计划期间成倍甚至成十倍地增加，到九五计划期间（1985—1990年）达到260.35亿，比一五计划期间增加了百倍之多，但同时期，分配给中等教育的经费比例却从13%降到了10.5%。

如果考虑到通货膨胀和学生人数增加的因素，上述增长速度更要大打折扣。“由于通货膨胀的压力，教育经费的实际增加要比现行价格表现出来的少得多。”[①] 就教育经费的总体情况来看，从1950—1951年度到1997—1998年度，“按照不变价格（以1950—1951年度为基础），相对于增长了369倍的物价，教育经费仅增长了18倍。也就是说，在1997—1998年度，人均教育经费和生均经费仅分别为104和553卢比。”[②]

另外，进一步考察分配给中等教育的经费总额所占GDP比例就会发现，在1974—1975年度到1997—1998年度期间，分配给中等教育的经费都不足GDP的1%。在近10年里，还只有0.87%。由此可以得知，政府没有将投资重点放在中等教育上。特别是当92%以上的高中教育经费被用于支付教职员工的工资时，根本没有多余的经费来发展高中教育。预计到2010年普及初等教育这个目标实现后，将会是中等教育的大发展时期，恐怕政府的投资重点应该放在中等教育上来。

二、采取的对策

（一）政策保障：中央教育咨询委员会中等教育普及委员会报告

为了实现到2020年普及高中教育的远景规划，印度政府于2004年7月重组了中央教育咨询委员会（CABE）。CABE是印度制定有关教育政策的最高咨询机构，它也为中央和地方就他们所关心的教育问题、教育政策和教育项目的制定、教育发展的方向和前景问题进行讨论提供了平台。它成立于1920年并因经济原因于1923年解散。随后又于1935年重组并于1994年停止运转，从而导致中央和地方在教育问题对话上的削弱。这些年来，CABE做出过许多重要的决定，也为教育和文化发展的相关问题提供

①② Azad, J. L. Financing of Secondary Education [Z]. Paper Presented in National Conference: Focus Secondary Education, New Delhi February 14 - 16, 2001.

了许多中肯的建议。在社会经济和社会文化快速发展的今天，CABE 扮演着特别重要的角色。委员会成员除了印度中央政府、州政府、自治区政府的代表外，还有社会各界利益的代表。

重组后的 CABE 于 2004 年 8 月召开第一次会议。在此会议期间，许多极具争议的问题需要进一步协商和慎重考虑。因此，CABE 决定组建 7 个委员会分别处理教育中的相关问题。它们是：CABE 免费义务教育法案及初等教育相关问题委员会、CABE 女童教育及公共学校系统委员会、CABE 中等教育普及委员会、CABE 高等教育机构自治委员会、CABE 学校课程中文化教育整合委员会、CABE 教科书管理机制委员会和 CABE 高等和技术教育经费委员会。

中等教育普及委员会经过一系列严肃认真的商讨、辩论和研究，于 2005 年 7 月发表了一份临时性报告《中等教育委员会关于普及中等教育的报告》。该报告为印度政府普及中等教育做出了远景规划：预计印度中等教育的普及分两步走，即力求到 2015 年普及初中教育、2020 年普及高中教育。该报告就普及中等教育的背景与现状、普及中等教育的可能性、原则、措施、计划与管理等问题提出了很好的建议。

该报告认为，随着边远山区小学计划、初等教育普及计划等一系列教育计划的成功实施，印度有望在不远的将来普及初等教育。初等教育的普及是普及中等教育的基础和前提。但是，中等教育的普及并不仅仅意味着现有中等教育数量上的扩张和模式上的复制，普及中等教育需要坚持四个基本的导向性原则。

1. 普及入学（universal access）

该报告认为，普及入学是指儿童的入学不受身体、社会、文化和经济等条件的制约。普及入学不但意味着适龄青少年需要达到多少个百分点的入学率，为学生提供多少教室、实验室、计算机等硬件设施，而且也意味着学校系统包括学生、教师、课程计划者以及教科书编撰者改变思维方式，摒弃性别歧视、种族歧视，共同创造一种新的文化氛围，给包括身体和智力方面有残障的学生提供足够均等的入学机会和良好的受教育环境。

2. 平等和社会公正（Equality and Social Justice）

宪法中的这两条基本原则表明不但要实现中等教育的平等和社会公

正，而且要通过中等教育努力实现社会的平等和公正。只有当学校课程让孩子充分理解并切实处理社会的不平等和不公正，孩子才会在以后的生活中继续追求平等和公正。要保证中等教育的平等和公正，学校教育系统必须从性别、经济差异、社会（比如表列部落、表列种姓）、文化（包括宗教和语言多样性问题）、残障儿童以及城市和农村六个维度努力。这六个维度要反映在学校课程设置中，不但用以建立孩子的自尊心，也确保所有孩子完成中等教育。但现在，约 58% 的高中学校属于非受助私人管理，而在这些学校里学习的孩子大多数都来自社会特权阶层。这意味着在这些学校学习的孩子没有机会了解其他不同社会阶层和多样文化背景的同龄人。很难想象那样的学校会培养学生的平等和社会公正感。正像教育委员会（1964—1966 年度）曾建议的那样，非受助私立学校应当被纳入公共学校系统中来。

3. 相关性和发展性（relevance and development）

该报告认为，今天的教育不但要能发掘孩子的所有潜能，而且要能促进孩子的发展与社会的发展之间的紧密连接。因此，该报告认为，教育应当在以下 4 个领域的发展扮演主要角色：（1）构建民主社会公民的职责和权利；（2）通过交叉学科掌握知识和概念体系，并能将其批判性地或创造性地运用于日常生活；（3）发展多元社会价值；（4）掌握继续学习所需的基本知识和技能。大量的家长将孩子送到学校接受教育就是期望能使他们的孩子有能力和信心面对职场和为自己谋生。因此，培养孩子的社会道德和生产经验以及面对挑战的能力将是当今教育的重要使命。

4. 结构及课程方面（structural and curricular aspects）

课程改革不能脱离教育结构的改革。如今，印度各州都基本采纳了“10 +2 +3”的学制模式，前 10 年提供学生普通教育课程，高中阶段应提供多样化的课程以满足不同学生的不同需要。但到 2003 年，仍然只有不足 5% 的学生就读高中职业流，离国家的到 2000 年预计 25% 的学生注册高中职业流的目标相差甚远。针对这一问题，国家教育研究培训委员会（NCERT）组建了劳动与教育国家集中调查组（the National Focus Group on “Work and Education”）对现行课程框架的实施问题与修正进行全面而广泛的调查。该调查组于 2005 年 4 月提交了一份报告，该报告认为，要对中等教育的课程和结构进行双管齐下的改革，也就是：（1）生产性劳动（Productive work）必须作为教学媒介引入整个学校系统（包括从学前教育到“+2”阶段）的课程中来，以有利于学生获得知识、培养价值观和技能。（2）必须在全国范围内组建职业教育与培训计划（programme of Vocational Education and Training，VET），这些计划行政上和结构上都不属于学校系统编制，并有助于加强各模块课程横向和纵向上的紧密联系。

（二）大力普及初等义务教育以提高高中教育的入学率

虽然，印度目前普及高中教育还有一定的难度，但初等教育的普及是普及高中教育的基础。因此，印度政府在2001—2002年度开创的SSA计划（Sarva Shiksha Abhiyan全民教育运动）框架下规定了初等教育的阶段性普及化目标（到2007年普及初小、2010年普及高小）以及为了提高基础教育的入学率、改善办学条件、提高教育质量而制定的一系列行之有效的计划。

1. 初等阶段女童教育国家计划（National Programme for Education of Girls at Elementary Level，NPEGEL）：该计划是SSA计划的一部分，从命名上便清楚地表明，该计划将为全国所有没在学校就学的适龄女童提供物质上和经费上的援助，以帮助她们完成初等教育。

2. 黑板行动计划（Operation Blackboard，1987）：重在改善小学的办学条件、提高巩固率、提供基本的教学设施以及提高学生的学业成绩。

3. 最低学习水平计划（1991年）（Minimum Levels of Learning）：重在学生语言和数学能力的提高和教材的开发。

4. 印度女童学校计划（2004年）（Kasturba Gandhi Balika Vidyalaya Scheme）：为困难地区的表列种姓、表列部落、少数民族女童建立750所初等教育寄宿制学校。

5. 县初等教育计划（District Primary Education Programme，DPEP）：该计划力求提供所有孩子上小学（1~5年级）的机会；将初等阶段的辍学率降低到不足10%；将不同性别、不同种族儿童的入学率、辍学率和学习成绩的差异性降到不足5%；将语文和数学成绩至少提高25%，其他科目成绩至少提高40%。到1999年1月，该计划已兴建了7,000所学校，扩建了5,300间教室，提供了8,800间厕所和引用水设施。规模还会按计划继续扩大。

6. 午餐援助计划（Mid-Day Meal Scheme，1995）：旨在通过提高初等教育入学率、巩固率以及影响初等教育阶段学生的营养而推进初等教育的普及。

随着这些教育计划的逐步实施，印度正在向着初等教育普及化目标迈进。

（三）大力开办中等教育学校为适龄青少年提供均等的受教育机会

到 2001—2002 年度为止，印度用 133, 492 所中等学校容纳了不足 1/3 的入学人口。随着初等教育的普及和边远山区初等教育计划的实施，中等教育的入学率有望提高，所以还需要 20 多万所新学校来容纳他们。因此，印度政府十五计划的重点便是面对日益高涨的中等教育需求，采用各种方式全力开办中等教育学校，为所有儿童提供均等的入学机会。

1. 政府鼓励私人办学，也和民间组织联合办学

目前，58% 的高中学校由非政府组织投资开办和管理，这大大缓解了政府的财政压力。印度政府鼓励私人办学的同时，也计划与非营利性民间组织联合办学。比如，中央学校管理委员会（Kendriya Vidyalaya Sangathan，KVS）是一个成立于 1965 年，对中央学校进行管理的自治组织。中央学校是为了解决经常调动的中央政府雇员和警卫部队人员子女的教育需求而开办的。全国的中央学校使用统一的教材和教学大纲，用梵语教学，也招收表列种姓和表列部落儿童，并实行免费教育。印度政府拨款给像中央学校管理委员会这样的非营利性组织，使其开办更多的学校。

2. 示范学校计划

印度政府预计在每个县创建一所示范学校（Navodaya Vidyalayas），为来自农村和贫寒家庭的有天赋的儿童提供高质量的现代化教育，旨在“在结合平等和社会公正的（对表列种姓和表列部落的学生有所保留）的情况下，为来自全国各地，大部分是农村的有天赋的儿童提供一起生活和学习的机会，以促进国家的一体化；挖掘他们所有的潜力；而最重要的目的

是，要成为全国范围的学校改进计划的催化剂。① 新式学校经费充足，设备齐全，师资雄厚，实行寄宿制和免费制。每年经过选拔考试招收约35,000名五年级毕业生。现在，这种新式学校已经增长到482所，学生人数14.1万，遍及34个州和中央直辖区。

但许多人对新式学校持怀疑的态度，尤其是平等问题。印度目前初等教育的普及化远未实现，文盲率、辍学率很高，应在普及化的基础上实现精英教育。而示范学校将有限的资金用于为少数人提供优越条件，更容易导致两极分化。普通学校学生的平均教育经费是150卢比，新式学校学生的平均教育经费高达9,500～10,000卢比。目前印度中等教育质量不高，主要原因是缺少资金和师资，大量的公立学校情况更差，甚至缺少必要的物资设备，如校舍，教学用具等。在未实现义务教育之前，示范学校这种具有选拔性质的入学考试是不平等的，有许多贫穷学生因为交不起学费而辍学，因为帮助家里劳动占用了过多的学习时间而影响了小学的正常学习时间，这种考试对他们是不公平的。但另一些人却认为，这是一个为印度发展培养人才的多快好省的方法。

3. 加强女生膳宿设施计划

随着初等教育的逐步普及，扩张中等教育的要求就显得迫切起来。而居住在农村、沙漠、山地及贫困地区的女童特别是表列种姓、表列部落以及教育落后的少数民族长期以来中等教育的入学率都非常低。究其原因，主要是传统的社会习俗禁止她们在家庭以外的自由活动，因此她们被禁止接受初等阶段以外的教育。农村地区和落后地区聚居地与高中学校之间的路途遥远是她们入学率低的另一个主要原因。达克宣言（The Dakar Declaration，2000）号召到2005年消除中等教育中的性别不平等，此外，它也号召通过为穷人提供入学机会保证他们受教育的权利，从而发展大众教育和全纳教育。在这种背景下，印度政府于1993年正式启动《加强女生膳宿设施计划》（The Scheme for Strengthening Boarding & Hostel Facilities for Girls Students），目的在于通过为这些地区的女生修建宿舍，提高这部分学生的高中入学率。政府拨专款给有实力的公司，为初中和高中女生修建食

① 瞿葆奎．教育学文集：印度、埃及、巴西教育改革［M］．北京：人民教育出版社，1991：433.

堂和宿舍。目前，已有15,000名女生因该计划的实施而受益。该计划于1998年受到NCERT的评估。根据NCERT的建议，该计划于1999年获得修正，并于2001年8月获得内阁的正式批准。被修正的条款如下：1. 循环拨款已经从现在的每年每寄宿生5,000卢比上升到10,000卢比，这些专款主要用于采购供应食品以及厨师的工资；2. 非循环拨款已经从现在的每年每寄宿生1,500卢比上升到3,000卢比，这些资金主要用于购买家具、器具、娱乐设施、体育游戏器材、阅览室、设备和书籍；3. 就读于6~12年级的寄宿生有资格获得该计划的援助；4. 60%的寄宿生必须是9~12年级的学生；5. 每栋宿舍的寄宿生的最高限度是50~150人；6. 任何公司、机构、组织在受到印度政府的拨款以后不应当收取寄宿生的住宿、伙食以及其他宿舍费用，并必须为此提供证明。

“+2”阶段中等教育职业化的中央资助计划（the centrally sponsored scheme of vocationalisation of secondary education at the “+2” level）于1988年开始实施，其修订方案也于1992开始实施。该计划提供经费支持州政府建立一个管理结构、管理领域—职业调查，准备课程、教科书、课程指导、培训指南、教师培训计划、加强技术支持系统或研究和发展、培训和评估等。它也提供财政援助给非政府组织和其他自愿组织实施特别的、短期课程革新计划。该计划到目前为止已经在7,300所学校建立了20,600个基层组织，为“+2”阶段的约100万学生提供服务。

（四）大力发展非正规教育为学生提供可供选择的入学方式

在过去的几十年中，中等教育和高中教育的结构和组织没有根本性的变革。而州中等教育经费却逐年增长。随着政府的认可和经费援助，非政府机构参与管理中等教育机构也在逐年增多，非政府机构管理着约51%的初中学校、58%的高中学校。为了满足那些不能在正规学校注册的学生的受教育需求，国家和州开放学校（National and State Open Schools）通过运用多媒体和联络中心（contact centers）为他们提供了机会。

国家开放教学协会（National Institute of Open Schooling，NIOS）作为一个自治组织为全国中等教育阶段适龄人口提供综合的远程教育计划。其前身是CBSE于1979年创设的开放学校计划（Open School Project，OSP）。1986年国家教育政策明确表明，国家需要远程教育并设想在印度建立一个高质量的、强有力的、生机勃勃的开放学校系统，以成为印度正规中等教育系统的补充。遵循国家教育政策的建议，人力资源开发部于1989年创建了国家开放学校（National Open School，NOS），并合并了CBSE的开放学校计划。1990年，印度政府授权国家开放学校自行组织考试和自行颁发文凭。国家开放学校的成功激发各州也开办州开放学校，政府提供资金，国家开放学校为其提供学术上和技术上的援助。2002年，国家开放学校被更名为国家开放学校协会，负责管理国家和州开放学校。国家开放学校协会主要为不能进入正规学校学习的学生提供基础课程计划、初中课程计划、高中课程计划和职业教育课程等非学位课程。它通过遍布全国的学习中心网络为学生提供帮助。现在，约有2,500个这样的学习中心为来自全国甚至国外的140万学生服务。国家开放教学协会一年组织两次考试，允许学生一次报考多科，修完规定的课程、修满规定的学分即可毕业，获取证书。印度政府给协会提供资金以确保女童、表列种姓表列部落儿童和残疾儿童免交学费，其他人仅交纳相当低的学费；将协会隶属于正规学校，但协会有权对正规学校提供的课程作出选择。协会必须严格实行“即请即入、即请即考”（on-demand）计划，也就是说，国家开放教学协会实行开放的入学制度，既没有任何年龄或严格的已受教育资格的规定，而且没有任何地域的限制；灵活的学习计划，即学习者可以自由选修目录上的科目并按其愿意的速度进行。联合国教科文组织国际教育计划研究所（International Institute for Educational Planning，IIEP）的苏珈萨（K. Sujatha）女士对印度国家开放学校的入学要求和程序、学生注册情况、课程设置、考试和经费等问题进行了深入研究，认为国家开放学校既有优点也有很多不足。但不管怎样，国家开放学校协会已成为正规中等教育系统的有益补充，为众多的适龄人口提供了受教育的机会。

第三节　印度普及高中教育中存在的发展不平衡问题及对策

一、存在的问题

印度普及高中教育面临的另一个主要问题无疑是教育发展的极不平衡，主要表现为以下几方面。

（一）印度普及高中教育的经费投入不平衡

由于印度中央政府的预算拨款主要用于高等教育和其他教育计划，而90%以上的初等教育和中等教育经费来自各邦政府。因此，考察各邦政府对中等教育的经费投入更有意义。而各邦的学制又不尽相同，况且，普及高中教育仅仅是远景规划，因此，这里我们借用中等教育的经费投入来说明和比较各邦政府对高中教育的经费投入。

印度各邦、中央直辖区中等教育的发展水平差异很大，是它们对总的教育投入和中等教育投入上存在很大差异的直接结果。在1985—1986年度至1995—1996年度的10年间，教育经费预算占各邦、中央直辖区经费预算的比重，平均为18%～22%。各邦、直辖区的差距很大。比如，在义务教育和中等教育都比较发达的克拉拉邦（Kerala），20世纪80年代以前教育占该邦预算的比重达到36%，最高年份接近40%，这10年间教育占该邦预算的比重都在26%左右，虽然比以前有所下降，但仍高于全印平均的20%。而在安达曼群岛（Andaman and Nicobar Islands）、拉克沙群岛（Lakshadweep）等邦或地区，教育经费的比重只占到总预算的百分之十几甚至百分之几，远远低于全印的平均水平。而这几个邦的初等教育和中等教育也是比较落后的。由此可见，各邦政府对教育经费投入的多少明显影响到该邦初、中等教育的发展状况。

各邦、中央直辖区在教育经费的内部分配上也存在比较大的差异。例如，在1993—1994年、1994—1995年、1995—1996年三个年度期间，全国中等教育总经费（包括经常性和非经常性经费）分别占教育经费总额的31.4%、31.4%和31.7%，在果阿（Goa）、旁遮普（Punjab）等邦，这一比例达到50%左右，德里甚至还达到了60%多，但在中央邦等地这一比例只有20%左右，在昌迪加尔（Chandigarh）、那加兰邦（Nagaland）甚至还不足20%。

各邦的人均教育经费同样存在很大差异。在1992—1993年度，印度人均教育经费为314卢比，而拉克沙群岛邦的人均教育经费超过1,822卢比，居全印最高，其次是安达曼群岛邦（1,008.95）和昌迪加尔邦（960.20）。人均教育经费最低的是米佐拉姆（Mizoram）邦，只有88卢比，其次是比哈尔（Bihar）邦（209.89卢比）和北方邦（Uttar Pradesh）（210.78卢比）。在2001—2002年度，预算人均教育经费最高的是拉克沙群岛邦（3,439.11卢比），其次是安达曼群岛邦（2,371.23卢比）；最低的是比哈尔邦（386.45卢比），其次是北方邦（465.20卢比）和奥里萨（Orissa）邦（500.39卢比）。

从以上的叙述中，我们可以看到一个奇怪的现象，在1985—1986年至1995—1996年度的10年间，拉克沙群岛邦教育经费占总预算的比重明显低于印度平均水平。但在1992—1993年度和2001—2002年度的人均教育经费统计中，该邦又是印度最高的。因为时间不一致，也许没有可比性。表5-6列出了所选择的几个州1995—1996年至2004—2005年度期间的平均人均教育经费和教育支出占州支出的平均比率，并依照高低给出了排序。从表中我们可以看出：克拉拉邦的人均教育经费以及教育支出所占州支出的比率都名列前茅；旁遮普邦和哈里亚纳（Haryana）邦的教育支出率偏低，但人均教育经费却很高；比哈尔邦教育支出率排在第一位，但人均教育经费却排在倒数第二。如果把各邦的学生人数与人均经费作一个对比，就可以发现这一奇怪现象的根源：从人口数量上说，大邦的人均教育经费一般要低于小邦。在校学生人数超过1,000万的比哈尔、中央邦、泰米尔纳德邦、北方邦及西孟加拉（West Bengal）等五个邦中人均经费均相对较低，而人均经费明显靠前的旁遮普、泰米尔纳德、古吉拉特（Gujarat）、哈里亚纳等邦学生人数都比较少。当然，其中也有例外，马哈拉施特拉既是大邦，人均经费也比较高；奥里萨既是人口小邦，人均经费也比较低。这间接说明，人口的发展是制约中等教育普及的一个重要因素。

表 5-6　各州平均人均教育经费以及教育支出所占州支出的比率①

（从 1995—1996 年度至 2004—2005 年度）

州	平均人均教育经费（当前价格）（卢比）	排序	教育支出占州支出的平均比率（%）	排序
高收入州				
古吉拉特	608.13	5	14.43	10
哈里亚纳	597.82	6	13.02	13
马哈拉施特拉	735.60	3	18.36	3
旁遮普	736.01	2	13.12	12
中等收入州				
安得拉	442.81	10	12.41	14
卡纳塔克（Karnataka）	572.08	7	15.99	7
克拉拉	766.59	1	18.83	2
泰米尔纳德	618.21	4	16.74	6
西孟加拉	475.03	9	17.01	5
低收入州				
奥里萨	436.70	11	15.52	8
比哈尔	327.83	13	21.21	1
中央邦	333.81	12	13.74	11
拉贾斯坦	526.11	8	17.06	4
北方邦	324.87	14	15.34	9

（二）地区之间教育发展的不平衡

以 1995—1996 年度为例，印度官方公布的 11 年级毛入学率为 26%，其中有的邦的入学率已高达 45%，而有的邦却低到 3%。有 11 个邦或中央直辖区的入学率超过 26%。同时期净入学率，全印平均数为 15%，有些邦达到 35%，而另一些邦却只有 1%。

① Ministry of Human Resource Development, Government of India. Handbook of Statistics on State Government Finances, RBI2004/05.

辍学率也反映出各邦和直辖区之间的不平衡。2002—2003 年度，1～5 年级、1～8 年级克拉拉邦的辍学率均为零，而 1～10 年级的辍学率也仅为 12.9%，远远低于全印的平均数 62.58%。而同时期 1～10 年级辍学率高于 75% 的有米佐拉姆、那加兰邦、拉贾斯坦、西孟加拉等邦，甚至比哈尔和古吉拉特邦分别高达 83% 和 80%。[①]

造成地区之间教育发展不平衡的原因很多，归纳起来主要有以下两点。

1. 教育投入的差异

印度教育在 1976 年的宪法修正案生效以前，教育由各邦负责。虽然宪法修正案扩大了联邦政府在教育上的管理权限，但从联邦政府和邦政府对教育的投入上可以看出，基础教育和高中教育仍主要由各邦政府负责。联邦政府对高中教育的发展主要表现在对有关高中教育的中央发展计划的资助。由于各邦对教育特别是高中教育的重视程度、经济发展水平的巨大差异所导致的经费投入、人口发展特别是适龄人口等方面的巨大不同，导致了各邦教育包括高中教育发展的巨大差异。克拉拉邦的例子可以充分说明这一点。克拉拉的总体经济发展水平并不是全印度最高的，但其人口分布相对集中，有利于学校的布局。并且由于邦政府对教育的重视，使得该邦的教育投入明显高于全印平均水平。例如，在 1985—1986 年度和 1991—1992 年度，该邦预算教育经费占邦预算的比率分别为 32.1% 和 26.8%，高于印度平均水平的 13.0% 和 12.8%；而同时期预算教育经费占邦 GDP 的比率分别为 7.1% 和 6.4%，同样高于印度平均的 3.7% 和 4.0%。[②] 而克拉拉邦整体教育发展水平如识字率、各级教育入学率等明显高于其他邦，由此说明，邦政府对教育的重视程度以及对教育投入的多少是直接导致各邦教育包括高中教育发展不平衡的重要原因。

2. 人口发展状况

人口发展状况包括人口的分布情况和人口的数量两个方面。印度幅员

---

① Department of Higher Education, Ministry of Human Resource Development, Government of India. Annual Report, 2004: 261.

② Department of Higher Education, Ministry of Human Resource Development, Government of India. Budgetary Resources for Education (1951 - 52 to 1993 - 94), Allocations in Relation to GNP/GDP [R], 1995.

辽阔，人口众多，各地区人口分布状况存在很大差异，这对教育当然也包括普及高中教育产生直接或间接的影响。有的邦人口不足百万，且分布相对集中，学校设置也相对集中些，教育发展就好。而有的邦人口逾亿且分布很广，教育发展相对就落后些。印度“基础教育与国家发展”研究小组的报告指出，聚居地大小的分布是影响农村地区教育与发展的一个关键因素，一地区小聚居地所占比例越大，教育越不发达。据1971年的统计，人口在5,000～10,000的聚居地，有教育设施的比例超过98%，而人口在200以下的聚居地，有教育设施的比例只有14%，人口在100以下的聚居地最缺乏包括教育在内的各种基础设施。小聚居地最多的奥里萨、中央邦、拉贾斯坦、比哈尔、北方邦，均为教育落后的邦。[①] 人口数量主要表现在人口基数过大、增长速度过快，而教育经费投入的增长跟不上学龄人口增长的速度也是造成教育发展不平衡的重要原因。比如，比哈尔、北方邦、中央邦、安得拉、拉贾斯坦、奥里萨等几个人口逾百万的大邦，教育发展的整体水平明显低于印度全国平均水平。这说明对高中教育的普及需要与控制人口增长齐头并进。

（三）农村与城市教育发展的不平衡

印度基本上是个以农村人口为主的国家，只有约24%的人口居住在城市。但农村与城市的经济发展水平、文化传统及人们对教育的认识程度的不同，导致了农村与城市教育发展水平的巨大差异。以1995—1996年度为例，全印度11～12年级学生的在校率，城市为51%，而农村只有24%，还不足城市的一半。

（四）处境不利人群的教育远远落后

在印度，处境不利人群指的是表列种姓、表列部落、农村和城市贫民等人群。

种姓制度是印度社会的一大特点。被官方称为表列种姓（SC）的是四个种姓中最低的一等，人口约占全印度人口的15%。而生活在偏远山区和

① 王英杰，曲恒昌，李家永．亚洲发展中国家的义务教育［M］．北京：人民教育出版社，2003：52－53.

森林中的土著少数民族被官方称为表列部落（ST），人口约是印度总人口的8.1%（1991年）。全印6～14岁儿童有19,300万，表列部落儿童有1,600万，占了8.3%。目前，没有准确的数据说明表列部落儿童的高中入学情况，但从下表安得拉邦、维沙卡帕特南（Vishakhapatnam）这两个种姓部落聚居地儿童1～5年级的低入学率、高辍学率，我们可以推断出表列部落儿童教育的落后状况。许多研究也说明，表列种姓和表列部落在受教育机会上落后于其他种姓，为表列种姓和表列部落儿童提供的教育质量也低于其他种姓。这在印度是一个公认的事实。①

表5-7　部落初等教育阶段毛入学率和辍学率（1～5年级）②

	年　度	安得拉邦			维沙卡帕特南		
		男童	女童	总数	男童	女童	总数
毛入学率（%）	1993—1994	102.77	67.62	85.43	87.10	56.17	71.83
	1997—1998	120.22	92.22	106.51	96.48	70.21	83.21
辍学率（%）	1993—1994	72.48	78.08	74.63	79.27	80.54	79.71
	1997—1998	71.11	78.14	74.05	77.56	80.15	78.05

除了表列部落和表列种姓的教育相当落后以外，还有相当一部分农村和城市贫民儿童受教育状况也不容乐观。印度社会贫富差距很大，生活贫困的家庭占很大比例。它们主要集中在农村地区和城镇贫民区内。这些贫困家庭中的子女在印度青少人口中所占的比例将近一半。在加尔各答的贫民区里，有约2万少年儿童的母亲以卖淫为生。这些少年生活在极为不利于他们成长的环境中。

（五）男女青少年教育发展不平衡

在印度，男女青少年受教育的状况极不平衡，特别是在中学阶段。到2001—2002年度，女生在9～12年级中的入学人数才占整个入学人数的39.5%，尚不足一半，而辍学率却高于男生。并且，农村、城市女童的入学比例差别更大。调查发现，在农村地区，每100个女孩中，有40人能上

① Department of Education, Government of India. Educational Statistics [EB/OL]. [2004-07-02]. http://www.education.nic.in/htmlweb/edusta.htm.

② Government of Andhra Pradesh. Selected Educational Statistics 1997-98.

到5年级，18人上到8年级，9人上到9年级，只有1人能上到12年级。而城市地区的相应数据是82、62、32和14。①

二、采取的对策

从以上的介绍和分析中，我们可以看出，造成印度高中教育发展不平衡的根本原因就在于高中教育主要由各邦政府和自治区政府负责，各邦政府由于经济发展水平、邦政府对高中教育重视程度、邦的人口发展状况等原因对高中教育投入存在巨大差别，而中央政府的财政预算拨款不足以平衡这种差别，因此，为了解决这些问题，印度中央政府决定加大对教育的投入，预计到2009—2010年度将教育经费提高到GDP的6%，并成立了一个专门工作小组就该计划拟订了三套方案。除了加大对总的教育投入以外，印度中央政府还实施了许多计划，如“国家公平入学计划”等，这些计划为各邦、自治区政府或非营利性民间机构提供大量资金，敦促他们开办学校、改善教学设施、解决女童、表列种性、表列部落、少数民族以及落后地区学生的入学问题。另外，中央政府也通过立法等形式鼓励消除教育中的性别不平等和种性歧视等问题，如《达克宣言》等。

第四节　印度普及高中教育的课程改革和教学问题及对策

教学是学校教育的中心工作，而课程又是教师和学生互动关系形成、教育目的实现的重要媒介。因此，课程问题是学校教育的核心问题，世界各国历次的教育改革都是以课程改革为契机。印度也不例外。

---

① Department of Education, Government of India. Scheme for Strengthening of Boarding and Hostel Facilities for Girl Students of Secondary and Higher Secondary Schools [EB/OL]. [2004 - 07 - 02]. http: //www. education. nic. in/htmlweb/girls_ hostel_ scheme_ detail. htm/.

一、印度高中教育课程改革历程及特点

（一）印度高中教育课程改革的历程

1. 20 世纪 50 年代印度高中教育的课程改革

印度高中教育是在殖民地时期建立起来的，其任务是传授西方文化，重视人文科学，为升大学作准备。实际上它是大学的预备校，失去了其作为一个独立教育阶段应有的培养目标，难以适应独立后印度政治、经济和文化建设等方面的客观要求。因此，为了改革殖民地时期高中教育课程设置单一和只为升学作准备的弊病，1952 年成立的中等教育委员会提出改革中等教育学校类型，把一部分原有中学改建、升格为多目的学校，并新建一些这样的学校，取消中间学院，并在改建后的多目的学校中实行选课制，即以两门语言、普通学科、一门手工和体育课为核心，提供人文科学、自然科学、农业、商业、技术、艺术和家政等 7 个学科组给学生选择。这种课程设置反映了既要给学生提供广博的基础科学知识以及必需的技能，又要为他们提供各门类的专业训练，以达到既给初等学校提供教师，又为大学提供生源的目的，强调民族语言和手工工艺的教学与课程设置。[①] 但中等教育委员会的课程计划最大的缺陷在于专业化开始过早，学生在八年级结束后就开始分科学习，不符合学生的身心发展特点和世界中等教育的发展趋势。再者，由于财力不足、师资匮乏，传统思想和教育权实际掌握在各邦手中而各邦意见不一等原因的影响，多目的学校的改建和新建工作并不成功，形成了实际上的双轨制。

2. 20 世纪 60 至 70 年代印度高中教育的课程改革

由于 20 世纪 50 年代的中等教育委员会的高中教育改革受到了阻碍，成效甚微。印度政府于 1964 年设立了以大学拨款委员会主席科塔里博士为主席的教育委员会（又称科塔里教育委员会），该委员会历经两年多的全面调查于 1966 年提交了一份名叫《教育和国家发展》的报告书。以此为基础，印度政府于 1968 年发表了作为改革、发展印度教育事业的纲领性文

① 汪霞．国外中小学课程演进［M］．济南：山东教育出版社，2000：858.

件《国家教育政策》。该文件认为："在全国各地建立一个大体一致的教育结构是十分有利的，其最终目标是采用 10 +2 +3 学制模式。"① 废除从九年级就开始实行的选课制，将普通教育由 8 年延长为 10 年，到高中阶段即新学制的" +2"阶段才开始分流，分为学术组（学术班）和职业流（职业班）。"职业教育的目标在于使中等教育成为终结性的、以就业为导向的、对学生有直接用途的教育。普通教育课程应该多样化，使学生能够在最后两年中学时间里有充分发展自己特别学术兴趣的机会。"② 其课程设置分为学术性科目和职业性科目。学术性科目适用于学术班（学术流），包括：（1）两门语言（任意一门现代印度语或现代外语和古典语）、劳动教育、社会服务、体育、艺术和手工、道德教育和价值观教育等必修科目；（2）另外一门语言、历史、地理、经济学、逻辑学、心理学、社会学、艺术、物理学、化学、数学、生物、地质学、家政学等选修科目。职业化科目适用于职业流（职业班），包括职业基础课程和职业课程。职业基础课程包括各种职业所需要的基础理论科目，约占总学时的 25%，职业课程包括各种具体职业训练和实习，约占总学时的 50%。但科塔里委员会的课程计划使学生负担过重，内容太多而庞杂。因此，"即使接受了 8 年、10 年和 12 年的学校教育，仍有大批的学生未掌握认识自然、文化、社会、经济环境的能力，未获得独立思考的能力。当他们进入就业市场时，并不具备足够的信心、能力和职业技能。并且修习职业课程的学生与普通教育的学生比例严重失调。"③ 1972 年的国家教育委员会审查了科塔里委员会设计的课程，认为其设计的不同类型课程之间的区别过于僵化，并仍以书本知识为主。因此，1977 年的帕特尔委员会分别制定了学术流和职业流课程。（1）职业流、学术流的学生都应拿出 25% 的时间用于学习语言、基础科目（社会、经济、科学等）；（2）学术流学生 75% 的时间用于学习科学、社会科学、人文科学（包括文学）；（3）职业流学生 25% 的时间用于学习职业基础课程；（4）职业流学生 50% 的时间用于学习职业课程。学术流学生

① 瞿葆奎．教育学文集：印度、埃及、巴西教育改革［M］．北京：人民教育出版社，1991：306.

② 汪霞．国外中小学课程演进［M］．济南：山东教育出版社，2000：860.

③ 同①，396.

必须学习（1）（2），职业流学生必须学习（1）（3）（4）。[①]

3.20 世纪 80 年代的高中教育课程改革

1976 年以前，印度教育管理权限在各州和直辖区政府。中央政府只有权对州教育事务提供指导。1976 年，印度宪法第四十二修正案规定，教育由中央政府和各州（直辖区）政府分权管理。1986 年，人力资源开发部提出的题为《国家教育政策》成为印度第一个真正意义上的、统一的国家教育政策。NPE 认为就培养学生国民意识，使学生理解公民的社会职责和权利而言，中等教育阶段是一个合适的阶段，应该加强中等教育。因此，它首次提出了一个全国课程框架，即包括共同的核心课程和其他选修课程。核心课程包括：（1）印度自由运动史；（2）宪法的义务；（3）培养国民平等感；（4）印度文化史；（5）平等、民主和世俗主义；（6）性别平等；（7）环境保护；（8）消除社会障碍；（9）尊重小家庭模式；（10）培养科学精神。

高中由于实行了学术流和职业流，课程设计的一个鲜明特征就是多样化，为培养学生进入更高一级学院学习作准备的学术流课程包括：一种或两种语言，各种选修课；职业流课程包括一种或两种语言、普通基础课和职业课。具体课程方面加强了科学教育、计算机教育、环境教育和价值观教育。

1986 年的《国家教育政策》规定，职业教育具有终结性特征，这也是印度学生不愿修习职业课的主要原因。正如印度德里大学教育系的巴瓦（Bawa，M. S.）教授所说的："学生对修习职业课程缺乏动力，最主要的原因是职业教育的终结性，它与高等教育没有联系，只要职业教育是结业性的，不能提供横向流动或纵向流动的可能，它就不可能像学术流那样吸引学生。"[②] 为了改变这种状况并力争"到 1990 年有 10% 的高中生修习职业课程，并在 1995 年使这一比例上升到 25%"，1986 年的《国家教育政策》规定，要"为修习职业课程的毕业生提供专业发展和职业提高的机会，并为他们提供通过过渡课程（bridge course）转而修习普通教育、技术

① 顾明远，梁忠义．世界教育大系：印度教育［M］．长春：吉林教育出版社，2000：312.

② M. S. Bawa. Problems of vocationalisation of Higher/senior Secondary Education［J］. The Education Quaterly，1986（4）：25－28.

和专业教育课程的机会”。[①] 也就是说，职业流的学生可以向学术流转换，毕业后既可以进大学继续学习，也可以离开学校参加工作。

4. 2000 年印度高中教育的课程改革

由于 1986 年的《国家教育政策》建议国家教育研究与培训委员会（National Council of Education Research and Training, NCERT）负有制定并定期修订国家课程框架的职责，其修正案《行动方案：1992》表明，学校课程每 5 年需要更新一次。因此，NCERT 于 2001 年 1 月发表了题为《国家学校教育课程框架：2000》（National Curriculum Framework：2000）（以下简称课程框架）的文件。该文件就高中教育课程改革提出的建议主要表现在两个方面：一是极力打破传统课程设置中职业流与学术流之间存在的严重界限；二是取消选修课的学组设置，真正实行课程的多样化。1986 年的《国家教育政策》虽然努力通过过渡课程为职业流和学术流之间搭起一座桥梁，变职业流的终结性为双向性，但效果并不明显。于是，课程框架主张，拆除职业流和学术流之间的森严壁垒，在学术流也开设普通职业课程，培养学生的职业态度、就业能力和健康的劳动习惯。其课程设置具体表现如下。

学术流

A. 基础课

- 语文：提高学生交流、阅读、写作能力；教会他们远离偏见、教条和迷信；培养他们对艺术、文学和优秀文化的理解力和自豪感。
- 劳动教育：培养学生健康的劳动习惯；树立学生尊重体力劳动、自力更生、互助合作等与生产劳动相联系的伦理、态度和价值观；其开课方式可以贯穿于一两门课程之中，也可以独立开课。其开课形式是在学校的领导下，和一村庄或城市贫民窟联合起来制订一个长期的发展计划，以此提供学生实践性经历和培养洞悉社会的能力。
- 体育：除了有规律的体力训练、体操、游戏、运动、瑜伽和体育活动以外，还应当包括体育教育、地方卫生条件、公共卫生设施、青春期和性教育。

---

① Ministry of Human Resource Development. National policy on Education—1986 [R]. New Delhi, 1986: 14.

- 普通职业课：农村发展、企业家精神。

B. 选修课

从传统科目中选三门：现代印度语及其文学；梵语及其文学；古典语及其文学；英语（学术性的或专业的）、其他外语、物理、化学、生物、数学、计算机科学、地质学、地理学、政治学、经济学、历史、社会学、心理学、哲学、艺术、雕塑、器乐、声乐、家政、会计、商务、工程制图等。除了传统科目，一些新兴的具有巨大潜力的科目诸如生物技术、基因组学、法律文献、生产教育、灾难管理（disaster management）、瑜伽、环境保护、资源保护、消费者教育、人口教育及家庭生活教育等也应当提供给学生选择。约40%的时间用于基础课程，60%的时间用于选修课学习。鼓励使用多媒体进行教学，着重学生分析问题和解决问题能力的培养。

职业流

A. 语言

学生根据需要自行决定。

B. 普通基础课程

- 普通教育：是前10年普通教育课程的进一步延伸，其目的在于使青年人对当今印度和整个世界的社会经济、政治、道德和种族等问题更为敏感。
- 创业精神：推销；自我就业。
- 环境教育：培养学生的环保意识。
- 农村教育：农村的发展；鼓励学生到农村寻找就业机会。
- 信息交流技术：网络的使用。

C. 体育：和学术流相同。

D. 职业选修课

课程框架建议，职业选修课应涉及诸如农业、工程技术、商贸、计算机应用、家政、保健与护理、人文学科等广泛领域，但没有给出全国性的课程框架，而是把开课的特权交给了各个学校。各个学校必须经过专家大量的市场调查和分析，根据自己的地理位置、市场需求、学生的兴趣和才能开设具有就业前景的职业课程供学生选修。开设职业流课程的学校要么自己投建产培中心（Training-cum-production center），要么与校外产培中心联合给学生提供更多的实际操作的机会。

为了保障课程设置的多样性和灵活性得以实施，课程框架还极力提倡学期制和学分制的推行。其实，早在 1986 年的《国家教育政策》中就已经提及过学期制，后来国家教育研究培训委员会于 1992 年发表的《高中教育及其职业化》中也有论述。课程框架再次提及学期制，足见其重要性和实施难度。

总的来说，20 世纪 90 年代以后，印度高中教育的改革趋势是“在结合平等和社会公正的情况下，服务于优异这一目标”。采取的措施主要有：(1) 大力发展新式学校。新式学校是一种经费充足、设备齐全、师资雄厚的寄宿制和免费制学校，主要面对农村地区有发展潜力的天才学生招生。印度政府预计十五期间开办更多这样的学校。(2) 努力实施《障碍儿童随班就读计划》《国际奥林匹克理科竞赛计划》《加强中等教育女生入学计划》等。

2000 年的课程框架也进一步提倡高中教育职业化，学术班增设普通职业课程，培养学生正确的劳动态度和良好的劳动习惯；开设搭桥学程，努力填平学术流和职业流之间深不可越的鸿沟；试行和用人单位合作的证书制度；政府组建职业教育协会为学校的职业流课程提供技术支持。

5. 2005 年印度高中教育的课程改革

由于 1986 年《国家教育政策》建议每五年对学校课程进行一次修订，NCERT 决定遵循印度人力资源开发部部长的指示，对 2000 年国家课程框架进行修订。NCERT 主席与人力资源开发部教育秘书处经过多次磋商，决定成立一个以人力资源开发部部长亚希帕尔（Yash Pal）教授为主席的国家指导委员会（National Steering Committee）和 21 个国家重点工作小组（National Focus Groups）。这些委员会和工作组的成员包括高等教育界、NCERT 职员、学校教师以及非政府机构等社会各界代表，并就学校课程框架向学生家长、州教育秘书处、州教育研究与培训委员会主席、地区教育学院、示范学校、私立学校和农村学校教师等广泛征求修订意见。在此基础上，形成《国家课程框架》草案并于 2005 年 7 ~ 8 月经过社会各级各类教育组织讨论后定稿。

课程框架（2005）认为，人们经常将“国家课程框架”这个术语错误地理解为整齐划一，其实不是，它只对国家各级学校教育课程起一个导向性的指导作用。因此，课程框架（2005）从一个更宏观的角度论述了教育目的和教育的社会背景、学习与知识的关系、核心课程在各级教育中的课程目标及其对课程的评估、学校及课堂环境以及教育体系的改革等问题。既然是课程框架，文件中的第三部分有关课程的内容就成为该报告的重点，前两部分其实是学校课程设置的理论基础与现实基础；后两部分强调的是对课程实施的保障以及对实施效果的评估。

与2000年的国家课程框架相比，2005年的课程框架不再分级对学校教育课程设置作具体的规定，而重点强调各类课程包括语言、数学、科学、社会科学、艺术教育、健康和体育、劳动教育、和平教育等科目在各级学校教育中所应达到的课程目标以及教师和学生的教、学策略及其对教、学结果的评估。

总之，2005年的国家课程框架并不试图改变2000年国家课程框架对各级学校教育所建议的课程设置，它只是立足于一个更宏观的角度，更好地解决了课程改革的理论问题，以统一人们的思想，促进社会各界共同努力保证课程改革的成功。

（二）印度高中教育课程改革的特点

1. 强调高中课程的职业化

简单回顾一下印度高中教育课程改革的历程，我们便不难看出，各委员会对高中教育的课程改革虽持有异议，但有一点是相同的，那就是课程的职业化，并且这种趋势越来越明显。1952年的中等教育委员会的多目的学校改革虽然不很成功，但其教育理想是对的，那就是改变殖民地时期高中教育的学术性和预备性，为部分打算走向社会的学生提供职业技能训练的机会。1964年的科塔里委员会的改革最为成功。一是提出了全国统一的学制；二是成功地将学生分为职业流和学术流两组；三是为全国制定了一个统一的课程框架，以后的课程改革基本就在该框架下增删修补。1986年的《国家教育政策》及其1992年的《行动方案》，实际上成了20世纪90年代以后印度教育改革的指导性文件。该文件主张中等教育职业化，提出职前学习计划，强调教育公平，服务于天才儿童，体现教育优异，重在提高教育质量。课程设置上没有太大的变化，只是随着科技和社会的发展，增添了些反映和体现社会进步的课程，如计算机教育，环境教育，人口教育等。还增设了搭桥学程，为跨越学术流和职业流的鸿沟做出了努力。2000 年的《国家课程框架》进一步提倡高中教育职业化，在学术班增设普通职业课程，培养学生正确的劳动态度和良好的劳动习惯；取消传统的分组设课，真正实行选修课的多样化；建议推行学期制和学分制，保证选修课的灵活性；主张职业流选修课程的设置与产业结合，学用结合，理论与实践结合。这为普通教育的职业化作了更进一步的努力。

2. 重视高中教育的选课制

高中学生具有广泛的爱好和兴趣，强烈的好奇心和求知欲，敏捷的思维能力和极强的接受能力。因此，我们应尽可能地提供多样化的课程供学生选择，以满足不同爱好兴趣、不同天赋才能的学生的需要，充分调动他们学习积极性和热情。在这方面，印度高中教育课程设置很值得我们借鉴。中等教育委员会的课程改革就开了一个很好的头，提供给多目的学校大量的选修课。以后的课程改革一直沿袭这一优良传统。发展到现在，其选课制已日趋成熟。

3. 强调高中教育课程的民族性和时代性

简单回顾一下印度高中教育课程的改革历程便可以发现，印度高中教育课程改革紧跟时代发展的步伐，既能反映发展着的教育理念，也能兼顾本土需求，如瑜伽教育、环境教育、人口教育等如今已作为学校课程的一部分，中央政府拨专款保证该计划的真正实施。

（1）努力实施瑜伽教育

瑜伽本是一种印度哲学，在梵文中的实际意义是指心神一致、意念集中地去做某一个特定的姿势。现在已演变成一种健身方式。它不但能强身健体，而且还能排除一切杂念，具有极强的自控自律功效；不但能摒除一切愚昧、怨恨、懒散、自私自利和爱慕虚荣的习气，培养一种正直、诚实、纯洁、满足、合作、人本主义和心灵觉醒的良好品格，而且还能教会人把握自己的命运，保持心灵的宁静和平和。因此，印度政府大力提倡在学校开设瑜伽课，以达到培养学生健康的身体和健全的心灵的目的。国家教育研究培训委员会制定了标准的瑜伽大纲，印度政府投入大量的财力培训瑜伽教师，兴建必要设施，发行瑜伽教材、刊物、杂志和光盘，进行基础研究，保证每个大点的邦至少有 2 ~4 个研究中心，小点的邦也至少应该有一个研究中心。它会作为高中毕业考试中体育科目的一个项目。

（2）大力加强环境教育

1986 年《国家教育政策》对环境教育给予了应有的重视，并明确提出环境保护的深远意义，应和其他一些核心内容一起，纳入各级学校教育的教学计划之中，旨在培养学生的环保意识，使他们明白任何对环境的不科学的开发和利用都会受到大自然的惩罚。因此，一项由中央赞助的学校环境教育计划相应地从 1988—1989 年度开始实施。该计划得到各邦政府及从事环境教育的志愿组织积极的财政支持。该计划采用项目形式，项目活动包括编制教学材料如教科书、手册、海报、地图，录制磁带和录像带等，使师生了解当地的环境问题；让学生参与改善环境的实践活动，培养学生的环境意识；学校接收古迹用于学习、维护和研究当地的生态问题。从政府倾注如此大的热情和财力实施环境教育的态度来看，环境教育在高中教育课程中已有一席之地，并将得到更大的重视。

（3）着力提倡人口教育

1980 年开始的《国家人口教育计划》（National Population Education Project）到 2002 年已发展到一个非常重要的时期。印度政府决定将学校作为人口教育的合适场所，把人口教育作为一门学科贯穿于教师教育和各级学校教育的教学活动中。其目的在于，使学生明白人口的过分快速增长对国家的发展所带来的严重影响和阻碍，树立学生的计划生育观念。也对学生进行青春期教育，如成长过程、艾滋病的危害与防治，毒品的滥用等。印度是最早提出实行计划生育的国家之一，但效果并不明显，多年来，人口增长一直很快。因此，把人口教育作为一门课程纳入学校教育之中，是印度政府的正确策略，也是一种必然趋势。

二、印度高中教育课程改革中存在的问题及对策

（一）存在的问题

自独立以来，印度高中教育课程因为其内容太书本化和理论化、课程设置不合理、课程负担太重、课程实施太无效以及课程评价太依赖终结性考试等问题而一直受到各方批评。虽然历次课程改革也在努力解决这些问

题，但教育改革是一个系统工程，它需要教师教育、考试系统、评价体系等相关领域齐头并进的改革，才能保证改革的顺利进行和成功，因此，印度高中教育课程中的这些问题目前仍然存在，这是影响和制约高中教育普及的另一重要难题。

中等教育是联系初等与高等教育的桥梁和纽带，是一个承上启下的重要阶段。这一阶段学生的重要特征之一就是兴趣多样化以及对教育有着各种不同的需求，因为对大多数学生来说，高中教育具有终结性，高中毕业后，他们将进入职场谋求生活。针对这一特征，印度历次课程改革都将开设、改革和加强职业课程作为重点。1986 年的《国家教育政策》规定，高中教育分为学术流和职业流，前者为升学作准备，后者为就业作准备，并希望到 2000 年，25% 的学生进入职业流。尽管设计者的意图非常明显，那就是把学生导向职业流，减轻高等教育的压力；提供具有一定技能的人力，减少失业率。但事实上，这种愿望远远没有实现。愿望与现实如此大的反差的原因可能在于以下四个方面：一是由于印度根深蒂固的传统文化对人的价值的认同。传统文化中，学术流总是为政府、管理部门培养“白领人才”，职业流为生产部门输送“蓝领工人”。蓝领工人和白领人才的价值是不能同日而语的，工资相差十几倍甚至几十倍。这在很大程度上制约了高中职业流的发展。二是职业流并没有减少失业。大多数学了职业课程的学生，有了一定的职业技能，但也并不一定能找到工作或理想的工作。三是职业流教育实际上的终结性让学生不愿学习职业流课程。职业流的基础课程内容要比学术流的浅显得多，就是给他们提供搭桥学程，他们也难以跨过这座“桥”。四是职业流本身的课程设置和教学的无趣也在很大程度上制约了职业流的发展。“印度高中职业流所需要的教师无从满足，首先是没有专门培训普通中学中职业课程师资的师范院校。大多数任教于职业课程的教师是由原来教授普通课程的老师经过短期进修或培训转行而来的，难以胜任这一新的工作。”①

印度考试制度中大学入学考试这类选拔性考试对教育各个阶段具有广泛的影响。独立以来，印度政府对考试系统改革一直非常重视，但经历了无数次改革，考试制度功能被强化以及考试制度的选拔性质等问题仍然存

① 赵中建．战后印度教育研究［M］．南昌：江西教育出版社，1992：130.

在。大学的入学、企业的招聘、对学校和教师的考评都有赖于大学入学考试、中学毕业考试及其他统一考试中学生所取得的成绩和通过率，这给学生、家长和教师都造成了很大的压力。学生为考试而忙碌，为分数而学习，身心得不到健康发展；家长为了子女能面对将来激烈的竞争而鼓励他们进名校学习，在给子女施加压力的同时，也要求学校以高考为目标安排教学、设置考试。因此，“印度的整个教育制度以考试为指南，一个学生的价值是根据他在公共考试中的分数来判断的。同样，一个教师的价值也是根据他的学生通过考试的比例来判断的。因此，教师只采用有可能取得好成绩的教学策略，对大多数教师而言，教学的唯一目的就是帮助学生通过考试”。①

现在，印度全国各邦的学制基本都采用统一的“10 +2 +3”模式。各州教育局基于国家课程框架制定学校课程。但由于各邦教育局的能力参差不齐，导致了各邦课程设置和教育内容的巨大差异。事实上，1986 年的国家政策和 1992 年行动计划均明确建议，重组和改革州中等教育局是改善中等教育质量的关键。

（二）采取的对策

1. 努力实现中等教育职业化以满足学生不同的教育需求

1986 年的《国家教育政策》中已提及了中等教育职业化问题。实现中等教育职业化的主要目的在于：通过对职业课程学习，使学生提高就业能力——受雇于企业和自我就业（有能力开办一些小型企业），从而降低失业率；把相当一部分学生导向职业教育，避免他们盲目挤入大学；使他们能在农村从事适当的职业，防止他们大量流入城市；提供多样化的教育机会，实现中等教育的普及。从 1993—1994 年开始，在初中阶段即 9 年级、10 年级实施了“职前教育计划”，具体要求是课程应以单元形式为主，每所学校应至少开设 3 ~4 门适应当地需要的职业课程，课时要占到 20%；在高级中学实行中等教育职业化，对学生进行分流，分成职业班和普通班，职业班学生比重要占到全部高中阶段在校生的 10%，到 2000 年该比

① A UNICEF-Supported project on Basic Education. Basic Education and National Development: The India Scene [R]. New Delhi, 1991: 188.

重争取要达到25%；虽然，由于社会经济文化等诸多原因，设计者的良好愿望远远没有实现，但印度政府的这种努力是值得肯定的，它不但缓解了大学的压力以及大学入学考试这种选拔性考试的激烈竞争，更重要的是它满足了学生对高中教育的不同需求，增强了高中教育与学生现实生活的联系，激发了学生入学的更大热情，从而更有利于高中教育的普及。

2. 努力改革考试制度以减轻学生的学习压力

传统考试测试的是学生对所学内容的掌握，更多地考察学生的记忆力。这种考试也助长了死记硬背和机械学习的不良教法和学风，增加了考试对学生的压力。为了减轻学生、家长和教师的压力，印度政府自独立以来一直将考试制度的改革和重建作为历次教育改革的重点。首先，经过改革后的考试更强调考察学生的分析、评价和运用能力；要求更短也更灵活的考试时间；综合了传统考试中的短文考试与客观型考试的优点，一份试卷中25% ~40%是简答题，其余的是多项选择题。90%的学生应当能够完成考题；在学生自己的学校和附近学校举行考试，通过从其他学校选派监考小组杜绝舞弊现象，从而更好地管理考试；当学生学完了教育局证书所要求的三年的内容，允许他们选择多门学科考试，学校要能够组织“on demand”考试（学生即请即考的考试）；废除“通过”“失败”这些术语；教育局应当在考试结果宣布以后立即举行再考，以使学生能够再选择一至两门学科升入下一阶段的学习而不浪费一年时间；具有灵活时间限制的考试能够有效地减轻学生的压力；应当为学生提供有效的指导和咨询以缓解压力，开通咨询热线指导学生、家长和教师减轻学生的压力。

其次，发展校内考评。校内考评包括由学校举行的课程考试和对学生道德、情感、兴趣等多方面的持续性评价。考试主要由教师主持，由于教师直接从事教育教学活动，可以从多方面观察和了解学生，因此，校内考评相对于校外考试有较大的客观性，它改变了校外公共考试占支配地位的局面。在中等教育中，引入学期评价系统，将对学生的持续的和综合的评价与终结性的考试结合起来。

最后，改革考试技术。印度传统的考试存在着信度、效度低、客观性差、内容覆盖率低、作弊现象严重、考试结果不具有普遍说明意义等问题。为了解决这些问题，考试改革机构决定在试卷设计、考试管理、试卷评分等考试的几大环节上进行考试技术的改进。

三、印度普及高中教育中存在的教育质量问题及对策

（一）存在的问题

高中教育质量特别是农村学校和地方机构举办的学校教育质量差是普及高中教育中面临的另一个重要问题。中等教育质量差主要体现在10年级和12年级结束时，学生参加各州教育局组织的初中、高中毕业考试通过率很低，有50%以上的学生通不过。有几个州的通过率甚至低到25%～30%。究其原因，主要与教育设施缺乏、教学方法陈旧、学校管理混乱几个方面有关。

1. 教育设施缺乏

第七次印度全国教育普查数据显示：到2002年为止，全印度有48所高中学校缺乏校舍，只能在帐篷里上课，其中还有26所甚至连帐篷都没有，只有一片开阔地，没有图书馆、实验室之类的教学设备，甚至连桌椅这些基本的教学设施都没有。① 特别是农村地区学校和地方机构开办的学校，教学设施严重缺乏。这些基本教育设备的缺乏严重影响和阻碍了中等教育质量的提高。

2. 教师质量不高

教学过程的有效性是保证教育质量的基础，而教师的素质又是保证教学过程有效性的基础。虽然独立后印度高中教育的学校数和教师人数以几十倍的速度发展，但由于学生毛入学人数增加更快，因此，师生比率反而从1950—1951年度的1∶21增长到2001—2002年度的1∶34。有些州的农村中学还有高达12.5%的代课教师（para-teacher）和8.9%的兼职教师（parttime-teacher）。在大多数州，未受培训的教师数量相当高，如那加兰邦有高达70%以上的高中教师未受培训，而米佐拉姆邦100%的高中教师未受过培训。除了大量未受培训的教师教学有效性不高，从而影响到教育

① Department of Education, Government of India. 7th All India School Education Survey [EB/OL]. [2004-07-15]. http://gov.ua.nic.in/aises/national/fs17.asp/.

质量外，大量受过培训的教师的素质也令人怀疑，因为这些教师自身也是在自己所服务的这个系统接受教育，而这个系统 50 年来未曾有多少改变。此外，教师选用时存在严重的族阀主义，广泛的私人关系网和政治联系妨碍和影响了教师的调动和安排，其结果是，50% 的教师拒绝调任，致使条件较好的城市学校严重超编，而偏远农村地区教师严重不足，有的地区短缺率高达 30% 以上。[①] 并且，教师的分配也不尽合理。一个获得教育学学士学位的学生教什么课，去哪儿教并不由自己所学的专业决定而完全由岗位决定。这种随意性也是导致老师对教学失去兴趣的原因之一。

3. 学校管理混乱

在学校管理上，印度各级教育行政部门都负有各自不同的职责，但对高中学校的具体管理权限和督导责任还在县或区一级的教育督导部门。但如今的这个教育督导体系已形同虚设，超过 1/3 的学校没有受到检查，甚至一年一次都没有。因为一个督导员督导的学校数量太多，范围太广，以致不能熟悉他的工作以及评价它们所存在的问题。另外，督导官员敷衍塞责，很少花时间去学校进行真正的检查和督导，即使少有的时间也多被日常工作占去，如核对账目、查看学校行政等，很少致力于对学校问题的研究，所以他根本不知道哪些学校应当给予更多的注意力，什么方面应当给予更多的支持，他没有能力就提高学校工作给教学人员提出建议和指导，这种已过时和无效的督导系统受到社会各界的严厉批评，它不但导致了太多的官僚主义，还使部分教师和学校领导产生惰性和依赖性，缺乏动力和革新。中等教育委员会在 1972 年的报告中认为，督导员的真正责任在于研究每所学校所存在的问题；对所有功能进行综合而全面的考察；帮助教师实施他的建议。该报告也建议，对于某些特定科目像体育、家政、艺术、音乐等，应当由相应科目的专家成立指挥办公室，以定期对不同学校的相应科目进行督导，并帮助他们提高教学标准。[②] 1986 年的国家教育政策和 1992 年的行动计划建议授予学校自治权，以提高学校的办学积极性和办学

① 曲恒昌．印度普及义务教育的目标期限为何一再推延［J］．比较教育研究，1994（4）：1－7.

② Department of Education, Government of India. 1972. Report of the Secondary Education Commission［EB/OL］. http://www.education.nic.in/cd50years/q/3C/3U/toc.htm, 2006－12－10.

成绩。此外，学校教师矿工现象比较严重，教育部门官员透露，这些教师之所以敢旷工，关键是一些地方教师联合会实力强大，而当地政府官员和议员指望选举时从教师手中拉到选票，不敢得罪教师，更谈不上对旷工教师进行惩罚。此外，旷工教师还向政府派出的教学督导行贿以免受处罚①。学校管理如此混乱也是造成高中教育质量不高的重要原因之一。

（二）采取的对策

为了解决各级学校教育中教学设施缺乏，特别是图书馆、实验室、电脑等教学辅助设备的缺乏，印度政府于1987—1988年度启动了“提高科学教育中央援助计划”（A centrally Sponsored Scheme of Improvement of Science Education）。该计划主要通过向州或自治区政府提供经济援助，为高小配备完整的科学器材；为中学设立科学实验室和图书馆以及提供科学书籍；为各级学校的科学、数学教师提供培训；为每个县建立一个县科学教育资料中心，以帮助教师查找资料、解决教学中遇到的问题。

为了保证高中教师的质量，各邦政府采取了以下一些措施：1. 提高高中教师任教的学历要求，原来是具有教育学学士学位的教师有权任教高中课程，现在这种要求提高到研究生层次；2. 实行教师资格证书制度。教师资格证书有各种各样的不同类型，如：永久的、临时的、应急的、最高标准的等。证书的要求就是未来教师所应达到的标准。授予教师资格证有两年试用期。在此期间，有关教师的课堂教学表现，对教学内容与教学法的掌握，对儿童和教学的态度，教学教育能力，社区工作的兴趣与自觉性都将作为重要的考核内容。如果认为满意，将得到合格证书。试用期满，如果试用教师被认为具有从教能力，符合从教要求，将被授予教师许可证或教师证书，反之，试用期将被停止，不再被聘用为教师。3. 强调教育分权，授予学校更多的自治权以激发学校和教师的主人翁意识和教育热情。

---

① 钱峰. 印度小学老师：旷工搞副业，上课织毛衣［EB/OL］.［2006-07-29］. http://www.gjjy.com/news/html/2004-7-29/200472992517.shtml.

第五节　印度普及高中教育的师资队伍建设问题及对策

一、印度高中教师教育的历史与现状

（一）独立前的印度高中教师教育

印度高中教师教育的发展可以分为独立前和独立后两个不同阶段。印度在古代就有“导生制”形式的师资培训方式。但真正有组织的师资培训则是近代的事。随着1826年印度历史上第一所师范学校的建立，教师培训就成了印度教育系统一个不可分割的部分。1882年的印度教育委员会不但核准了相互独立的小学、中学教师培训计划，还明确规定中等学校教师应在一个更高的水准、更好的形式和方法上接受培训。其后，全印成立了六所附属于大学的培训学院（training colleges）培训中等学校教师。这些学院提供教学证书（the Licentiate in Teaching）教育计划，后发展成当今的教育学士（B. Ed）学位。而当时初等教育教师教学证书的管理权限在各州教育部、中等教育教师教学证书的管理权限在各大学的这种管理模式却一直沿用到今天。因此，今天的初等教育阶段（初小和高小）的教师教学证书被各州教育部命名为不同的称谓，如有些州叫基础教学证书（Basic Teaching Certificate，BTC），有些州叫教育文凭（Diploma in Education，D. Ed.）或教师培训证书（Teachers' Training Certificate，TTC）等。而由200多所大学提供的中等学校教师教育计划授予学生教育学士学位。因此，初等教师培训被认为提供的是文凭课程（certificate course），而中等学校教师培训被认为提供的是学位课程（degree programme）。

成立于1929年的哈托格委员会给教师教育提出了重要的建议：提高教师教育标准；延长培训时间；给教师培训机构提供足够的教职人员；改善教师服务条件以吸引和挽留优秀教师。这些建议促成了教师在职培训计划被第一次引入教师教育系统。中央教育咨询局于1943年核准了哈托格委员会的这些建议，延长各级教师培训计划的年限，对在高级学校（high school）任教的大学肄业生提供两年的培训、大学毕业生提供一年的培训。1944 年的萨金特委员强调应当为教师的在职教育提供进修课程；应当提供研究设备；应当加强教学实践等。

（二）独立后的印度高中教师教育发展

印度的独立是伴随着国家的分裂及相关的骚乱同时发生的，由此，独立之初，印度领导人将重心放在了发展经济、降低失业和解决食品短缺等问题上。教育和教师教育则基本因袭殖民地时期的体系而没有多少实质性的变动。待形势稍有好转，印度政府便组建了大学教育委员会（1948 年），该委员会对教师的职前和在职教育提出了许多富有价值的建议。

20 世纪 50 年代印度教师教育发生了两个明显的变化：（1）1951 年召开的第二届全印度培训学院大会决定废除"教师培训（Teacher Training）"一词而采用"教师教育（Teacher edcation）"一词。这不仅仅是术语的变更，也代表着人们对教师教育观念的改变，即从一种更广泛的、更综合的角度计划教师教育课程、实施教师教育培训计划。（2）为了给中等学校教师的在职培训提供培训设施，二五计划期间，在 54 所中等教师培训学院建立了推广服务中心（extension service centres）。这些推广服务计划不但有利于中等学校教师的在职培训，而且也是使培训学院与中学保持密切联系的有效手段。

由于 20 世纪 60 年代，印度教师教育机构的发展远远跟不上印度教育包括中等教育的发展速度，导致了中等学校未受培训教师数量的急剧增加，因此，为了改变当时唯一的三年本科加一年教育培训的中等学校教师教育模式，全国教育研究与培训委员会于 1963 年和 1964 年相继创办了四所地区教育学院（Regional Colleges of Education，RCEs），提供理学教育学士（B. Sc. B. Ed.）、文学教育学士（B. A. B. Ed.）的四年一体化课程。为了对未受培训的教师进行在职培训，地区教育学院也提供了教育学士（B. Ed）函授课程。教育委员会（1964—1966 年）提交的教育综合报告建议，建立全国统一的国民教育体系。该报告认为，教师的专业准备对促进教育进步具有非常重要的作用，因此，该报告对教师教育提出了如下建议：继续实施推广服务计划；延长教师教育年限；开办综合学院；强调教学实践和在职教育的重要性；主张初、中等教师教育计划的合作与衔接；

增加教师职前教育的资金投入、提高教师待遇、改善教师工作条件以吸引和挽留优秀人才从事教育工作，等等。

1974 年成立的国家教师教育委员会（National Council for Teacher Education，NCTE）是一个下设于全国教育研究与培训委员会的非法定机构，它于 1978 年制定了第一份全国教师教育课程框架，该框架被看做是教师教育方面的国家政策，是印度教师教育发展中的一个里程碑。[①] 其后，该机构于 1988 年对课程框架进行了修订，就教师教育的内容和方法提供了指导。许多大学和州政府依据该框架对教师教育课程进行重组。1993 年 NCTE 成为了一个独立的法定机构。之后，NCTE 为各级教师教育培训机构规定了办学标准，并发表了一份高质量教师教育课程框架（1998），更全面地论述了印度教师教育的各个方面，包括背景、社会哲学思想等并对各级教师教育内容又进行了一次修订。

（三）印度高中教师教育现状

印度自独立以来，中等学校教师教育获得了很好的发展。中等学校教师教育机构从 1948 年的 10 所增长到 1965 年的 50 所，1997—1998 年度，这一数字已增长到 848 所。中等教育教师人数从 1950—1951 年度的 12.7 万增长到 2001—2002 年度的 177.7 万，增加了 14 倍。同时期女教师的人数增长了 31 倍，但与男教师相比较而言，女教师的比例为 34%，仍然偏低。1993—1994 年度，农村中学的女教师比例（23.09%）远远低于城镇中学的这一比例（55.45%）。高中教师接受过培训人数比例已从 1950—1951 年度的 53.8% 上升到 1997—1998 年度的 93%。1993—1994 年度，农村中等学校教师受过培训的人数比例（89.41%）要比城镇中等学校教师受过培训的人数比例（93.39%）稍低，而表列部落、表列种姓和其他少数民族教师受过培训的比例更低。农村地区和城镇中等学校教师是大学毕业生的比例分别是 69.32% 和 61.06%，并且农村地区中等学校的女教师是大学生的比例（73.12%）要明显高于城镇（60.64%）。还有 29.45% 和 38.00% 的研究生分别在农村和城镇中等学校中从事教育工作。只有

① S. B. Adaval. An Analytical Study of Teacher Education in India [M]. Allahabad: Amitabh Prakashan, 1984: 37.

11.62%的中等学校教师参加了两门以上进修课程。[①] 从以上统计数据来看，印度高中教师教育获得了良好的发展，为高中教育提供了大量合格师资，也为普及高中教育奠定了坚实的师资基础。

目前，印度教师教育体系已日趋完善，但也很庞杂。从类型上说，它有职前培养和在职培训；从管理责任来说，有政府机构、受助私立机构和非受助私立机构；从方式来说，有全日制、函授、假期课程、夜校等；从级别来说，有学前教师教育机构、小学教师教育机构及中学教师教育机构等。

中学教师的培训机构很多，包括大学的教育系及附属教育学院、文理学院的教育系、单独设置的教育学院以及国家教育研究与培训委员会所属的地区教育学院。但就总的培训方式而言，大致可分为两类：一是大学本科三年毕业后再修读一年教育专业的，除本科的专业学位外，毕业后获教育学士或教学学士学位，我们称这种类型为非定向型的；二是高中毕业后主要进入地区教育学院改读四年的一体化课程，毕业后同时获专业学士如文学士或理学士和教育学士双学位，此种类型可称为定向型的。[②] 目前，有少量大学也招收这种一体化课程的学生。

一年制的教师教育课程主要由大学的教育系或附属教育学院提供，招收大学毕业生，通常为期一年，为高中培养教师，重点学习内容有教育理论、教学法和教学实习以及社区工作三部分组成，可以获得教育学士学位。三者的课时分配分别为总课时的30%、50%和20%，但各学校之间有所不同。就必修的教育理论科目而言，各学校可以自己选择。近40年来，这种培训学院的数量增加了许多倍，从1947年的42所增加到现在的586所。但这种培训学院近些年也受到了批评。人们认为这种培训太狭窄，太书卷气，理论性太强，不适应印度学校发展的需要。特别是它不仅脱离大学学术生活，也脱离学校的日常教育问题。一些教育机构已建议将此类学制增至两年，但由于一些原因，至今不能实现。此外，印度学者认为，该学院的课程需要改革，应有更多的时间实践以适应学校教育的需要。[③]

---

① Arun C. Mehta. Status of Secondary Education in India. Amsta-Mangal, Volume X & XI, No. 9, 2002.

② 赵中建. 战后印度教育研究［M］. 南昌：江西教育出版社，1992：214.

③ 顾明远，梁忠义. 世界教育大系：印度教育［M］. 长春：吉林教育出版社，2000：562.

四年一体化课程主要由印度全国教育研究与培训委员会的五所地区教育学院和少数综合性大学的教育学院提供，如库鲁克塞特拉（Kurukshetra）大学、萨达帕托（Sardar Patel）大学、古吉拉特大学等。该类课程基于入学考试成绩招收高中毕业生。课程门类除了教育、教育心理学、社会学、统计、计算机应用以及至少40周的教学实习以外，还包括一门学科或一门语言。学时为六个学期和一年的教学实习。对学生的评价，除了所有其他评价外，还包括通过长期观察、记录和评估学生的专业态度和专业能力以判断其是否适合从事教学工作。如果答案是否定的，学生将被允许继续完成该门学科，并有资格在四年结束时申请学校举行的学科学位考试，以获得该门学科的学位，但却没有资格获得教学学位。学生在校期间可免交学费，且有50%的学生另获奖学金，其毕业待遇等同三年本科加一年教育专业的毕业生。从培养学生的从教意识、对教育事业的兴趣和态度方面看，四年制计划优于其他的培训计划。① 四所地区教育学院也为这种获得一体化教育学位的学生提供两年的研究生教师教育课程，包括10、12年级一门学科或一门语言的教学大纲。学时为三个学期和20周的教学实习。

为了把所有的小学及学前教师教育机构提高到大学标准，根据科塔里委员会建议，印度一些地方建立了综合学院。该学院培养多种不同层次的教师。它拥有教师教育的全部课程、学前教师培训班、初级基础教育培训、教育学士课程、教育硕士课程等。这种机构有助于打破各种教师教育课程相互隔离的状态。各种不同类型教师有机会在一起自由交换思想。这类教师教育机关与一般的教师培训学院不同之处，就在于后者只负责培养中等教育教师。

二、印度高中教师的职前教育和继续教育

（一）印度高中教师的职前教育

1. 印度高中教师职前教育目标

教师教育的目标是一个十分重要的问题。它决定着教师培养的基本方

① 赵中建．战后印度教育研究［M］．南昌：江西教育出版社，1992：217.

向，规定着教师教育课程的内容，限定教师教学的方法与手段；同时，它也是教师职业和教师教育机构招生的依据，还是最终评价教师教育的出发点。

印度中等教育学校教师教育目标内容广泛，1998 年的《高质量教师教育课程框架》将其归纳为以下几点。

由于印度高中分为学术流（为升学作准备）和职业流（为就业作准备），因此，印度高中教师的职前培养也分为高中学术流教师教育和职业流教师教育，具有不同的教育目标。

（1）印度高中学术流教师教育目标

- 培养教师对学术流性质、目的和哲理的正确看法和态度；
- 使他们了解他们所教学科的哲理、目的和教学策略；
- 使他们能够对所教学科进行深入的教学法分析，并理解其与第三级教育的相关性；
- 使他们深入了解所教学生的特性，以便为学生提供适合的教育；
- 使他们能正确引导学生培养自学、独立学习、查找资料、小组合作学习、批判思维、概念化、自我评价以及通过互联网、大众传媒和 MCLS 获取知识的能力；
- 培养他们通过简单术语表达抽象、复杂思想的能力；
- 使他们理解高中阶段不同学习领域的目标、教学策略、评价方法以及课程计划；
- 使他们理解地域特征、教育需求、同民众生活的主流建立相关性，并采取合适的措施融入其中；
- 培养他们的爱国热情、国民意识、社会凝聚力、公共协调能力；
- 使他们能够发展具有文化特色的教学法；
- 使他们意识到国家问题、环境危机和印度文化社会风气。

（2）印度高中职业流教师教育目标

- 了解丰富的职业教育是在开放的、充满竞争的市场经济中获得成功的必要基础；
- 转换传统职业的性质以使其现代化；
- 使他们有能力传授市场营销、市场调查和广告营销的技能；
- 使他们具有培养学生更高更好的职业技能的能力；

- 使他们具有设计课程和自我就业的能力；
- 防止他们变成知识狭窄的专业人员和水平低等的工人；
- 使他们能向学生反复灌输职业道德和尊严。

2. 印度高中教师职前教育的课程设置

1976年的宪法第四十二修正案生效以前，印度教育一直由各州负责和管理。因此，各大学也就没有统一的教师教育课程。根据印度库鲁克塞特拉教育学院教授尚克就印度各大学开设的教育理论科目所作的统计显示：有5所大学开设教育原理，12所大学开设教育心理学，8所大学开设当前印度教育问题，其他的诸如教育思想史、教育哲学、教育测量、基础教育等课程都至少有一所大学开设。为了改变这种混乱局面，国家教师教育委员会从印度国家教育研究培训委员会独立出来后，作为法定机构制定并发表了教师教育文件《高质量教师教育课程框架》（Curriculum Framework for Quality Teacher Education）。[①] 该文件认为：由于高中教育根据学生的不同需要而将学生分成为高一级学校输送合格生源的学术流、为学生走向社会作准备的职业流，因此，高中教师教育也应该被分成两流，其教育目的和课程设置也完全不同。高中学术流教师教育的目的在于：

- 培养学生对学术流的特征、目的和学科原理的理解能力；
- 培养学生对课程开发、课程实施和课程评价的必备能力；
- 培养学生对复杂观点、观念的表达和交际能力；
- 教会学生使用图书馆和实验室，以培养自己的独立学习能力；
- 发展学生的抽象性、创造性和批判性思维能力；
- 培养他们重构和整合自己所学知识的能力；
- 培养学生编制各种试题的能力；
- 培养学生的学术兴趣。

高中职业流教师教育的目的在于，不但培养未来教师自身的理论水平和职业技能，而且还要使他们具有对学生进行上岗培训和实施学徒计划的组织能力，有能力培养学生正确的劳动观、职业道德、职业兴趣、创业精神、创业能力和自立自信的能力。根据以上目的，《高质量教师教育课程

---

① National Council for Teacher Education, India. Curriculum Framework for Quality Teacher Education [EB/OL]. [2005-06-25]. http://www.ncte-in.org/pub/curr/curr-o.htm.

框架》给高中学术流和职业流教师制定的课程用表 5 –8 比较如下。

表 5 –8　高中学术流和职业流教师教育课程比较

	学术流教师教育课程	职业流教师教育课程
理论课	当代印度社会 高中教育的目的、性质、状况、问题 教育和学习心理学 课程、教育学和评价 研究方法 至少一门高中学科的教学法	当代印度社会 职业教育的原则、目的、需求、状况及问题 教学心理学 创业精神 组织能力 管理 项目规划 市场营销和广告 计算机教育
选修课	教育测评 教育技术 人口教育 环境教育 教育史及教育问题 比较教育 教育管理、规划及财政 教育改革 体育 计算机教育	
教学实习	高中一门学科的教学法分析 教学实践	传授一个行业或一门职业的理论知识 培养一个行业或一个职业的技能技巧 讲授车间实际操作

续表

	学术流教师教育课程	职业流教师教育课程
实际工作	实习及学校经历 有关研究方法和学习内容的工作 项目 社区集会及实践工作 行动研究 田野考察 学生和体育活动的组织 人格及领导能力发展计划 学校社区关系发展计划 学校发展规划/项目 图书馆及实验室工作 试题的编制和使用 教具/教学技术的准备和使用	组织 学徒制 岗位培训 车间实践 计划规划和实施 职业计划 职业教育的教学 计划 广告 市场营销 初级财务管理 计算机知识

为了课程能更好地实施，一门课程也许被分成许多单元，然后又分成不同的模块，以便于学生独立学习或小组合作学习。教师以研究班、讨论会或讲座的形式进行授课，让学生参与讨论，并由学生自己总结出结论、概括出中心思想。每堂课结束后，列出参考书目供学生查阅和研读。总之，这样的学习方式重在培养学生准确表达自己观点的能力、良好的学习习惯和抽象的、批判的、创造性思维能力。其中，理论课占全部课时的40%，学科教学分析、教学实习和劳动实践各占20%。

目前，全印有98,000多所中学，900多所教育学院及大学教育系为中学培养师资。社会对学校教育质量的要求日益提高，《高质量教师教育课程框架》建议，硕士毕业再经过两年的教育专业训练后才有资格胜任高中教师。随着终身学习社会和知识经济时代的到来，知识更新不断加快，师范毕业并不意味着教师学习的终止。每5年进行的学校课程改革也需要对在职教师进行培训，以让他们了解新课程的理念、精神和实施，使他们真正参与到其中来。也只有教师积极参与到课程改革中来，课程改革的成功才有保障。因此，教师在职培训也是教师成长的必不可少的手段和阶段。在职教师的培训都是通过政府或非政府行为以计划的形式进行的。目前，还很少有专门为高中教师的培训而制订的计划。并且各计划目的因侧重点不同，所开课程也不尽相同。大致包括学校科目、教育学和方法论、当前教育热点及教师的新角色等内容。其形式也大致包括面对面教育模式：参与者在30~40人时最适用，讲座、项目方法、个案方法、小组合作、集体讨论等是其主要方式；小瀑布模式：可以成批或较大数量的对参与者进行培训，一般采用国家级培训员对州级培训员进行培训，州级培训员对地级培训员进行培训，而地级培训员对广大教师进行培训的分级培训模式，缺点在于知识或信息在逐级相传的过程中有可能流失甚至误传；基于媒体的远程教育模式：成本高和技术本身的局限性是这种模式的弱点。

为了适应《国家学校教育课程框架：2000》对高中教育的课程改革，印度国家教育研究培训委员会于2004年1月发表了《教师教育课程框架》①，对高中教师教育提出了更高的要求。高中学术流教师教育要求师范生不但自己具有自学、小组学习、合作学习、要点归纳、资料正确使用和知识综合运用的能力，还需要师范生进行广泛的学科学习，并明了不同学科之间的关系；需要他们学会使用必备的ICT和对课内课外所学的科目和知识加以整合的技能；需要他们具有较强的适应环境和应对环境挑战的能力；需要训练他们指导学生的技能技巧；需要培养他们的行动研究能力。而高中职业流教师教育需要培养他们在学校、社会、工业、农业和环境之间建立正确的连接的能力；培养他们对职业教育进行有效管理所应具备的才能、责任感和实施技能；培养他们进行社区调查从而估计新的职业需求并和相关的代理商及自愿组织建立合作关系的能力。因此，高中职业流教师教育课程内容要求包括不同领域的最近发展的基础课程，如人类学、生物化学、生物物理学、生命科学、神经病学和遗传学等领域的最新研究成果，应该成为教师教育课程的合理组成部分，以使他们的教学与特定的学科和社会的需要联系起来；来自历史和比较教育的相关内容能使他们知道印度及国外的教育制度的发展情况；教育经济学能使他们明白教育对国家发展的重要贡献；教育规划及管理能使他们理解教育在这些领域的价值和不足；还有全球化、自由主义、私有化、生态失衡、环境恶化等诸多社会

① National Council of Educational Research and Training, India. Curriculum Framework for Teacher Education [EB/OL]. [2005-06-25]. http://ncert.nic.in.

热点问题，也应成为高中教师教育的课程内容和研究内容之一。并且，职业流教师教育更多的带有实用主义的目的。诸如市场营销、市场调查、广告、基础财会、办公管理、商业信函艺术、商业道德、财务管理、创业技能、组织管理等都应该成为高中职业流教师教育课程的合理成分，职业和工业心理学、劳动社会学、职业教育哲学等需要在课程中加以整合。

现在，还没有专门的职前教师教育机构对职业流教师进行培训，职业流教师的培训大多是通过在职培训计划实施的。现存的发展职业技能的在职教师教育计划并不完全与职业流教师的培养要求相吻合。在职培训计划对职业流教师的培训通常局限于少量的实际操作、劳动实践、市场调查、田野考察及工业参观。这些短期计划对于培养合乎要求的职业流教师显然是不够的，合格的职业流教师需要作为学徒经历大量的劳动实践和实际操作，才能使他们将所学理论与实际结合起来，培养他们的职业技能。因此，建立专门的职业流教师培养机构非常重要，且已迫在眉睫。

（二）印度高中教师的继续教育

1. 印度高中教师继续教育目标

教师继续教育是指教师在进入教师职业领域或师范学院毕业以后所接受的教育。拉宾德拉·纳斯·塔果博士曾说过：“除非教师一直进行着自身的学习，否则永远不会有真正的教学。一盏灯只有不断地燃烧自己，才能点燃别的灯盏。”[①] 1986 年的《国家教育政策》也认为，教师教育是一个持续发展的过程，职前教育和继续教育就像一枚硬币的两面一样不可分割，因为在一个知识以前所未有的速度快速增加的时代，如果教师不继续学习，知识结构很快就会老化过时，因此，要面对知识爆炸和教学技术不断进步的挑战，非常有必要使教师接受再教育和再学习，以使他们在一个快速变革的学习型社会中有效地履行自己的职责。因此，该政策明确规定，各级学校教师需要每 5 年接受一次在职培训，内容应包括咨询和研究的能力，编制课程指导和丰富的课外活动等。NCTE 发表的《高质量教师教育课程框架》（草案）认为，教师的在职教育具有以下目标，当然这些

① DK. V. K. Kohli. India Education and Its Problems [M]. Vivek Publisher, 1990: 244.

目标也适合高中教师的继续教育。

- 使教师能理解变革中的教育、社会背景及其相互之间的关系；
- 使他们能够接受和运用信息交流技术的教育潜能；
- 帮助教师探究他们所教学科新发展的内容和教学方法；
- 使教师能敏感地认识到社会弱势人群的教育问题；
- 使他们能够认识到变革环境中的学校课程目标；
- 给他们提供交流思想和经验的平台，使他们能够将价值观和环境意识融入自己所教学科中；
- 提高教学动机、培养自信、提升探究精神，并帮助成长为负责的反思型教师；
- 使教师为事业进步时所应承担的新的责任做好准备；
- 帮助教师分享他们最好的教学实践，使他们熟悉新的教学理念和教学方法，并合理地运用到自己的教学实践中去。

2. 印度高中教师继续教育机构、模式及内容

目前，对印度高中教师提供继续教育的机构，基本形成了一个国家、地区和州三级继续教育网络。在国家级，有大学拨款委员会（University Grants Commission，UGC）、全国教育研究与培训委员会、国家教育规划与管理研究所（National Institute of Educational Planning and Administration，NIEPA）、英语及外语中央研究所（The Central Institute of English and Foreign Languages，CIEFL）、印度语言中央研究所（Central Institute of Indian Languages，CIIL）；在地区级，有五所地区教育学院（最近又在西隆开办了一所，负责东北地区各州的教师教育）；在州级，有州教育研究与培训委员会（The State Council Educational Research and Training The Institute of Advanced Study in Education，SCERT）、州教育研究所（The State Institute of Education，SIE）、教育高级研究所（The Institute of Advanced Study in Education，IASE）、教师教育学院（The College of Teacher Education，CTE）、邦科学教育研究所和少数非政府组织（Non-Governmental Organizations，NGO）。

除了 NCTE 在 1998 年的高质量教师教育课程框架中提及的策略，另外引入了一些可供选择的模式。一般的模式可以归纳为三类：传统的面对面

式、小瀑布式及远距离模式。在传统的面对面模式中，教师需要离开工作地和学生去培训机构参与学习，与培训教师进行面对面的交流。这样的模式有两个不足：一是教师得离开工作，有可能会影响学校的教学秩序；二是受训教师的数量极为有限。第二种模式，即小瀑布式，是对教师进行分级培训。也就是说，几个受过培训的培训员或资料员每人分别培训几个培训员或资料员，再让他们每人分别对另一些少数人员进行培训，如此下去，受培教师的数量将成倍增长。这种模式的优点就是能使更多的教师受到培训，但弱点也是显而易见的，在这种级级相传的过程中，信息极有可能丢失甚至被歪曲或误传。多媒体如录像等在某种程度上可以克服这种级级相传过程中的信息丢失。第三种模式是通过卫星技术和因特网设施进行学习，这种模式极大地提高了教师培训的数量和质量。

高中教师在职教育计划的内容和质量有赖于计划本身的目标。然而，更新所教学科的知识、教学法、交流技能、信息交流技术、新的评价方法是其核心。教师应当了解新出现的事物及其重要性。教师的在职培训不应当是培训教师的独角戏，应当通过小组讨论、研讨会及学术专题讨论会等形式使培训教师和受培教师相互之间能更好地交流和互动。

三、印度普及高中教育中教师教育的问题及对策

学校教育改革是一个系统工程，要使学校教育改革获得成功，必须保证教师教育、国家考试制度、教师评价制度等相关领域齐头并进的改革。自独立以来，印度教师教育体系的无效性一直深受人们的批评。在教师职前培养和在职培训中，教师教育机构、课程设置、课程评价、教师教育者、培训机构以及培训时间等方面存在明显的不足，这必定直接影响到师资培训的质量，而师资质量是提高学校教育的前提、基础和保障。因此，教师教育中存在的这些问题也是普及高中教育的一个重要障碍。

（一）存在的问题

1. 高中教师教育机构规格不一，质量各异

由于印度绝大多数高中教师教育机构附属于综合大学，而各综合大学

在入学要求、学校规模、课程设置、学习期限、毕业要求等方面都有很大的自主权，因此，印度高中教师教育机构规格不一，质量各异。如据印度全国教师教育和培训委员会进行的第三次高中教师教育的调查表明：印度218所培训学院，其中68.4%有自己的教学楼，63.7%有足够的设备，15.8%学院租借房屋。近51%的高中师资培训机构设在阿萨姆（Assam）、卡纳塔克、奥里萨、旁遮普和德里区等地城市的培训学院里。从总体上讲，70%的培训学院教师够用，85.3%的学院有1~10位学科教师。178所学院有图书馆，138所有阅览室，但是仅有95所有足够的理科和心理实验室，40所有工作室，80所有视听教室。师生比例各邦不同。教学量从每周2~20学时不等。古吉拉特邦为每周4~20学时不等，奥里萨为每周6~11学时不等。[①] 印度70年代初的调查表明，在33所综合大学的教育系和教育学院中，除教育原理和学科教学法两门课程普遍开设外，其他课程开设情况各不相同。这种对教师培养要求的众多差别无法保证教师教育的质量。

2. 高中教师教育课程设置不合理

虽然过去50年来，教师教育课程经历了些微的改革，但因为所有的努力都以考试为导向，其目标和目的在实施过程中受到很大限制，因此，教师教育课程改革并没有取得明显的效果。明显的表现便是课程设置的滞后性，即既落后于高中教育课程的改革，也落后于学科知识的发展。印度高中教育课程改革力求改变学校教育理念，即从教师中心转向学生中心；从教师定向转向学习者自主；从被动接受学习到积极参与学习；从课堂学习到更广泛的社会背景下学习；从传授固定知识到引导创新知识；从终结性评价到持续评价等。教师角色发生了巨大变化，这首先需要教师教育机构转变观念，开发新课程，培养未来教师的角色意识。由于印度中等教师教育机构类型多样，质量参差不齐，并且教育课程由各机构自行决定，因此，教师教育机构课程改革的滞后性严重阻碍了高中教育的课程改革。

3. 教师教育评价过多地依赖考试

考试改革是历次教育改革的一个主题。它在学校教育中的弊端是显而

① 顾明远，梁忠义．世界教育大系：印度教育［M］．长春：吉林教育出版社，2000：565.

易见的，直至今天，学校考试仍使每一位儿童承受压力和遭受痛苦。教师培训机构应当尝试以持续评价为特征的综合性评价，从而促进考试模式的真正、彻底的改革。这在理论上甚至政策上都得到了人们的认同，但在教师培训机构中，考试仍是唯一的对学生进行考评的方式。除非教师教育机构的测评方式进行改革，学校教育不可能获得任何有效的、实质性的变革。

4. 教师教育者的素质不高

教师缺乏足够的学科知识能力，这对学校课程的正确实施是一个严重障碍。尽管学校课程经过历次改革，有了明显的进步，但大量教师仍沿用传统教法进行教学，这导致了教学过程的低效甚至无效。而造成教师对教学方法不求创新的根本原因在于，教师教育中教师教育者的“言传身教”所带来的负面影响。教师教育中的大多数授课以讲座、讲演的形式进行，即使当教师教育者在讲授形象教学法和启发式教学法时，仍然采用这种授课方式，这本身就是一种传统的、填鸭式的教学方法，缺少师生之间的互动。备课是教师教育计划中的一个主要环节和要求。但只要师范生一旦获准加入教师行列，没有人还会再备课。因为教师教育者都很少备课，这无形中为师范生树立了一个不好的榜样。

5. 教师教育机构的孤立

大多数教师教育机构相互之间并没有联系，相互隔离。甚至大学的教育系也很少和他们的相关学科如神经病学、心理学、艺术和文化、历史和社会研究等有专业和学术上的联系。更好地理解教师教育课程与其他学科知识和活动之间的联系，并通过恰当策略将它们引入教师教育机构，这样才能保证受过高质量培训的教师将这些知识带入学校。在技术快速变革的今天，知识以史无前例的速度递增，非常有必要打破教师教育机构之间的孤立状态，并确保知识和信息的有效流通，从而通过教师教育计划使教师受益。

6. 教师教育期限偏短

由于知识的快速增长和对教师教育质量的更高要求，现行各类教师教育计划的学习年限偏短，NCTE 已建议各类教师教育计划在原期限的基础上延长一年。由于教师数量庞大以及他们教育水平的巨大差异，很难提供统一的在职培训，因此，在职教师教育理念正在经历一个激进的变革：基于学校的教师发展而不是基于一门学科的培训模式，正在被引入教师在职培训系统，通过多媒体进行远距离教育以及加强内部管理就成为必需。

（二）采取的对策

为了解决这种教师教育机构规格不一、质量各异的问题，印度政府委托国家教师教育委员会对新开办的教师教育机构和新开设的学科进行认定、管制和监督，只有当教师教育机构满足基本条件才被准许开办；确保教师教育机构的基础设施的可利用性；确保教师教育机构正确维护所有基础设施；并特别强调资源的流通、高质量教学人员的选拔、师生比、实验室、图书馆、教学媒介以及为实习生提供教学实践的机会，等等。随着国家评估认证委员会的成立和成熟，对教师教育机构的办学效能进行评估的认证制度也将发展起来，这对统一高中教师教育机构的规格和要求将具有巨大的促进作用。

国家教师教育委员于 1978 年制定了一份印度教师教育发展中里程碑式的全国教师教育课程框架，该框架被看做是教师教育方面的国家政策，对解决各教师教育机构参差不齐、要求各异的课程设置问题具有重要意义。该委员会于 1988 年、1998 年对该框架进行了修订，以紧跟学校课程改革和学科知识不断发展的要求。印度著名学者拉基普特（J. S. Rajput）和瓦利亚（K. Walia）也认为，教师教育课程不但应该包括教育领域的最新发展，而且也应该包括科学、技术、神经病学、心理学以及社会经济的最新变革；不但应当通过给师范生提供各种教学实践机会以掌握真正的教学策略，而且也应该培养他们不断尝试新观念的能力和技能；不但应当为他们提供现代信息交流技术（ICT），还应当使他们熟悉并精通 ICT 技术的最新发展；不但必须强调社会背景并将其活动与社会、政治、文化宗教联系起来，还必须培养和增强教师对社会凝聚力、国际理解以及人权和儿童权益保护等知识的理解能力。[1] 因此，为了应对 21 世纪学校教育的巨大压力，教师教育机构不得不对教师教育课程进行深层次的改革，增加课程设置的

① J. S. Rajput, K. Walia. Teacher Education in India [M]. New Delhi: Sterling Publishers Private Limited, 2002: 208 – 209.

深度和广度，紧跟教育领域以及相关领域知识的发展，以适时更新教师教育课程。只要教师教育课程不进行真正意义上的变革，提高学校教育质量问题就只能是一种幻想。

NCERT发表的《教师教育课程框架2005》（Curriculum Framework for Teacher Education，2005）对高中教师教育改革提出了如下建议。

（1）加速在职培训课程的变革：州和国家级教师教育管理机构必须激励职前教师教育机构定期对教师教育课程设置进行检查，清除不必要的课程。如今的教师教育系统的课程改革时间过长，在某种情况下，几乎需要花两年时间才能实现一次变革，大学应当设计新的程序以实现中等教师教育的快速变革。

（2）构建教师教育者的能力：一个机构的教职人员的素质、道德、动力、人员间相互的交流过程扮演着重要的角色。需要对教师教育机构的教职人员进行定期培训，访学和职员交换计划是培养和提升教职人员能力的重要手段；另一个手段是培养和选拔专职的骨干教师教育者。大多数州是从学校教育系统内抽调和选拔骨干教师和优秀行政人员作为专职教师教育者，这会为他们提供追求上进的动力，并且也可以帮助他们获得专业化。

（3）提供高质量的支持材料：有必要就某些专题如文化特性教学法、具有本土特性的教育原理和实践、价值教育、教学法分析、当代印度社会的教育、基于能力的教育和建构主义学习理论等为教师和教师教育者研发高质量的学习资料，也可以就某些重要的主题创设教育电视节目。

（4）运用信息交流技术：信息交流技术在教师教育机构中很少被运用。在职前和在职教师教育计划中，教师明显具有使用信息交流技术的潜在可能性，ICT的运用需要成为职前教师教育计划中不可分割的一部分，需要为这个目的而组织特定的在职培训计划。

（5）鼓励优异：需要采取一个管理措施来改善教师教育机构对未来教师的培养质量。计划者和管理者必须采取多种行动以确保优异：革新机制以便教师教育机构与学校和高等教育机构建立强有力的联系。与高等教育机构的联系会为他们提供一种新视野，使他们对自己的学业领域有一个更深刻的认识和了解。同学校的联系会使他们真正接触到他们即将生活和工作于其中的现实。在教师教育领域里做出了优异成绩的机构、群体或个人的成功故事需要适当地加以传播和分享。教师教育机构必须坚持同社区建立有意义的联系的立场，职前教师教育计划需要培养教师同社区活动合作的技能。

（6）将面对面的教师教育模式与远程教育模式结合起来，使教师教育形式富有多样性；需要设计并提供教师教育模块课程，以便教师能持续不断地获得更高水平的专业发展，如证书级别的课程到文凭级别的课程，然后到高级文凭课程；在职教师教育计划可以在各自学校或一个学校群中组织，以促进基于学校的教师教育；开办具有创新性的两年和四年一体化教师教育计划。①

四、印度普及高中教育中存在的语言多样性问题及对策

印度是一个多民族、多宗教、多语言的国家。1950 年的宪法规定，印地语为联邦官方语言，英语在 15 年以内也可以作为联邦官方语言使用。到 20 世纪 60 年代，官方语言法案遭到了非印度语地区的南方各邦的强烈抗议，于是，印度议会于 1965 年通过了按语言化邦的政策，规定印地语和英语仍为印度联邦官方语言，但各邦可将本地区的语言规定为本邦的官方语言，从而确定了印地语、英语和地方语言长期并存的“三种语言方案”。这样，在通行印地语的邦（主要在印度中部和西北部，如北方邦、中央邦、比哈尔邦等），实际实行印地语和英语双语模式；在非印地语邦，各邦正式规定的语言为第一语言，印地语和英语也是两种强制使用的语言（泰米尔纳德邦例外，它通行泰米尔纳德语和英语双语模式）。

这种多样性的语言方案反映在教育上便是初小阶段的学生需要学习一门语言：母语或地方语。高小阶段学习两门语言：母语或地方语、联邦官方语言。初中阶段需要学习三门语言，其中一门必须是官方语言。具体地说就是，非印地语地区的学生要学习地方语、印地语和英语；印地语地区的学生要学习印地语、英语和一门现代印度语（如非印地语地区的官方语言）。高中阶段规定只需要学习两门语言，学生可以从过去学过的三门语言中选择两门，也可以从三组语言课程中任选两门：1. 现代印度语；2.

① NCERT. Curriculum Framework for Teacher Eduction [EB/OL]. [2005-06-25]. http://www.ncert.nic.in/sites/publication/COVER-PAGE.htm.

现代外语；3. 古典语言——印地语和外国语。虽然，三种语言方案得到了全国的认可，但作为学校课程实施起来仍困难重重：首先，制定语言方案的基础不是教育，而是政治与社会，这样就忽视了学生特别是小学阶段学生的承受能力；其次，这种语言方案并没有给出母语、古典语和外语的学习标准，因此造成了各州对语言这门课程的设置五花八门，良莠不齐，如泰米尔纳德邦只教泰米尔纳德语和英语，而古吉拉特邦只教古吉拉特语和印地语等；再次，这种语言方案对非印地语地区特别是偏远山区的学生有失公允。与英语作为第一外语的印地语地区相比，非印地语地区学生是将英语作为第二外语来学习的，不但加重了学生课业负担，还使他们处于不利地位，因为在一些偏远山区，仍用当地部落语言进行教学，而大多优质学校和大学则以英语作为教育媒介。

目前印度的政府学校分两类：英语学校和印地语（或地方语）学校。前者从 1～12 年级都用英语讲授各门学科，同时开设一门印地语（或地方语）课；后者从 1～10 年级用印地语（或地方语）讲授各门学科，同时开设一门英语课。从 11～12 年级，学生分为理科班和文科班，理科班改用英语授课，文科班继续用印地语（或地方语）授课，同时开设一门英语课。印度的私立学校 1～12 年级基本都用英语授课，同时开设印地语（或地方语）听说读写课。但私立学校收费很高，一般每人每月 2,500～4,000 卢比（政府学校每人每月学费仅 40～50 卢比，1 美元约合 45 卢比），非一般平民阶层子女所能问津。① 这种参差不齐的语言能力是基础教育高辍学率的原因之一，也为高中教育的普及带来了难度。

第六节　印度普及高中教育对我国的启示

印度政府正在采取各种措施，努力实现到 2007 年普及初小、2010 年普及高小、2015 年普及初中、2020 年普及高中的教育普及化目标。虽然，印度政府目前努力的重心还在初等教育的普及上，但是，随着各种初等教

① 钱峰．多语言教学使印度受益［N］．环球时报，2004－03－03（15）．

育普及计划的有效实施以及人们对中等教育需求的日益增加，中等教育将会有更多的入学需求，普及中等教育是初等教育普及的逻辑结果。因此，印度政府现已日益关注中等教育的发展，并正在采取各种措施努力满足人们对中等教育的这种需求。在这个过程中，印度政府积累了很多经验，但也发现了很多不足，这些经验和不足都会为我们实施高中教育普及化目标带来很多启示。

一、印度高中教育办学方式对我国的启示

从前面的介绍我们可以知道，印度高中教育的办学方式很多，这对高中教育的普及具有重要意义。

从经费来源和管理权限上说，印度高中学校有政府办学、地方机构办学、受助私立和非受助私立学校四种形式。其中，私立学校（包括受助和非受助）占了整个中等教育学校的一半还多，1973—1974 年度私立学校与公立学校数量之比为 63∶37。近年来，由于各级政府对教育和中等教育的发展负有更大的责任，加大了对教育和中等教育的投入，公立中等教育学校的比例有所增加，到 2001—2002 年度这一比例为 58∶42，但私立学校仍占了一半以上。这与印度政府鼓励私人办学的教育政策是分不开的。鼓励私人办学或寻求社会力量合作办学极大地缓解了印度政府的财政压力。目前，我国高中教育的发展也取得了相当大的成就，但其形势并不容乐观，还存在着不少问题，其中最为突出的，就是教育资源仍相对短缺。统计资料显示，目前高中学校总数仅增加了 6.5%，但校均学生人数已比以往翻了一番，师生比也已达到 1∶16.7，二者都接近了极限，很难再进一步挖掘内涵；此外，我国高中教育的优质教育资源严重不足，这不仅导致高中的择校现象严重并屡禁不止，还会引发高中阶段教育的“马太效应”（Matthew Effect，是指好的愈好，坏的愈坏，多的愈多，少的愈少的一种现象），对教育公平带来挑战，并造成攀比、贿赂、走后门等不良风气。因此，政府在加大对教育投入的同时，鼓励私人办学和与社会力量合作办学，积极扩大教育资源特别是优质资源，以满足更多学龄人口对高中教育的需求。

从授课方式来看，印度有传统的正规教育系统，也有现代的远程教育

模式。在印度，10 +2 +3 学制中的“ +2”阶段即是正规教育系统中的高中阶段。在这一阶段，教育被分成为就业作准备的职业流和为升学作准备的学术流。但入学这两流的学生只占适龄人口的1/3，还有2/3的适龄人口没有入学。为了满足这部分人口对高中教育的需求，印度大力发展中等教育阶段的远程教育，为已参加工作的成人、处境不利人群和学校系统之外的学习者提供中等教育课程。它以其开放的入学制度，即没有任何年龄、地域和已受教育资格的严格限制；灵活的学习计划，即学习者可以自由选修目录上的科目，并按其意愿的速度进行；易学的学习材料，即学习材料均用简单的语言编写；研究—学习中心，即开放学校在印度各地设有研究学习中心，以使学习者通过面授解决学习中的困难；低费用，即女性、表列种姓和表列部落、残疾人等免交学费，其他人仅交纳相当低的学费且与收入相联系等优势，有利于满足处境不利人群、正规中等学校系统之外的适龄人口以及已经参加工作的成人等对中等教育的需求，特别是为在正规学习系统中因为没通过考试而辍学的学生提供了完成学业的机会。总之，印度的开放学校系统为印度普及高中教育做出了巨大贡献，它不受限制的入学、灵活的学习进度和考试制度以及低收费可以为我国普及高中教育中的办学形式提供很好的借鉴。

从高中教育结构来看，印度高中教育分为学术流和职业流两种。印度政府非常重视，并努力采取各种措施解决高中教育职业化问题。虽然，由于社会经济文化等诸多原因，设计者的良好愿望远远没有实现，但印度政府的这种努力是值得肯定的，它不但缓解了大学的压力以及大学入学考试这种选拔性考试的激烈竞争，更重要的是它满足了学生对高中教育的不同需求，增强了高中教育与学生现实生活的联系，激发了学生入学的更大热情，从而更有利于高中教育的普及。目前，我国高中教育结构中存在着很多弊端和问题，如普通高中的文理分科教学造成的学生人文精神缺失、普通高中教育与职业高中教育的分离以及大学扩大招生造成职业高中教育发展的停滞甚至倒退等，印度政府的高中教育职业化措施可以为我们提供一些借鉴。我们首先需要努力填平普通高中教育与职业高中教育之间深不可逾的鸿沟，使学生可以在两者之间自由转换。为了实现这个目的，我们需要改革普通高中与职业高中相分离的办学模式，全力发展两者高度渗透、高度结合的综合高中办学模式。比起狭隘的职业教育来说，综合高中更有利于为学生未来谋生提供更好的准备，并且面向全体学生的普通教育更能实现教育机会平等的目的。

二、印度高中教师教育课程改革对我国的启示

（一）印度高中教师教育课程分流设置，培养目标明确

由于印度高中教育分成学术流和职业流，其教育目的和课程设置完全不同，因此，高中教师教育相应地也被分成两组，明确培养目标，分别设置课程。其中高中学术流教师教育重在培养未来教师自学、小组学习、合作学习、要点归纳、资料正确使用和知识综合运用的能力；对课内课外所学的科目和知识加以整合的能力；较强的适应环境和应对环境挑战的能力和行动研究能力。而高中职业流教师教育需要培养未来教师在学校、社会、工业、农业和环境之间建立正确联系的能力；培养他们对职业教育进行有效管理的责任感和能力；培养他们进行社区调查、从而估计新的职业需求，并和相关代理商及自愿组织建立合作关系的能力。总之，印度高中教师教育课程分别设置，侧重点不同，培养目标相当明确，这一点很值得我们借鉴。

（二）印度高中教师教育课程设置非常重视适时更新课程内容，紧跟时代发展需要

印度国家教育研究培训委员会在制定教师教育课程框架时非常重视课程内容的不断更新：一是与每五年进行一次的学校教育课程改革相适应；二是与时代的发展相适应，适时将各个领域的最新研究成果纳入课程之中。而我国传统的师范院校课程内容陈旧僵化，几十年不变，与突飞猛进的现实生活和飞速发展的科技知识相去甚远。课程设置呆板，公共基础课程门类单一，缺乏综合性课程，特别是缺乏人文科学、社会科学和自然科学的内容，使学生不能具备当代教师的文化素质，只重视学科专业的纵深发展，忽视学科之间横向知识联合，从而造成培养的学生专业性太强，知识结构单一，知识面过于狭窄，综合能力不强。学科专业课程和教育类专业课程内容空洞，脱离中学教育实际。现在中学教师对高师教育类课程的意见有三种：一是在内容上理论多，枯燥无味，与中学教学实际不太贴

切；重学术，轻实际操作；国内外各种新的教育流派的观点、特点介绍不多。二是示范性不强。三是教学基本功训练不足，教学实习时间短且形式主义严重。面对我国高师课程设置的这些弊病，印度高中教师教育的课程设置模式无疑会对我们具有借鉴作用。

（三）印度高中教师教育课程设置非常重视学科比例的协调

印度四所地区教育学院的四年一贯制课程主要包括四大类：主修科目，辅修科目，普通科目以及教育科目。主辅修科目相当于专业学习如生物，化学，物理，英语等，占总学时的46.5%；普通教育包括英语，地区语言，社会科学，卫生体育等科目，占总学时的34.9%；教育科目主要有普通心理学，教育心理学，教育基础与教育问题，学科教学法，教学实习等，占总学时的18.6%。一年制教育专业课程因各学校所开科目和课时比重各不相同便不再累述。在我国，学科专业课程比例过大，已占到总学时的70%左右。而能够体现师范性质的教育专业理论与实践课程只占到不足10%的比例。与国外一些发达国家相比有较大差距。据统计，英国为25%，德国为30%，法国为20%，两相比较，足见我国高等师范院校教育类课程的薄弱。这种课程结构充分反映了学校重专业、轻基础，重学术、轻师范的价值导向。这是高等师范本科院校盲目向综合大学看齐所带来的结果。并且，在传统的高等师范本科院校课程体系中，选修课所占比例较低，选修课的开设也带有较大的盲目性，因人设课，教师根据自己的方向和成果来开课，而不是根据学生的需要和培养目标的需要来开课。学生没有自主权，整个课程体系缺乏灵活性和弹性。

（四）印度高中教师教育课程设置非常重视教学实习以培养学生的实践能力和实际操作能力

教学实习和实践工作是高中教师教育课程中的重要组成部分。印度教师教育学院协会曾在印度西部城市巴洛达召开一次重要会议，会议通过的报告指出，一年教育硕士训练大纲应有一半时间进行教学实习和学科教学法的研究。巴洛达会议后印度成立了专门的研究小组。该小组认为，师范生的实习工作应包括组织并参加课外活动，行动研究，田野考察，项目研究，实际工作，教具的制作，编制学术性或客观性测验，运用与学校学科教学相关的视听技术，帮助理科学生进行实验或兴趣小组活动等。实习生应该先进行微型教学，然后再进行班级教学。实习生为了进行某一概念教学或培养某一教学技能，给5~10个学生进行5~10分钟教学，微型教学环节一般分5个步骤，包括：（1）制订教学计划；（2）反馈；（3）修改教学；（4）再教；（5）再次反馈，直至实习生掌握了有关技能为止。① 这种方法，可使实习生在仿真情境中得到良好锻炼。通过微型教学一课一种技能的训练为培养合格的高中教师打下了坚实的基础。这种做法强化了教学技能，提高了一般教学能力。印度教师教育课程框架中对教师实际能力的培养也是显而易见的。通过研究班、讨论会的形式培养学生的语言表达能力、综合归纳能力、逻辑思维和批判性思维能力；课后文献的研读教会学生运用图书馆查找资料和正确使用资料的能力；项目计划、教具制作和使用、测试题目的编制和使用等培养学生动手操作和解决实际问题的能力。职业流教师的培养更少不了实际操作的训练。在我国，据全国各省市对师范毕业生的跟踪调查表明：师范毕业生知识面狭窄，兴趣单调，组织管理能力差，难以胜任班主任工作，不能有效的组织和指导学生的课外活动，不善于口头表达，不善于板书，不会制作教具，不会运用现代化教学手段，专业思想不稳定，不热爱教育工作，等等。诚然，造成师范毕业生质量不能令人满意的原因固然是多方面的，但师范院校课程结构不合理，课程内容陈旧，脱离实际，不能说不是主要原因。②

三、印度教育经费投入方式给我们的启示：克拉拉邦经验

从前面的论述可知，就基础教育管理和经费投入而言，印度中央政府仅通过制定相关法律法规对基础教育进行政策性导向，实施宏观管理和调控，经费的投入主要在高等教育和职业教育上，而初等教育和中等教育的管理和经费投入主要来自各邦政府。因此，考察各邦政府对基础教育经费的投入和管理方式更有意义。下面我们以印度克拉拉邦对教育的管理方式和所取得的成绩为例论述印度教育管理方式带给我们的启示。

---

① 程禹文．印度教师教育的见习研究［J］．外国教育研究，1998（2）：36－39.

② 李其龙，陈永明．教师教育课程的国际比较［M］．北京：教育科学出版社，2003：189.

克拉拉是印度南部的一个小邦，人口只有 3,000 万，是印度国内生产总值很低的一个邦。但是在这样一个人均收入只有 265 美元的邦中，基础教育的普及却取得了很大的成就。这些成就不但表现在适龄儿童、青少年的高入学率和低辍学率上，还表现在消除男女接受基础教育的差距、基础教育城乡差距和地区差距上。克拉拉邦取得基础教育普及的巨大成就可以归纳为以下几个原因。①

（一）公共行动

对于绝大部分发展中国家而言，一个基本的难题在于经济发展目标和社会公平目标之间的抉择。印度克拉拉邦之所以能够在人均收入不是很高的情况下实现很高的教育发展水平，其中一个最重要的原因就是该邦社会生活中存在大量的社会运动（阿马蒂亚·森称之为“公共行动”，我国一些学者称之为“科学民主运动”或叫“教育分权运动”）。克拉拉邦成立了大量的工会、社会团体和非政府组织，这些中间组织往往具有两个方面的职能：一是向组织的成员提供服务，二是维护组织成员的权益，通过发起社会运动协调政府和组织成员之间的关系。在大量的社会运动中，争取人人获得基础教育权力则是这些社会中间组织的重要奋斗目标之一。经过长期的努力奋斗，克拉拉邦社会基本形成了“获得基础教育是一个人的基本权利”的共识。克拉拉邦实施确保人人获得基础教育的战略主要体现在：使学生可以步行半个小时从家到学校，对于距离学校较远的学生，则由学校提供校车，在早、晚固定的时间接送学生；使所有家庭都能够承担学生的教育费用；消除因种姓、宗教信仰差异而导致的基础教育机会不平等现象。

（二）多元主体参与投资

在经济学领域中，基础教育常常被视为一种准公共产品，其背后潜在的政策意义在于政府有责任为社会提供基础教育。克拉拉邦政府在基础教育经费提供方面，呈现出以下几个特点：一是在政府承担的基础教育经费中，印度联邦政府以及克拉拉邦的区与地方政府几乎不承担任何基础教育

① 陈前恒．印度克拉拉邦基础教育制度考察［J］．当代亚太，2005（8）：57－64.

经费，克拉拉邦政府承担90%以上的资金；二是克拉拉邦教育支出占邦政府公共支出的比例一直高于印度平均水平；三是在教育支出中，克拉拉邦政府采取对基础教育倾斜的政策。在克拉拉邦的基础教育经费中，私人部门也发挥了积极的作用。私人部门提供基础教育有两种方式：一种方式是建立私立学校，私人承担学校所有的费用；另一种方式是建立政府赞助学校，私人和政府合作办学，私人承担学校建设、维护和日常管理等费用，政府承担教师的薪水。由于第二种方式既有利于减轻政府的财政负担，又有利于政府对学校进行监管，因而这种办学方式在克拉拉邦很受欢迎，这种学校占到了克拉拉教育体系中学校总量的59.3%。可以说，私人部门和政府合作提供基础教育是克拉拉邦能够普及基础教育的一个重要原因。

（三）民主参与与财政预算制度

在政府教育资金有限的情况下，一个运转良好、收支透明的财政制度就显得非常重要。显然，克拉拉邦的民主参与财政预算提高了教育资金的使用效率。在该邦的每一个村[①]中，村民都有权利参与村落的预算，并决定和监督村落的项目实施和财务运转情况。这种透明的财务制度对于保证教育资金不被挪用起到了重要的保障作用。

印度克拉拉邦基础教育管理和经费投入给我们的启示如下。

第一，积极引导私人部门参与基础教育经费的提供。可以像克拉拉邦一样，政府和私人合作办学，一方面有益于调动私人参与投资基础教育的积极性，另一方面便于政府对学校的监管，防止公立学校和私立学校产生恶性竞争，导致教育资源配置的低效率。

第二，面对长期偏低的点数（财政性教育经费占GDP的比例），政府增加投入固然十分重要，但当务之急，是把现有的教育经费里面流失的部分给堵住，把大量的钱花到“刀刃”上。因此，像克拉拉邦的民主的预算参与一样，建立一个制度健全、收支透明、群众参与预算制定的财政、财务体系便是当务之急，借以确保基础教育资金不被挤占、挪用，从而提高基础教育资金的使用效率。

---

① 克拉拉邦的村落概念与我国的村落概念有很大的不同。一个克拉拉邦的村落通常拥有两万以上的人口，相当于中国的一个乡镇。

第三，为特定弱势群体（贫困人口子女、农民工子女等）提供特殊的支持政策，确保每一个适龄儿童、青少年都能享受到基础教育。

第四，地方化管理与筹资的体制需要重新审视，各级政府的教育财政责任分配需要改革，改变长期以来农村基础教育投资由农民和县乡两级政府承担的格局。全世界没有几个国家将教育的投入交由这么低层次的政府来负担，因为这样会导致巨大的区域差异；即使放到省一级政府，也还需要有中央在各省之间进行转移支付，这样才会实现人均的基础教育经费均等化的目标。当然，随着农村税费政策的改革，我国目前的基础教育经费也正朝着由中央和省政府担负主要责任的格局发展。

第六章

中国普及高中教育的政策与改革

第一节　中国高中教育发展概述

新中国成立后，我国高中教育得到了很大发展，其发展大致经历了以下几个阶段。

第一阶段：高中教育的恢复和缓慢发展时期。这一时期大致是从新中国成立后至20世纪60年代末。这一时期教育的主要任务是在全国大力普及初等教育，适当发展中等教育。中等教育在这一时期主要是为各行各业提供干部和初中级技术人员。从高中教育的结构来看，普通高中整体上呈缓慢发展趋势，各种类型的职业教育则呈快速发展趋势，在校学生明显多于普通高中在校学生。

第二阶段：普通高中教育的快速发展时期。这一时期主要发生在20世纪整个70年代。这一时期由于受政治的影响，整个高中教育的发展受到扭曲，全国各地大办普通高中，普通高中规模急剧扩大，在校学生人数每年呈百万，甚至几百万的速度增长。职业高中的发展则相对缓慢，整体规模比普通高中要小得多，并且结构和布局也不够合理。

第三阶段：高中教育结构的调整时期。这一时期大约从20世纪80年代至21世纪初期。在这一时期，高中教育的任务主要是对中等教育结构进行改革，全国为此新办了一批中专和技校，并将部分普通高中改为了职业高中。通过改革，扩大了高中阶段职业类学校招生数，压缩了普通高中招生数。经过多年努力，到90年代初，全国大多数地区的各类高中阶段的职业技术学校招生数相当于普通高中招生数。2000年，各类中等职业学校招生数和在校学生数约占高中阶段学生总数的60%，整个高中阶段职业教育的发展达到鼎盛时期。

第四阶段：普通高中教育的快速发展和各类职业高中教育的大滑坡时期。这一阶段从2000年我国决定大力发展高中教育至今。自1999年高考扩招以后，整个高等教育规模迅速扩大，为了适应整个国民经济的发展和高等教育快速发展的需要，新世纪伊始，我国政府制定了普通高中的发展策略：占全国人口35%左右的大中城市和经济发达地区，尽快扩大优质教育资源，较大幅度地提高高中入学率，第十个五年计划末基本普及高中阶段教育；占全国人口50%的已经实现“两基”的农村地区，积极发展普通高中教育，加强优质高中教育资源建设，“十五”末高中阶段入学率达到60%左右；未实现“两基”的贫困地区，要有计划有步骤地加强高中建设，努力提高入学率。①

在这一原则的指导下，我国普通高中得到了很大发展，全国高中入学率得到很大提高，普通高中在校生超过同一阶段职业教育在校生人数，而职业教育由于资金和本身结构以及课程设置不当等问题，在校生人数呈现大幅度下降趋势。

总的来看，经过几十年的发展，我国高中教育取得了很大的成绩，但随着形势的不断变化和发展，高中教育还不能满足社会的需要，需要大力发展和完善。

第二节　中国普及高中教育的制度、法律法规和政策保障

一、我国高中教育制度概述

我国高中教育主要由九年制义务教育后的普通高中教育和相当于高中

① 广少奎．论我国高中教育的发展现状及其对策［J］．教育理论与实践，2003（9）：21－22．

阶段的各类职业教育构成。高中阶段的各类职业教育主要包括中等专业学校、技工学校和职业高级中学。

在我国，普通高中教育是义务教育和高等教育的衔接口，是教育结构中的重要环节，是基础教育的最高层次。它具有广泛的适应性、较强的可塑性、发展的多样性等特点，在整个教育体系结构中发挥着重要作用。普通高中的主要任务之一是向高一级学校输送合格的新生，同时它也担负着提高全民族素质的重任。

中等专业学校、技工学校和职业高中教育是我国高中阶段教育的重要组成部分，它担负着培养数以亿计高素质劳动者的重要任务，是我国经济社会发展的重要基础。发展中等职业教育，有利于我国高中阶段教育发展目标的实现，加快我国新型工业化发展的速度，解决“三农”问题和城镇化建设的进程，适应全面建设小康社会对高素质劳动者的需要。

我国高中教育实行以政府办学为主体、社会各界共同办学的体制。在现阶段，普通高中教育实行以地方政府办学为主，社会各界广泛参与的办学体制；中等职业教育在政府统筹管理下主要依靠行业、企业、事业单位办学和社会各方面联合办学。

我国教育部是管理我国教育事业的最高行政机构，负责贯彻国家制定的有关法律、法规和方针、政策，制定教育工作的具体政策，统筹整个教育事业的发展，协调全国各部门有关教育的工作，统一部署和指导教育体制的改革。我国高中教育的发展、规划和改革整体上是由教育部管理和统筹安排的。

二、我国高中教育相关法规

1978 年以来，我国先后制定了《中华人民共和国学位条例》《中华人民共和国义务教育法》《中华人民共和国教师法》《中华人民共和国未成年人保护法》《中华人民共和国教育法》《教师资格条例》及《中华人民共和国高等教育法》等法律和 10 多项教育行政法规。教育部在职权范围内发布了 200 多项教育行政规章，有力地促进了各级各类教育的发展。

从这些教育法律、教育行政法规和教育行政规章来看，我国有了关于职业教育、高等教育和九年义务教育的法律，但并没有专门的中等教育法或高中教育法，有关高中教育的规定只是散见于其他教育法律法规中，即使有有关高中教育的规定，也经常是以“中小学”形式出现。近年来，随着“普高”的升温，有关高中教育的规定开始以教育行政法规或其他文件的形式出现，但时至今日，专门的高中教育法律法规还是没有出现。

在这些教育法律、教育行政法规和教育行政规章中，与高中教育相关的教育法律法规和教育行政规章主要有以下一些。

（一）《中华人民共和国教育法》（以下简称《教育法》）

这是我国最基本的教育法规，它于1995年9月1日公布。在这部法律中，没有专门提到高中教育，只是在第十七条“国家实行学前教育、初等教育、中等教育、高等教育的学校教育制度”中以“中等教育”的形式间接提到了高中教育；在第十九条“国家实行职业教育制度和成人教育制度”中间接提到了高中阶段的职业教育。这两条规定成为我国开展高中教育的最基本的法律依据。[①]

《教育法》对实施高中教育的主体以及接受高中教育的主体也进行了最基本的规定。此外还对实施高中教育的教育投入和条件保障进行了规定。

（二）《中华人民共和国教师法》（以下简称《教师法》）

《教师法》于1994年1月1日颁布实施，它的颁布，标志着我国对教师的管理进入了有法可依的阶段。

《教师法》明确规定我国实行教师资格制度。在第十条中它规定了从事高中教育教师的资格，“（从事高中教育的教师必须）取得高级中学教师资格和中等专业学校、技工学校、职业高中文化课、专业课教师资格，应当具备高等师范院校本科或者其他大学本科毕业及其以上学历；取得中等专业学校、技工学校和职业高中学生实习指导教师资格应当具备的学历，由国务院教育行政部门规定。”[②]

---

① 教育部．《中华人民共和国教育法》［EB/OL］．［1995－09－01］．http：//www. moe. edu. cn/edoas/website18/info1428. htm.

② 教育部．《中华人民共和国教师法》［EB/OL］．［1994－01－01］．http：//www. moe. edu. cn/edoas/website18/info1428. htm.

此外，《教师法》还对从事高中教育的教师的权利和义务、培养和培训、考核、待遇、奖励和法律责任等进行了规定。

（三）《中华人民共和国职业教育法》（以下简称《职业教育法》）

《职业教育法》于1996年5月15日公布。它是在我国职业教育发展不足，中等教育结构需要调整的背景下制定的。

《职业教育法》在第三条中对我国中等职业教育的作用进行了充分肯定。它认为，包括中等职业教育在内的职业教育是国家教育事业的重要组成部分，是促进经济、社会发展和劳动就业的重要途径。《职业教育法》在第十三条中对职业学校教育进行了分类，并指出中等职业学校教育由中等职业学校实施。此外，《职业教育法》还对职业教育的实施和保障进行了规定。

（四）《中国教育发展和改革纲要》（1990—2000年）（以下简称《纲要》）

《纲要》是在世纪之交我国政府对教育的发展和改革做出的重要决定。它对我国高中教育的发展和改革做出了许多规定。

《纲要》在第五条中对我国高中阶段职业教育的发展规模进行了规定："城乡职业技术教育（要）有较大发展，初中毕业生升入高中阶段职业技术学校的人数（要）超过升入普通高级中学的人数，城镇新增劳动力（要）普遍受到各种形式的职业技术教育，农村大多数新增劳动力（要）接受从业所必需的实用技术培训。"

《纲要》对普通高中的发展提出了改革的意见。它在第七条中明确规定："普通高中现有的总规模原则上稳定下来，重点放在提高教育质量上。已经普及初中教育的大城市，普通高中规模偏小的，可适当发展；普通高中办得过多和经济落后的地区，应当适当调减规模。"

《纲要》对我国高中教育的办学体制、毕业生分配制度、发展方针政策和培养目标等提出了建议。它在第十五条中规定："中小学教育以地方政府办学为主；职业技术教育和成人教育，除部分骨干学校由政府办学外，在当地政府统筹、支持下，城市主要由行业、企业、事业单位办学和各方面联合办学，农村由多方集资办学。"这条规定为我国高中教育特别是职业技术教育实行多元办学体制奠定了基础。《纲要》在第二十条中还规定“中等专业教育、技工教育和成人教育，应当参照高等教育体制改革的精神进行改革。要逐步改革中专、技校毕业生分配制度，做到和职业高中学生平等就业。中等专业学校和技工学校的发展方针、有关政策和培养目标，由国家教育委员会会同有关业务部门统一制定，地方政府负责统筹规划和指导。”这为我国高中阶段的职业技术教育改革的深入进行提供了政策保障。[①]

（五）《国务院关于基础教育改革和发展的决定》

为了更好地促进我国高中教育特别是普通高中教育的发展，2001 年 5 月 29 日，国务院公布了《关于基础教育改革和发展的决定》（以下简称《决定》），提出了我国新时期普通高中教育发展的性质、培养目标以及新时期高中教育发展思路。

《决定》对普通高中的性质进行了重新定位。《决定》认为，普通高中教育是在九年义务教育基础上进一步提高国民素质，面向大众的基础教育，普通高中教育为学生的终身发展奠定基础。

《决定》还对高中教育特别是普通高中教育的培养目标进行了定位。《决定》指出，新时期我国普通高中教育要特别强调使学生初步形成世界观、人生观和价值观；热爱社会主义祖国，热爱中国共产党，自觉维护国家尊严和利益，继承中华民族的优秀传统，弘扬民族精神，有为民族振兴和社会进步作贡献的志向和愿望；具有民主与法制意识，遵守国家法律和社会公德，维护社会正义，自觉行使公民的权利，履行公民的义务，对自己的行为负责，具有社会责任感；具有终身学习的愿望和能力，掌握适应时代发展需要的基础知识和基本技能，学会收集、判断和处理信息，具有初步的科学与人文素养、环境意识、创新精神和实践能力；具有强健的体魄、顽强的意志，形成积极健康的生活方式和审美情趣，初步具有独立生活的能力、职业意识、创新精神和人生规划能力；正确认识自己，尊重他人，学会交流与合作，具有团队精神，理解文化的多样性，初步具有面向

① 教育部.《中国教育发展和改革纲要》[EB/OL].［1993－02－13］. http://www.moe.edu.cn/edoas/website18/info6000.htm.

世界的开放意识。

《决定》提出了我国高中教育的发展思路。《决定》提出，全国各地要大力发展高中阶段教育，促进高中阶段教育协调发展。有步骤地在大中城市和经济发达地区普及高中阶段教育，挖掘现有学校潜力并鼓励有条件的地区实行完全中学的高、初中分离，扩大高中规模。鼓励社会力量采取多种形式发展高中阶段教育。保持普通高中与中等职业学校的合理比例，促进协调发展。鼓励发展普通教育与职业教育沟通的高级中学。支持已经普及九年义务教育的中西部农村地区发展高中阶段教育。①

（六）《中共中央、国务院关于深化教育改革全面推进素质教育的决定》

1999 年，我国决定大力扩大高等教育的规模。为了适应高等教育改革的需要，1999 年 6 月 13 日公布的《中共中央、国务院关于深化教育改革全面推进素质教育的决定》也对高中阶段教育的发展做出了许多调整和改革。

在第九条中，《中共中央、国务院关于深化教育改革全面推进素质教育的决定》也做出了扩大高中阶段教育规模的决定，明确规定“要在确保‘两基’的前提下，积极发展包括普通教育和职业教育在内的高中阶段教育，为初中毕业生提供多种形式的学习机会。在城市和经济发达地区要有步骤地普及高中阶段教育。”

在第十条中，《中共中央、国务院关于深化教育改革全面推进素质教育的决定》提出，在中等职业学校中要实行弹性的学习制度，“高等学校和中等职业学校要创造条件实行弹性的学习制度，放宽招生和入学的年龄限制，允许分阶段完成学业。大力发展现代远程教育、职业资格证书教育和其他继续教育。完善自学考试制度，形成社会化、开放式的教育网络，为适应多层次、多形式的教育需求开辟更为广阔的途径，逐渐完善终身学习体系。”这条规定，为中等职业学校的教育教学改革指明了道路。

《中共中央、国务院关于深化教育改革全面推进素质教育的决定》还

① 教育部.《国务院关于基础教育改革和发展的决定》[EB/OL].[2001－05－29]. http://www.gov.cn/gongbao/content/2001/content_60920.htm.

对高中阶段教育的办学体制做出了规定。它在第十二条中指出，要“进一步解放思想、转变观念，积极鼓励和支持社会力量以多种形式办学，满足人民群众日益增长的教育需求，形成以政府办学为主体、公办学校和民办学校共同发展的格局。凡符合国家有关法律法规的办学形式，均可大胆试验。在发展民办教育方面迈出更大的步伐。鼓励社会力量以各种方式举办高中阶段和高等职业教育。”①

《中共中央、国务院关于深化教育改革全面推进素质教育的决定》还对在高中阶段普及计算机操作和信息技术教育，在非义务教育阶段适当增加学费在培养成本中的比例，逐步建立符合社会主义市场经济体制以及政府公共财政体制的财政教育拨款政策和成本分担机制，在骨干中等职业学校和逐渐在中小学中引入教育科研网络等方面做出了规定。

（七）《关于积极推进高中阶段教育事业发展的若干意见》

1999年，教育部还公布了《关于积极推进高中阶段教育事业发展的若干意见》（以下简称《意见》）。《意见》提出了发展高中教育的七条建议，这七条建议分别从不同地区发展高中教育的速度、高中阶段教育结构的调整、现有教育资源的利用、办学体制、收费、学校内部管理体制改革、招生和发展方案等方面对推进高中教育的发展进行了较详细全面的规定。

三、我国发展高中教育的财政保障

我国各级教育的财政保障制度是随着我国教育法制体系的建立而最终得到确认的，高中教育的财政保障制度同样如此，其法律依据主要体现在以下几部法律法规中。

（一）《中国教育发展和改革纲要》（1990—2000年）

从我国现行的教育法制体系来看，我国较完整的高中教育财政保障制度最初出现在《中国教育发展和改革纲要》（1990—2000年）中。《纲要》

① 教育部.《中共中央、国务院关于深化教育改革全面推进素质教育的决定》［EB/OL］.［1999－06－13］. http：//www. moe. edu. cn/edoas/website18/info3314. htm.

首先确立了普通高中教育由地方政府负责管理的制度，它在第十五条中规定“中小学教育以地方政府办学为主”。对于教育经费，《纲要》在第四十八条中做出了规定。首先对《中共中央关于教育体制改革的决定》所提出的“中央和地方政府教育拨款的增长要高于财政经常性收入的增长，并使按在校学生人数平均的教育费用逐步增长”的原则进行了确认，接着指出“要提高国家财政预算内教育经费支出所占的比例，逐步做到每年全国平均不低于15%，省、自治区、直辖市一般不低于20%；县（市）的比例，由各省、自治区、直辖市政府确定。”这从整体上有力地保证了国家和地方政府对包括普通高中教育在内的基础教育的教育投入。①

为了保证包括高中教育在内的非义务教育阶段的教育经费能满足发展的需要，《纲要》提出了其他一些解决教育投入问题的方法，其中第四十八条明确规定了高中教育和高等教育的收费制度，“适当收取非义务教育阶段学生的学费、杂费”。

《纲要》对包括高中阶段职业教育的办学体制也进行了规定，它在第十五条中指出，“（包括高中阶段职业教育在内的）职业技术教育和成人教育，除部分骨干学校由政府办学外，在当地政府统筹、支持下，城市主要由行业、企业、事业单位办学和各方面联合办学，农村由多方集资办学”。除此之外，《纲要》并未对高中阶段职业教育的教育投入做出明确的规定。

《纲要》提出的解决教育经费的方法，经过多年的实践被证明是非常有效的。这些方法，最终在《教育法》中第一次以法律的形式被确立下来，并得到进一步深化和发展。

（二）《中华人民共和国教育法》

《教育法》对《纲要》提出的办学体制和多渠道筹措经费的办法进行了确认。《教育法》第五十三条规定：“国家建立以财政拨款为主、其他多种渠道筹措教育经费为辅的体制，逐步增加对教育的投入，保证国家举办的学校教育经费的稳定来源。企业事业组织、社会团体及其他社会组织和个人依法举办的学校及其他教育机构，办学经费由举办者负责筹措，各级

① 教育部．《中国教育发展和改革纲要》（1990—2000年）［EB/OL］．［1993-02-13］．http：//www．moe．edu．cn/edoas/website18/info6000．htm．

人民政府可以给予适当支持。”《教育法》第十四条规定：“中等及中等以下教育在国务院领导下，由地方人民政府管理。”从两条规定来看，我国公立高中教育由地方政府管理，应属地方管理的学校，所需经费主要从地方财政中安排解决。至于民办高中教育，由于不是政府兴办，不属公立高中教育的一部分，其办学经费并不从地方财政中安排解决，应由举办者负责筹措，各级人民政府只给予适当支持。

为了促进包括高中教育在内的基础教育的发展，《教育法》对教育经费的投入和保障作了一系列规定，它在第五十四条中规定，“国家财政性教育经费支出占国民生产总值的比例应当随着国民经济的发展和财政收入的增长逐步提高。具体比例和实施步骤由国务院规定。全国各级财政支出总额中教育经费所占比例应当随着国民经济的发展逐步提高”。第五十五条规定：“各级人民政府的教育经费支出，按照事权和财权相统一的原则，在财政预算中单独列项。各级人民政府教育财政拨款的增长应当高于财政经常性收入的增长，并使按在校学生人数平均的教育费用逐步增长，保证教师工资和学生人均公用经费逐步增长。”从这两条规定来看，地方政府对增加高中教育经费投入负有主要责任。

《教育法》还对地方政府在保障包括高中教育在内的基础教育的基本建设和改善教学设施设备等方面作了一系列规定，同时还鼓励运用金融、信贷手段，支持包括高中教育在内的教育事业的发展。

《教育法》对《纲要》提出的职业教育的办学体制并没有完全确认。它在第十九条中不太明确地规定：“各级人民政府、有关行政部门以及企业事业组织应当采取措施，发展并保障公民接受职业学校教育或者各种形式的职业培训。”同时，它对职业教育的教育经费筹措办法也并未做出明确的规定，“企业事业组织、社会团体及其他社会组织和个人依法举办的学校及其他教育机构，办学经费由举办者负责筹措，各级人民政府可以给予适当支持”，这可能与对职业教育的办学体制未明确确认有关。①

（三）《中华人民共和国职业教育法》

《职业教育法》对我国职业教育的办学体制进行了规定，但并未对高

---

① 教育部《中华人民共和国教育法》［EB/OL］.［1995－09－01］. http：//www. moe. edu. cn/edoas/website18/info1428. htm.

中阶段的职业教育作出详细规定。对高中阶段职业教育的财政保障，《职业教育法》尽管未做出专门的规定，但是它的一些规定，同样还是适应高中阶段职业教育的。在第二十七条中它规定：“省、自治区、直辖市人民政府应当制定本地区职业学校学生人数平均经费标准；国务院有关部门应当会同国务院财政部门制定本部门职业学校学生人数平均经费标准。职业学校举办者应当按照学生人数平均经费标准足额拨付职业教育经费。各级人民政府、国务院有关部门用于举办职业学校和职业培训机构的财政性经费应当逐步增长。”在第二十八条和第三十条中它分别规定，“企业应当承担对本单位的职工和准备录用的人员进行职业教育的费用，具体办法由国务院有关部门会同国务院财政部门或者由省、自治区、直辖市人民政府依法规定”，“省、自治区、直辖市人民政府按照教育法的有关规定决定开征的用于教育的地方附加费，可以专项或者安排一定比例用于职业教育”。这些规定，分别明确了办学主体在解决包括高中阶段职业教育在内的职业教育教育经费问题中的作用。

《职业教育法》还明确规定了中等职业教育的收费原则。它在第三十二条中规定：“职业学校、职业培训机构可以对接受中等、高等职业学校教育和职业培训的学生适当收取学费，对经济困难的学生和残疾学生应当酌情减免。”① 这明确了中等职业教育的非义务教育性质。

此外，《职业教育法》还在第三十四条中规定了国家鼓励金融机构运用信贷手段，扶持发展包括中等职业教育在内的职业教育的原则。

（四）《关于积极推进高中阶段教育事业发展的若干意见》

为积极推动高中阶段教育事业的发展，教育部在1999年发布了《关于积极推进高中阶段教育事业发展的若干意见》（以下简称《意见》）。《意见》对高中阶段教育的收费原则和助学金保障制度再次进行了确认，它在第五条中规定：“高中阶段教育属于非义务教育。要在充分考虑当地群众承受能力的基础上，经物价部门批准，区别不同地区和不同类型学校，适当调整学费标准，提高高中阶段学费在培养成本中的比例。要进一

① 教育部.《中华人民共和国职业教育法》［EB/OL］.［1996－05－15］. http://www.moe.edu.cn/edoas/website18/info1427.htm.

步完善助学金制度，扩大对困难家庭子女的助学金、特困学生补助的规模。要积极鼓励单位和个人捐资助学。”从这条规定我们可以看出，为了弥补高中教育经费的不足和保证更多的初中毕业生能上高中，教育部对高中上学收费制度和助学金制度是极为重视的。[①]

（五）《教育部关于加快发展中等职业教育的意见》

我国提出大力普及高中教育的目标后，普通高中教育规模急剧扩张，而中等职业教育的发展规模却出现萎缩。为了保证高中阶段普通高中教育和中等职业教育的和谐发展，2005 年 2 月 28 日教育部公布了《教育部关于加快发展中等职业教育的意见》，这一文件在第八条中对中等教育的经费投入做出了规定，“各地要认真落实《中华人民共和国职业教育法》《国务院关于大力推进职业教育改革与发展的决定》和《教育部等七部门关于进一步加强职业教育工作的若干意见》中关于多渠道筹措职业教育经费的各项规定。逐步建立政府、受教育者、用人单位和社会共同分担、多种所有制并存和多渠道增加职业教育经费投入的新机制。要根据当地实际，调整教育经费投入结构，提高中等职业教育经费在本地区教育经费投入中的比例，保证中等职业教育财政性经费、生均经费和生均公用经费相应增长”。

第八条还对吸收国（境）外资金和民间资本等其他融资方式进行了肯定：“各地要建立健全中等职业学校学生助学制度，可采用教育券、贷学金、助学金、奖学金等办法，对家庭贫困学生提供助学帮助。国家和地方扶贫资金要安排一部分用于资助农村贫困学生接受中等职业教育。中等职业学校要采取半工半读、勤工俭学等多种形式为家庭贫困学生学习提供方便。鼓励行业企业、社会团体和公民个人捐资助学。积极探索吸收国（境）外资金和民间资本发展职业教育和培训的途径和机制。”从这一条来看，国（境）外资金已经开始引起我国政府和教育部门的重视，我国对资金筹措的思路也比以前宽广。[②]

---

① 教育部.《关于积极推进高中阶段教育事业发展的若干意见》[EB/OL].[2006-01-15].http://www.gov.cn/gongbao/content/2000/content_60624.htm.

② 教育部.《教育部关于加快发展中等职业教育的意见》[EB/OL].[2002-02-28].http://www.mgov.edu.cn/modules/news/print.php?storyid=292.

四、我国普及高中教育的政策分析

（一）我国高中教育发展的原则

1. 不均衡发展原则

我国高中教育的发展经过若干年的探索，至2001年已经取得了一定经验。2001年颁布的《国务院关于基础教育改革与发展的决定》对这些经验进行了总结和确认。这些经验总的可以概括为“积极进取、实事求是、分区规划、分类指导”，具体说来就是：

（1）占全国人口15%左右、未实现“两基”的贫困地区适度发展高中阶段教育；

（2）占全国人口50%左右、已实现“两基”的农村地区，高中阶段教育要有较大发展；

（3）占全国人口35%左右的大中城市和经济发达地区，要基本满足社会对高中阶段教育的需求，到“十五”末基本普及高中阶段教育。

从我国目前各地区经济、文化和教育发展的情况来看，我国各地区发展极不平衡，高中教育的发展不宜实行整齐划一的原则。从我国各地的综合经济发展水平来看，北京、天津、辽宁、上海、江苏、浙江、福建、广东等省市有望在2005年左右基本普及高中阶段教育。山东、吉林、湖北、湖南、河北、山西、黑龙江等在2010年前后可以基本普及高中阶段教育。重庆、河南、海南、四川（除三个少数民族自治州）、江西、安徽、陕西等省市有望在2015年前后基本普及高中阶段教育。广西、云南、内蒙、贵州、西藏、甘肃、新疆、青海、宁夏等省、自治区在2015年大中城市和经济发达农村地区基本普及高中阶段教育，其他地区则可能要迟5～10年。

在普及高中教育的过程中，我国高中阶段教育的分流比例也不宜作全国划一发展的结构和目标。我国目前在一些教育法律法规中规定，普通高中与职业高中学生人数应大致相等或普职比为5∶5，这样的全国性的高中教育结构目标只能看作是全国不同地区高中阶段教育结构目标的平均，而不能看作是各省市发展高中教育时的具体指标或硬性指标，各省市应可以根据自己的实际情况来决定普职比。从我国的实际情况来看，2005年沿海发达地区职业学校与普通高中在校生的比例可达到4∶6，2010年可达7∶3，2015年达8∶2。中部地区基本与全国平均值同步，2005年、2010年、2015年分别为5∶5，4∶6，4∶6。目前西部地区职业教育发展的结构比例仍未到位，2005年要提高至6∶4，以后基本不变，2010年后根据各地区的情况，有步骤地逐步调整到5∶5。①

2. 多样化原则

(1) 社会和个人发展的需要促使高中教育多样化

高中教育担负着向高等教育输送人才的任务，高中学生素质如何，将直接影响我国未来高层次人才的质量，影响我国在国际政治、经济、军事等领域的竞争力，因而，培养具有创新精神和实践能力的高质量的高中学生应是我国高中教育多年来努力的方向。这不论是在过去、现在还是将来都应成为我们高中教育的一大任务。

但是从我国目前的实际来看，仅仅培养未来的"精英"还是很不够的。我国社会的发展需要各个层次的各种人才，既需要所谓的"白领"人才，也需要"蓝领"人才；既需要培养科学家，也需要中级技术人员和普通的具有高中学历的工人。因而从这个角度讲，我们必须同时发展普通高中教育和高中阶段的职业教育。

发展普通高中教育和高中阶段的职业教育既是社会政治、经济和文化的需要，也与个人的禀赋和能力有关。由于个人的遗传基因和所处的家庭和教育等环境的不同，每个人的发展速度是不同的，个人的爱好和兴趣也有很大的差异。就教育来说，在初中段教育完成之时，有相当部分学生因为能力和兴趣等问题已经暴露出对主流教育教学组织方式的不适应。如果高中阶段教育仍采用与初中一样的模式，我们很难想象这些学生将会获得好的发展，也更难保证他们未来在社会中的生存能力。目前的高中段教育实行分流是符合学生的实际情况和社会的需要的，因而也是值得提倡的，因为职业教育与普通教育本来体现的就是两种不同的人才培养模式。

在高中阶段实行不同形式的分流是世界高中教育的发展趋势，我国实行普通高中和职业高中同时发展的政策是符合世界高中教育发展潮流的，

① 教育部.《国务院关于基础教育改革与发展的决定》[EB/OL].[2001-05-29].http://www.edu.cn/20010907/3000665.shtml.

符合我国社会的需要和学生个人发展的需要的。

(2) 建立能力选择式教育体系

由于高中教育是选择式教育，因而高中教育在办学体制和课程设置方面必须适合不同层次能力水平的学生的需要。就办学体制而言，应该形成既有政府投资兴办、高中自扩自办的高中教育，也有社会各界通过捐资、合资、集资、独资等形式来共办、协办、联办、独办的高中教育，这样的高中教育体系，可以提供各种不同形式的教育方式，如全日制、半日制、学分制、学时制或者学分学时制等，这可以满足不同学习者的需要，使他们有更多的选择余地，有利于高中教育的普及。

课程设置是建立能力选择式教育体系的最重要因素。在课程设置上，既要满足升学者的需要，也要照顾就业者的需要；既要保证个人兴趣爱好的需要，也要保证社会发展的需要；既要满足正规教育系统内学习者的需要，也要满足少数在职进修者的需要。要使课程满足不同能力层次学习者的需要，就必须建立灵活的教学管理制度。在条件成熟的情况下，既可以实行学时制、学分制，也可以实行学时学分制。

(3) 充实职业高中

普通高中和中等职业学校是高中阶段教育的“一体两翼”。长期以来，中等职业学校所承担的中等职业教育，为我国各个领域培养了大批在生产、服务、技术和管理第一线工作的高素质劳动者和中初级专门人才，作为一种特殊教育类型的学校，它们在过去的高中阶段教育中，分担了大量的培养任务，满足了学生对高中阶段教育多样化的需求。

在普及高中阶段教育的进程中，单纯依靠普通高中，仅仅靠扩大普通高中规模、增加普通高中数量来完成普及任务是不现实也是不可能的，中等职教有责任更有义务继续发挥其在高中阶段教育中的作用，并在诸多条件允许的前提下，适当扩大自身规模，既可以增强高中阶段教育培养能力，加快普及高中阶段教育进程，还能丰富高中阶段教育类型，提高普及高中阶段教育质量。通过提供初中后职业培训与教育，中等职业教育还能确保普及高中阶段教育的有序进行。

为了继续充实中等职业教育，2005 年 2 月 28 日教育部公布了《教育部关于加快发展中等职业教育的意见》，这一文件对中等职业教育的地位和作用进行了肯定，同时还对中等职业教育的发展目标、发展策略等做出了许多规定，这为我国中等职业教育的进一步发展奠定了基础。

(4) 为就业青少年提供多种接受高中教育的机会

中等职业学校在发展过程中，要变“等级淘汰性”分流机制为“兴趣选择性”分流机制，逐步实行按学生兴趣和能力倾向录取的办法，建立开放式的学籍管理制度，普遍推行弹性学制，以业余、函授、上门办学等形式允许已经就业的青少年工读交替，分阶段完成学业，鼓励具有专业和办学优势的职业学校跨地区招生。要积极适应普及高中阶段教育的新形势、新特点，进一步强化中等职业教育的学历和非学历培训功能，更自觉、更主动地承担起对广大高中后学生的培训任务。

在普及普通高中的过程中，要加强学时制高中与职业训练机构间的协作，逐步实行按学生兴趣和能力倾向分流的办法，建立灵活的教学管理制度，允许学生在学习普通高中的课程之外选择职业培训机构的课程和接受实际的技术培训，为以后升学或就业奠定基础。

3. 准义务化和基础性原则

(1) 准义务化原则——实现高中教育的普及和准义务化

在我国，由于区域发展极不平衡，普及高中教育不能实行同一速度和规模发展，经济发达地区的大中城市可望较早实现普及高中教育的目标，经济落后的地区，特别是西部农村地区，实现普及高中教育的目标虽然相当困难，但在增大政府投入的基础上，2020 年左右也还是有希望达到这一目标。先普及高中教育的地区，其任务主要在于提高和巩固高中教育的质量，后普及高中教育的地区，需要政府采取倾斜政策，给予财政方面的大力支持。

尽管高中阶段教育属于非义务教育阶段教育，但在普及阶段，在保证政府投入为主的体制下，应实行多元办学的体制和模式，实行适当的收费制度，实行准义务化教育。在讲究效率的基础上，兼顾公平的原则，建立起扶贫济学的制度，保障弱势群体的利益，维护社会的稳定。

(2) 基础性原则——逐渐将高中变成基础性教育阶段

教育在综合国力的形成中处于基础地位，国力的强弱取决于劳动者的素质，取决于各类人才的质量和数量。高中教育作为基础教育的最高层次，或者说一种高层次的基础教育、非义务阶段的教育，它对人才的培养起着非常关键的作用，世界上许多发达国家通过法律把高中教育列为义务教育。在我们这样一个有13亿人口的大国，实现社会主义现代化具有决定意义的一条就是把经济建设转到依靠科技进步和提高劳动者素质的轨道上来，真正把教育摆在优先发展的战略地位。逐步普及高中教育，提高全民文化素质，造就大批人才，这对于我国迎接新世纪世界高科技的挑战很重要。

作为向高等教育输送合格新生的普通高中教育，其基础性和重要性是毋庸置疑的，因而普及高中教育的过程中，需要特别重视普通高中的作用。同时，在普及高中阶段教育的进程中，也要强化中等职业教育作为高中阶段教育的角色定位，在教育目标上，要从单纯的“就业”转向“可持续的人力资源开发”，从只重职业和技术培训的狭隘的教育转化为把国家、社会和个人的可持续发展作为根本出发点的全面教育，努力拓宽中等职教与高等职业教育、高等科学教育、高等工程教育的沟通渠道，为中等职业学校学生的深造与进修创造更多的途径与机会，淡化中等职业教育“终结性教育”的色彩。

（3）职业教育的基础化和综合化原则

随着中等职业教育结构调整的基本完成，我国中等职业教育已经能够基本满足不同层次学习者就业的需要。但是，结构调整的任务还远没有完成，教育内容的相对单一也并没有从根本上改观。中等教育在结构和内容、机制方面都还不够灵活多样、相互之间还不能纵横相通。中等职业学校专业设置过于狭窄，学生专业基础不宽，过于强调“面向市场”的状况并没有得到根本改变，其结果是人才培养的规模、质量、专业方向滞后于市场的变化。我国许多职业高中都因为这个原因遇到了毕业生分配难的困惑。中等职业学校教育培养目标应该重新定位，从过去强调专业化回到注重宽基础、提高综合性、适应性的思路上来，以利于职业学校培养的中初级技术人才适应未来的竞争与合理流动。

综合高中是近年来我国高中教育出现的一种新形式。2001年公布的《国务院关于基础教育改革与发展的决定》在第四条中将之界定为“普通教育与职业教育（相）沟通的高级中学”。综合高中不像普通高中、职业高中、中等职业学校或技工学校那样实行学校分流，而是按课程分流，让学生根据自己的学习成绩、能力和兴趣，通过课程试探，选择普教升学

（报考普通高等学校）、职教升学（报考高职院校）或直接就业以实现自己的发展目标。综合高中教育兼具了普高与职高双重功能，克服了两者的不足，能使每一个学生合理、科学地发展。发展综合高中教育，是对现阶段高中阶段教育结构的调整，其近期发展目标是使综合高中与普通高中、职业高中达到合理的结构比例。到目前为止，综合高中教育已成为许多国家高中阶段教育的一种主要类型，在我国，综合高中还处于起步发展阶段，规模不大，还不是我国高中教育的一种主要办学模式，需要进一步进行探索。

第三节　中国普及高中教育的课程设置和改革

一、我国高中教育课程的设置体系

（一）课程基本结构和行政组织

高中新课程由必修课和选修课组成，必修课旨在保证所有高中生都达到共同要求，选修Ⅰ是旨在达到共同要求的基础上，满足学生在不同学习领域、不同科目中加深和拓宽的学习内容，选修Ⅱ是学校根据当地社会、经济、文化以及自身条件开设的校本课程。

普通高中课程由学习领域、科目、模块三个层次构成，每一领域由课程价值相近的若干科目组成，每一科目又由若干模块组成，模块之间既相互独立，又反映学科内容的逻辑联系。每一模块都有明确的教育目标，并围绕某一特定内容，整合学生经验和相关内容，构成相对完整的学习单元；每一模块都对教师教学行为和学生学习方式提出要求和建议。每个科目在必修的基础上还设置了若干个选修模块，供学生根据自己的兴趣和未来发展需要选择。高中新课程虽然以分科课程为主，但值得注意的是，新课程注意了对课程的整合，增加了综合实践活动课程等。

我国高中新课程按照行政管理来划分可以分为国家课程、地方课程和校本课程。

国家课程主要对学生的基本素质提出最低要求或者最低标准，并对这一要求或标准做出强制性要求，它往往以必修课和国家统一考试的形式出现。地方课程是指地方各级政府根据国家课程政策和地方经济、政治、文化等实际情况对人才的要求而制订的课程计划和开设的具体课程。校本课程是在国家课程和地方课程的基础上，以学校的优质资源为基础、以学生发展为目的，以校长领导、教师为主，课程专家为指导，学生家长和社区人士共同参与开发的课程。地方课程和校本课程既可能是必修课程，也可能是选修课程。

我国对高中课程实行三级管理主要是因为我国地域广大，各地各校发展极不平衡，实行三级管理有利于在保持最低标准的前提下发挥各个地区不同学校的优势和积极性，提升课程的整体价值，促进不同地区、不同学校的学生的发展。

（二）高中课程的设计和体系

1. 课程设计的基础和原理

高中新课程在设计上除了注重了“知识与技能”“过程与方法”和“情感态度价值观”等课程目标外，更加注重“以学生发展为本，培养创新精神和实践能力”的课程设计理念，形成了一种比较明显的学生发展本位的价值取向。在具体内容的选择上，新课程在设计上更加注重以下几个原则。

时代性——课程内容的选择体现当代社会进步和科技发展，反映各学科的发展趋势，关注学生的经验，增强课程内容与社会生活的联系。同时，根据时代发展需要及时调整、更新。

基础性——强调掌握必需的经典知识及灵活运用的能力；注重培养学生浓厚的学习兴趣、旺盛的求知欲、积极的探索精神、坚持真理的态度；注重培养搜集和处理信息的能力、获取新知识的能力、分析和解决问题的能力、交流与合作的能力。高中课程内容既进一步提升所有学生的共同基础，同时更为每一位学生的发展奠定不同基础。

选择性——为适应社会对多样化人才的需求，满足不同学生的发展需要，在保证每个学生达到共同基础的前提下，各学科分类别、分层次设计了多样的、可供不同发展潜能学生选择的课程内容，以满足学生对课程的不同需求。

2. 高中课程体系

（1）课程科目的基本设置

普通高中课程由学习领域、科目、模块三个层次构成，每一领域由课程价值相近的若干科目组成，八个学习领域共包括语文、数学、外语（英语、日语、俄语等）、思想政治、历史、地理、物理、化学、生物、艺术（或音乐、美术）、体育与健康、技术（信息技术、通用技术）等科目。其中技术、艺术是新增设的科目，艺术与音乐、美术并行设置，供学校选择。鼓励有条件的学校开设两种或多种外语。

每一科目由若干模块组成，模块之间既相互独立，又反映学科内容的逻辑联系。每一模块都有明确的教育目标，并围绕某一特定内容，整合学生经验和相关内容，构成相对完整的学习单元；每一模块都对教师教学行为和学生学习方式提出要求和建议。

每个科目在必修的基础上还设置了若干个选修模块，供学生根据自己的兴趣和未来发展需要选择。比如，地理在必修内容的基础上，还开设了“地球与宇宙”“海洋地理”“自然灾害与防治”“旅游地理”“城乡规划与生活”“地理信息技术应用”“环境保护”等7个模块供学生选择，学生可以在提供的7个模块中选择自己感兴趣的内容。

需要说明的是，同一科目的模块是有层次的，这样可以保证学生的学习不断递进。同一层次的模块又是并列的，以保证学生有比较大的选择空间。不同层次的模块按照螺旋式设计。模块的选择既有利于多方向的选择，也有利多次选择。①

（2）设置综合实践活动课程

综合实践活动课程是一种基于学生的直接经验、密切联系学生自身生活和社会生活、体现对知识的综合运用的课程形态。2001年6月颁布的《基础教育课程改革纲要〈试行〉》明确规定：“从小学至高中设置综合实践活动并作为必修课程，其主要内容包括：信息技术教育、研究性学习、

① 李建平．关注高中课程改革系列报道·追问高中新课程方案焦点问题［N］．中国教育报，2004－02－25（1）．

社区服务与社会实践以及劳动技术教育。”① 它的设置是我国基础教育课程体系的结构性突破，对培养我国学生的创新能力和实践能力有着特别重要的意义。

为确立综合实践活动在新课程中的地位，我国《普通高中课程方案（实验）》还做了如下规定：“研究性学习活动是每个学生的必修课程，三年共计15学分。设置研究性学习活动，旨在引导学生关注社会、经济、科技和生活中的问题，通过自主探究、亲身实践的过程，综合运用已有知识和经验解决问题，学会学习，培养学生的人文精神和科学素养。此外，学生每学年必须参加一周的社会实践，获得2学分。三年中，学生必须参加不少于10个工作日的社区服务，获得2学分。”这样，在普通高中新课程中，综合实践活动作为一门必修课程的学分总数为23，在所有必修学分中所占的比例近20%，是所有学习领域中必修学分最高的。②

（3）信息学科的设置和外语的必修化

高中新课程改革一个很重要的变化就是增加了信息技术课程。信息技术课程不仅是实施综合实践活动的有效的重要手段，而且也是综合实践活动探究的重要内容。开设信息技术课程的目的在于帮助学生发展适应信息时代需要的信息素养。这既包括发展学生利用信息技术的意识和能力，还包括发展学生对浩如烟海的信息的反思和辨别能力，形成健康向上的信息伦理。

这次高中新课程改革在外语科目上一个很明显的变化就是提供了多门外语以供选择，并鼓励有条件的学校开设两门或多门外语。但除了这个选择外，外语科目在必修内容与必修学分上采取了完全对等的原则。每门外语共设5个共同必修模块，10个学分，学生学完5个模块，获得10个学分就可获得大学入学的资格。为了使学有余力的学生能获得更好的发展，高中外语课程还设立了多个选修模块以供选择。

（4）学校学科与科目的设置

在高中新课程改革中，学校并不是旁观者，学校在校本课程中可以起

---

① 教育部.《基础教育课程改革纲要〈试行〉》［EB/OL］.［2001－05－29］. http://www. gov. cn/gongbao/content/2002/content_ 61386. htm.

② 教育部.《普通高中课程方案（实验）》［EB/OL］.［2001－06－01］. http://www. zz3z. com. cn/Article_ Show. asp? ArticleID=44.

着非常独特的作用。学校在开发校本课程的过程中，既可以对国家课程和地方课程进行深化和加工，也可以依托学校和社区的资源，采取校—校合作、社区教育机构—学校合作、专家—学校合作、学校领导—学校教师合作、学校教师—学校教师合作等方式，根据学校教师的教学水平和学生学习能力的实际情况，制定出具有学校特色的校本课程。学校制定的课程既可以是学科课程，也可以是活动课程；既可以是分科课程，也可以是综合课程；既可以是必修课程，也可以是选修课程；既可以是显性课程，也可以是隐性课程。

校本课程是对国家课程和地方课程的有益补充，它不仅起着丰富课程，促进本校学生个性发展的作用，在某些情况下，校本课程可以转化为地方课程甚至国家课程，在更大范围起着更大的作用。

二、我国高中课程改革

（一）我国高中课程改革的沿革

自1949年以来，我国对高中课程进行了多次改革，颁布和实行了16个普通高中课程计划（教学计划）。

新中国成立初期，全国没有统一的教学计划。1950年教育部颁发了《中学暂行教学计划（草案）》和《中等学校暂行校历》。1952年，教育部公布了《中学暂行规程》，这是新中国成立以来颁发的第一个全面规范中学课程的政府文件，初步奠定了新中国中学课程的框架。《中学暂行规程》受苏联中小学课程影响较大，课程设置为单一的必修课，实行全国统一的教学要求，它的目的是为新中国培养大批的“又红又专”的社会主义合格建设者。

1953年至1958年，教育部几乎每年都要颁发一个新学年的教学计划以对课程进行一些调整，其中调整最多的是政治和外语。1963年，中共中央颁发了《全日制中学暂行工作条例（草案）》，新的教学计划确立了以“双基”为重点的课程模式。

1981年，根据邓小平提出的要办重点中小学和重点大学的精神，教育部颁发了《全日制六年制重点中学教学计划（实行草案）》。该计划规定，从高中二年级开始开设选修课，并将劳动技术教育列入正式课程。这个计划首次提出分科性选修，分为侧重于文科、理科的两类教学计划，高二分流。从那时起，开始形成高中文、理分流的办学模式。

1990 年，初中与高中分离，国家教委颁发《现行普通高中教学计划的调整意见》，作为对新的普通高中教学计划颁发前的过渡性教学计划。这个计划对 1981 年的计划作了较大调整，如课程结构由单一的学科类课程改变为学科课程和活动课程两个部分，学科课程分为必修和选修两个部分。这一计划在一定程度上解决了高中教育中文理偏科、学生知识结构不完整、学校片面追求升学率等问题，但并未从根本上解决这类问题。

1994 年，国家教委对 1990 年印发的《现行普通高中教学计划的调整意见》做出了进一步的调整。它适当调整了各类课程的课时，加强了艺术教育，在普通高中开设了艺术课程。

1995 年国家教委又对 1994 年的高中课程计划进行了调整。1996 年，国家教委组织专家组，经过较深入的研究，制定并颁发了我国第一个同义务教育课程计划相衔接的《全日制普通高级中学课程计划（实验）》。同时，基础教育司制定并颁发了各学科的教学大纲，人民教育出版社组织专家编写教材，从 1997 年秋季开始在天津、江西和山西进行实验。这次高中课程改革首次把高中作为独立学段制订课程计划；优化必修课，规范选修课，加强限定选修课；各学科教学内容、教材构思都根据时代要求、学科发展作了一定的更新；提出了国家、地方和学校三级课程管理策略。

1999 年开始，新一轮的基础教育课程改革工作全面启动，2001 年 7 月，教育部颁布了《全国基础教育课程改革纲要》。2001 年秋季，在义务教育新课程开始实验时，教育部正式启动了普通高中新课程方案和课程标准的研制工作，1000 多名来自全国高等院校和科研院所的课程专家、学科专家以及中小学教学一线的优秀教师、教研员参与了此项工作。一年多来，在广泛深入调查、研究的基础上，形成了高中课程方案（实验）和各学科课程标准（实验）。经过专家的审议和教育部党组的研究审定，2003 年 3 月 31 日，教育部印发了《普通高中课程方案（实验）》和 15 个学科的课程标准（实验）。2004 年 9 月，普通高中新课程在广东、山东、海南、宁夏进行实验。2005 年，实验范围进一步扩大。未来数年内，普通高中新课程将很快在全国范围内使用。

（二）我国高中新课程改革的特点

我国高中课程改革主要有以下特点。

1. 课程有较大的选择空间

与以往高中课程方案相比较，本次课程方案的最大特点是给学生提供了更大的选择课程的空间，同时，也给学校提供了选择课程发展、构建学校特色的空间。就是说，不同的学生在一定程度上有了选择不同课程的可能。

我国高中课程的选择主要是通过设置“学习领域—科目—模块”来实现的。设置学习领域有利于规范学生素养的基本范畴，它是学生每一年都必须学的。科目是学习领域的组成部分，它是学习领域的实体，它规定着学生必不可少的学习内容，是每一个学生都必须学习的，但不一定每学年都得学。进入系列或模块后，情况就不同了，学生有了选择的自主权；也就是说，学生可以自主地选择系列或模块，但不能选择科目和学习领域。

2. 课程实行学分管理

为了使学习领域—科目—模块组成的课程结构对学生来讲真正成为有较大选择空间的灵活的课程结构，高中课程还分为必修和选修两类。选修与必修一是指内容上的必修与选修，即必修内容与选修内容。必修内容是每一个学生都必须学习的，选修内容则是学生可以自由选择的。二是指学分上的必修与选修，即必修学分与选修学分。必修学分是每一个学生都必须在某一个科目上获得的学分，它既可能是指所有学生都从一样的内容学习中获得的学分，也可能是指不同的学生从不同的内容中获得的学分。对于必修学分，不同的学生没有学分数的不同，只有部分内容的不同。选修学分则是学生选择不同内容获得的学分，它不但内容可以不同，学分数也可以不同。各科目都规定一定的必修内容与必修学分是为了保证学生的基础，选修学分则是为了保证不同学生都能获得发展。

（三）我国高中新课程改革中面临的问题

我国高中课程改革实验在取得突出成绩的同时，也存在着许多不容忽视的问题，这些问题如果不能有效地得到解决，将严重地阻碍新课程的推进和向纵深发展。

1. 实验的组织、管理与推进策略的问题

（1）如何在课程改革实验的基础上全面深入地推进课程改革的问题

这次新课程改革是在实验的基础上进行的。在实验结束后，改革必然要向深入发展。在深入发展的过程中，新课程改革将面临以下问题。

首先，如何推广新课程改革实验成果，使新课程改革向纵深发展？这次课程改革采取了“先实验后推广”的工作方针，从局部范围实验走向全面推广，但改革如果只有横向拓展而无纵深发展，只有形式上的推广而无实质意义上的深入，改革的效果将大打折扣。

其次，如何从人力、物力、财力上保证课程改革全面推广？无论是首批国家38个实验区还是后来的省级实验区，相对而言都具备较好的课程改革条件，而且从实验人员的精心培训、相关政策的配套实施、舆论宣传等方面都给予了实验区极大的支持，包括一定的人力、物力和财力的投入。如果实验大面积推广，这些非实验区各方面的条件相对而言较为欠缺，而国家不可能有更大规模的投入，在这种情况下，如何保证改革的全面推进和持续深入的问题便有待解决。

最后，如何总结国家级和省级实验区的经验，规划好更大规模的新课程推广工作？新课程实施的“硬仗”不在现有的实验区，而在非实验区的推广。在推广的过程中，非实验区如何正确地认识、吸收和借鉴实验区的改革实验，实验区如何发挥辐射作用以带动周围非实验区的发展，如何避免新课程推广中可能出现的“目标偏离”“效果递减现象”，当前课程改革实验的范围在迅速地扩大，对这些问题的研究也就尤为迫切。

（2）在地区差异极大的情况下如何推进课程改革的问题

仅从课程改革的进程和发展水平来看，不同的地区、不同的课程改革进程、不同的发展基础与潜力，都决定了国家应采取不同的指导和推进策略。经济发达地区与农村和欠发达地区实施新课程所面临的困难与问题可能大不一样。这些问题涉及课程改革的深入推进，更涉及教育的公平和教育的可持续发展，因而需要认真制定具体的推进策略来引导课程改革的深入发展。

（3）如何建立和完善有效的激励机制，强化课程改革的持续推动力的

问题

在课程改革的过程中，如何采用激励机制和政策来保证教师以较高的热情参与课程改革，如何使教师的行为转化为内在的自觉，使教师的教学行为日常化，这些值得研究。

2. 课堂教学中的主要问题

在高中课堂教学中主要存在着以下问题。

(1) 简单化

在高中新课程改革的过程中，对《基础教育课程改革指导纲要（试行)》思想、基本理念作简单甚至片面理解的大有人在，这严重地影响着改革的有效推行。如有的教师把师生之间的“对话”简单地理解为“问答”，将“把读书的时间还给学生，让学生自主设计、自主探究、自主思考”简单地理解为对学生完全放任自流，教师既没有指导，也没有参与和互动，任由学生发展。

(2) 绝对化

这次新课程改革主张关注学生学习的过程，突出对情感、态度和价值观的培养，倡导自主、合作、探究的学习方式，加强课程内容的生活性等，但许多教师在理解和具体实施过程中把它放在一个非此即彼的境地来思考，一说要关注过程就完全排斥结果，一提培养积极的情感就是完全否认认知，一强调探究学习就完全不要接受学习，显然这都是有悖课程改革的初衷的。

(3) 浅表化

在新课程教学过程中，教学行为、学习方式的展开流于形式、缺乏深度的现象时有发生。如新课程倡导学生主动参与、乐于探究、勤于动手，强调在实践中去学习、去体验，于是教师在教学过程中有意设计了许多探究环节，但在具体实施过程中，教师要么安排活动过多，学生根本没有时间去思考和体验，要么学生有足够时间和空间探究，但由于没有教师的引导而使探究无法深入。

(4) 泛化

课程改革实施以来，自主学习、合作探究、师生互动、注重学习的过程等理念逐渐被人们所认可和接受，但从理念转化为实际行为的过程中存在泛化倾向。就合作学习来说，许多教师不分时间、地点、时机地都主张合作学习。讲到激励，不论什么事情、什么情况，教师都对学生运用激励语言。

3. 教材与课程资源问题

教学辅助材料亟待开发。实验区教师反映，与新教材配套的挂图、教具、磁带等教学辅助材料目前很不配套，教师为此要花大量的时间和精力去制作，增加了教师的负担。

4. 教研系统的职能和工作方式的转变问题

在课程改革实验过程中，教研队伍起着十分重要的作用。在实验的启动阶段，各实验区教研员开展了许多有效的工作。但随着实验研究的推进，教研员自身在教育观念、理论修养和业务能力方面也面临着巨大的挑战，这一方面需要加强对教研员队伍的培养提高工作，但最紧迫、最可能有效的就是采用多种措施促进教研员队伍角色和工作方式的转变，切实改变其职能。

5. 评价与考试的问题

（1）评价和考试的系统性以及实践的规范性和系统性不强

从现有的情况来看，评价和考试的系统性和规范性不强。由于评价和考试改革中的各个环节相互影响、相互制约，局部或孤立的改革往往难见成效，而且由于对评价和考试改革缺乏整体的认识，容易在工作中丧失目标，从而难以使改革走向深入。

（2）成长记录亟待改进

新颁布的语文、数学等课程标准在“评价建议”部分都提倡创建和使用成长记录袋。尽管各实验区在实践探索中也取得了一定的实效，积累了一些经验，但它毕竟是一种新兴的评价方式，许多方面还有待进一步的改进和完善：第一是对于大多数的大班额班级来说，成长记录袋的使用极大地增加了教师们的工作量；第二是在具体的操作过程中，成长记录袋成了无所不装的口袋，记录的资料缺乏条理性和针对性，无法清晰地反映学生一个阶段在某个领域成长的轨迹和发生的变化；第三是部分实验教师仅仅将其看做终结性评价的辅助方式而游离于教学活动之外；第四是成长记录评价方法的反思功能未能得到充分体现。

(3) 表现性评价的实践和研究有待加强

新课程强调通过学生的体验和探究，培养其创新精神和解决实际问题的能力，评价与考试的内容和形式也应发生相应的改变。只凭一张考试卷对学生进行评价已经不能适应新课程的要求。但从现有情况看，许多学校和教师除了实施口语表达测试外，还没有找到很好的方法对学生进行表现性评价。

(4) 非学业评价有待改进和加强

对学生非学业评价还没有与学科教学目标很好地结合起来。评价的主要内容多限于学生的思想品德、遵规守纪方面，而对于学科教学中丰富的非学业培养目标，如探究与学习兴趣、创新能力、实践和应用能力、表达和沟通、合作和分享等，还没有予以足够的关注，在具体操作中也面临着许多困难。

(5) 激励的导向性和实效性有待进一步加强

实验区各学校非常重视发挥评价的激励功能，也做了大量的工作，但很多学校更多的是关注激励的形式，而教师与学生之间的坦诚、关怀和相互尊重的关系并没有形成。

(6) 教师评价与学校评价改革有待加强

学生、教师和学校评价改革是不可分割的整体，它们相互影响、相互制约。目前教师和学校评价存在的主要问题包括：评价者素质参差不齐，多头评价，并且一致性程度低；评价内容庞杂、死板、教条和形式化；评价手段单一；评价基本上还是为了甄别或划分等级，没有发挥促进发展的功能；评价在很大程度上仍然是上位对下位的模式等。

6. 教师全程培训问题

随着课程改革实验的推进，教师培训已经开始暴露出不足，主要表现在：教师在职培训与课程改革相分离；师范院校的专业设置与新课程的课程结构和课程内容不相适应；以学校为本的培训和以学校为本的教学研究相分割；教师观念亟待转变。

第四节 中国普及高中教育的教师培养和培训

一、我国高中教师培养制度

（一）“开放型”教师培养制度

我国传统的封闭型教师教育模式具有狭隘性、片面性和僵化性的特点，它制约了我国教师教育的整体发展，使教师教育实践呈现割裂状态：师范院校与教育院校的割裂；师范院校、教育院校与普通高等院校的割裂；职前教师教育和在职教师教育的割裂；教师教育与教师的实际需要之间的割裂；教师教育与实际教育教学之间的割裂。

目前，我国教师教育开始由封闭型模式转向开放型模式。在这种模式中，教师教育开始向以下方面发展。

第一，革新师范教育的理念：用“教师教育”这一概念取代“师范教育”，确立终身的、立体的教师教育大观念；破除目前封闭定向型模式，构建开放多元的教师教育模式，确立教师教育的专业化观念。

第二，职前教师教育与职后教师教育的一体化，打通目前封闭型教师教育模式中师范专科学校，师范大学组成的职前教育系统与教育学院、各地区和市教师进修学校组成的在职教育系统之间的壁垒。

第三，只有通过国家或非政府及非营利的中介机构的教师教育资格认证的高等院校，才有资格参与教师教育。也就是说，由整个高等教育系统来承担教师教育的任务，突破目前仅仅由师范院校来从事教师教育的局限性，未来教师的来源更广，更具有开放型。

第四，延长教师教育的年限。目前封闭型教师教育模式由于只有三年或四年，培养的教师的专业化水平并不高。开放型教师教育模式延长教师教育年限，可以使教师获得和从事其他行业同等的学术水平和更宽广的人文、自然、社会学科的基础知识，获取更加丰富的教育理论和教育实践训练的机会。这样既保证了教师教育的“学术性”，又突出了教师教育的“师范性”，两者相得益彰，使教师既有相当高的学术水平，又有一定的教育教学能力，极大地促进了教师专业水平的发展。

第五，分段、分流相结合，灵活互动。学生进入高等院校后，前两年不分专业，学习通识学科课程和带有一定专业意向的专业基础课程。两年后，开始分流。通过分流，可以使那些真正喜欢从教的学生接受教师教育。分段是指学科专业教育和教育理论学习、教师实践训练分段进行。专科、本科、硕士、博士毕业后的学生，如果希望成为一名教师，只要在有资格从事教师教育的高等院校的相关院系接受一年的学习和在实习基地进行一年的教育实践，通过考试，获得教师资格证书，就有资格从事中小学教育教学工作。

第六，培养方式的多元化和多样化。

(1) 对一入学就有坚定从教思想的学生，可采用三年或四年一贯制方式对学生进行培养，通过考试就可获得教师资格证书。这种方式存在于师范院校中。

(2) 学习两年的通识学科课程后，对从教感兴趣的学生，可通过主辅修制或双学位制获得从事教师专业所需的学分。通过规定考试，就可获得教师资格证书。

(3) 获得专科、本科、硕士、博士证书和学位的人，想从事教师专业工作，可到高等学校的相关院系学习一年的教育理论和一年的教育实践，通过规定的考试，就可获得教师资格证书。

师范院校和综合性大学也同样可以通过各种形式培养学生，使学生在通过相应的考试后获得教师资格证书。

（二）我国高中教师的资格和任用制度

我国高中教师的资格和任用制度最初是由 1993 年公布的《中华人民共和国教师法》规定的。《教师法》第十条规定“国家实行教师资格制度”。第十一条第四款规定：“取得高级中学教师资格和中等专业学校、技工学校、职业高中文化课、专业课教师资格，应当具备高等师范院校本科或者其他大学本科毕业及其以上学历；取得中等专业学校、技工学校和职业高中学生实习指导教师资格应当具备的学历，由国务院教育行政部门规定。”①

1995 年 12 月，国务院公布的《教师资格条例》对高中教师的资格认证机构进行了规定。第十三条规定：“高级中学教师资格，由申请人户籍所在地或者申请人任教学校所在地的县级人民政府教育行政部门审查后，报上一级教育行政部门认定。中等职业学校教师资格和中等职业学校实习指导教师资格，由申请人户籍所在地或者申请人任教学校所在地的县级人民政府教育行政部门审查后，报上一级教育行政部门认定或者组织有关部门认定。”

2000 年 9 月我国公布的《〈教师资格条例〉实施办法》对教师的资格认定进行了完善，其中对教师的教育教学能力第一次进行了详细的规定。第八条规定：“申请认定教师资格者的教育教学能力应当符合下列要求：（一）具备承担教育教学工作所必需的基本素质和能力。具体测试办法和标准由省级教育行政部门制定。（二）普通话水平应当达到国家语言文字工作委员会颁布的《普通话水平测试等级标准》二级乙等以上标准。少数方言复杂地区的普通话水平应当达到三级甲等以上标准；使用汉语和当地民族语言教学的少数民族自治地区的普通话水平，由省级人民政府教育行政部门规定标准。（三）具有良好的身体素质和心理素质，无传染性疾病，无精神病史，适应教育教学工作的需要，在教师资格认定机构指定的县级以上医院体检合格。”②

《〈教师资格条例〉实施办法》第七条对中等职业学校实习指导教师的资格进行了规定：“申请认定中等职业学校实习指导教师资格者应当具备中等职业学校毕业及其以上学历，对于确有特殊技艺者，经省级以上人民政府教育行政部门批准，其学历要求可适当放宽。”

以上这些规定是针对想获取高中教师资格的师范类学生来说的，对于非师范类的、想获取高中教师资格证的毕业生或其他人员的资格认定，《〈教师资格条例〉实施办法》也作了说明。至此，我国高中教师资格认定

① 教育部.《中华人民共和国教师法》［EB/OL］.［1994－01－01］. http：//www. moe. edu. cn/edoas/website18/info1428. htm.

② 教育部.《〈教师资格条例〉实施办法》［EB/OL］.［2000－09－01］. http：//www. edu. cn/20010907/3000612. shtml.

制度渐趋完善，高中教师资格认定正式走上正规化、法制化的轨道。

二、我国高中教师的培训制度

（一）我国高中教师培训的相关法律规定

我国有关高中教师培训的相关法律规定是和初中教师和小学教师培训的相关法律规定连在一起的。有关中小学教师培训的规定最初是由1993年制定的《中华人民共和国教师法》规定的。《教师法》第十八条规定："各级教师进修学校承担培训中小学教师的任务。非师范学校应当承担培养和培训中小学教师的任务。"《教师法》第十九条规定："各级人民政府教育行政部门、学校主管部门和学校应当制订教师培训规划，对教师进行多种形式的思想政治、业务培训。"①

1995年3月18日公布的《中华人民共和国教育法》第三十四条对教师培训进行了规定："国家实行教师资格、职务、聘任制度，通过考核、奖励、培养和培训，提高教师素质，加强教师队伍建设。"《教育法》第四十条还规定，"国家机关、企业事业组织和其他社会组织，应当为本单位职工的学习和培训提供条件和便利。"

世纪之交是我国制定有关教育法律法规最为丰富的时期，在这一时期，有关教师培训的法律法规也相当丰富。

1999年教育部9月公布的《中小学教师继续教育规定》和1999年12月公布的《中小学校长培训》分别对教师进行继续教育的形式、内容、管理、保障和校长培训的内容、经费等进行了详细的规定。1999年6月制定的《中共中央国务院关于深化教育改革全面推进素质教育的决定》提出，高中阶段教育的专任教师和校长中获硕士学位者应达到一定比例。

1999年制定的《中国教育发展和改革纲要（1990—2000年）》第四十条提出要制定教师培训计划，逐步建立和完善适合我国国情的教师培训体系。

2001年6月制定的《基础教育课程改革纲要（试行）》提出，要确保

① 教育部．《中华人民共和国教师法》［EB/OL］．［1994－01－01］．http：//www. moe. edu. cn/edoas/website18/info1428．htm.

培训工作与新一轮课程改革的推进同步进行。其中第十七条规定："师范院校和其他承担基础教育师资培养和培训任务的高等学校和培训机构应根据基础教育课程改革的目标与内容，调整培养目标、专业设置、课程结构，改革教学方法。中小学教师继续教育应以基础教育课程改革为核心内容。"

（二）培训的组织机构和体系

现在，我国已经设置了以各级各类师范院校和教师院校为主体的独立的师范教育体制，初步形成了比较完整的省、地（市）、县、乡的多渠道、多层次、多规格和多形式的基础教育师资培训体系。同时，还充分运用远距离教学形式，开设通过卫星转播面向中小学教师进修的专门教育节目，促进培训网络的现代化。教师进修院校是培训网络的主干，也是各地教学研究、教学指导和资料信息等方面的中心。在职师资的培训主要由教师进修院校（包括省级教育学院、地市级教育学院和县级教师进修学校）承担，它同职前的师范教育构成两个系统，显示了现行师范教育的特色。教育学院承担培训中学在职教师和教育行政干部的任务。

在这个师资培训体系中，高中教师主要由师范大学和省级教育学院承担相关培训工作，两者都向高中教师提供各种形式的学历教育。在这次新课程改革中，师范大学和省级教育学院主要承担各种培训的指导工作，具体培训事务则在很大程度上通过地市级教育学院甚至县级教师进修学校组织进行。

（三）培训的形式、内容和实际状况

在我国，高中教师的培训已不再完全由高等师范院校来承担，高中教师的培训已经呈现出需求多元化、形式多样化的新格局。这些培训中，有大规模实施提高学历层次的培训；有建立业余面授、远距离教育、自学考试三种形式相结合的实行学分制的培训；有名师带高徒的培训；有最优秀的专家参与的高层次骨干教师的培训；有地方政府与师范大学联合创建与一流新型城区相适应的一流师资的培训，有选派优秀的骨干教师到大学学习硕士研究生课程的培训；有联合举办在职教师硕士课程进修班的培训；有密切联系课程教材和教育教学实际的培训。此外，还有举办各种层次、

各种规格、各种形式的培训班、单科班、教学研究班、干部培训班、骨干教师研修班，通过函授、脱产培训、自学与互教等灵活多样的形式，对教师进行新教育理论和教学方法等培训，组织教师总结教育教学经验，不断提高教育思想、文化水平和教学能力。各地把培训机构作为进修与研究基地，把基层学校作为教学改革实验基地，把市、区（县）教研活动作为成果交流和检验效果的舞台，积极加强与市、区（县）教研室的联系与协作，努力建立市、区（县）、中学三级合作的培训网络。

在这次高中新课程改革中，高中教师培训主要采取了校本培训、集中培训、教研培训、技能培训和骨干教师培训的方式，培训内容包括通识课程培训、各学科课程标准培训和教材培训。

校本培训主要突出以校为本的教学研究，要求以促进每个学生的发展为宗旨，以新课程实施过程中教师所面临的各种具体问题为对象，以教师作为研究主体，研究和解决教学实际问题，总结和提升教学经验，努力把学校建设成为学习化组织。

集中培训旨在解决共性的、前沿的、重大的问题，提高教师现代教育理论水平，促使教师掌握学科前沿知识及发展趋势，通过案例引导教师将知识转化为智慧，将理论转化为方法，将学科知识、教育理论和现代信息技术有机整合。

教研培训旨在提高教师科研、创新的能力和水平。把教研、科研、电教和教师培训有机地结合起来，在开展学科教研活动中培训教师，使教研活动课程化、科研成果课程化，提升教师的研究水平和实际从教能力。

技能培训旨在提高教师的专业技能。重点对教师教学基本功，特别是信息技术、英语、科研能力进行专项培训，提高教师终身学习和发展的能力。

骨干教师培训旨在培养学科首席教师，引领本校学科教学改革。本地各校选派一定数量的骨干教师参加全国培训，使他们在政治素质与职业道德、专业知识与学术水平、教育教学能力与教育科研能力等方面均有较大幅度的提高，在改革实践中发挥他们的骨干带头和示范辐射作用。教师成长和发展的关键在于实践性知识的不断丰富和实践智慧的不断提升，培训应强化教师的参与、体验和感悟，关注教师从教育理论到教育行为的转化过程，突出培训的先进性、针对性、实践性和实效性。

三、我国高中教师教育中存在的主要问题

（一）职前教育和职后培训相脱节，培训机构水平发生倒挂

高中教师的职前培养与职后培训本应是连续的过程，理应进行全面规划和分阶段实施。但现实中高中教师的职前教育主要由高等师范院校承担，以学历教育为主，而职后培训主要由教育学院甚至教师进修学校完成，二者由不同的教育行政部门管理，在办学体制、课程设置、资源配置等方面缺乏联系，没有内在的连贯性和层次性。

此外，在高中教师的在职培训中，从事在职培训的教育学院、教师进修学校的总体水平往往低于同级的师范院校。这种水平的倒挂，使培训不能满足那些接受过较高层次教育的高中教师的需求，难以使高中教师实现理想中的以不断更新教育观念，追踪学科发展和提高教育教学能力为目标的高水平的教师终身教育。

（二）培训的内容与形式难以满足教师的内在需求

目前我国高中教师培训主要采取两种方式：一是通过“走出去，请进来”的办法，到师范院校培训教育理论，或请专家教授来校作报告。报告大多以介绍国外教育理论为主，以听记、考试为主，给人一种大而空、不切实际、脱离生活的感觉；二是以在校内相互听课、评课，多以模仿为主，虽有收获，但缺乏新意。这两种情境和模式都没有取得令人满意的效果。

造成这种情况的原因很多，主要在于培训的内容与教师参与培训的动因和对培训本身的期望相距甚远，不能满足教师的实际需要；培训者与教师之间不能平等交流，无法形成一种开放的、鼓励创新的、师生互帮互学的学习氛围。

（三）教师教育基本课程老化，难以适应新时期教师专业发展的要求

目前，高等师范院校普遍开设的教师教育专业课程主要有教育学、心理学和学科教学论，这些课程总体来看内容陈旧，缺乏时代感和针对性，

不利于高中教师专业发展所需要的知识与能力的培养，难以体现师范院校较高的学术水平和鲜明的师范特色。

从另一方面来看，高等师范院校由于处于一个封闭的教育体系中，往往缺乏与综合性大学竞争的意识和能力，加上师范院校的学科设置偏于基础，政府投入不足，使得师范院校与同级别综合性大学的差距扩大，这也是高等师范院校培养出来的高中教师基础知识不够深厚，学术水平赶不上综合性大学，在开放的毕业生就业市场上处于非常不利的竞争地位的重要原因。

四、我国高中教师教育的发展方向

（一）确立新的培养目标

培养和培训高素质师资是新一轮高中课程改革取得成功的关键。要真正解决高中课程改革对合格教师的要求，除对在职教师进行课程改革培训外，还必须按照新一轮高中课程改革的要求，对高校的教师教育培养目标和培养规模进行调整。

1. 培养具有创新教育思想观念的高中教育师资

高中课程改革的关键是教师教育观念的变革和现代化。高中新课程改革除了要求教师树立起正确的课程观、学生观和教学观外，还要求教师具有现代教育观念——素质教育观、创新教育观、情商教育观和终身教育观。这要求教师熟悉高中新课程，注意培养学生正确的学习方式，关心学生，热爱学生，注意学生的全面发展，积极培养学生的创新能力、实践能力和积极情感，为学生一生的学习和发展奠定基础。

2. 培养丰富的人文社会科学知识与宽厚的专业基础知识兼备的高中教育师资

新课程改革中研究性学习课程的设置与研究性学习方式的推行，对高中教师提出了很大的挑战。在研究性学习课程的实施过程中，教师已经不再是过去的“讲授者”，而必须是研究性学习课程的组织者、指导者、帮助者、合作者和参与者。在研究性学习的全过程中，学生既要具有科学精神，又要具有与实践和社会结合的能力；既要善于自主学习、独立思考，又要相互协作并接受合理的指导。这种新型的学习模式要求教师善于指导学生进行科学的学习、研究和工作，善于培养学生独立思考、勇于创新的精神，还要求教师善于培养学生尊重他人和与他人合作的精神，具备丰富的多学科知识和善于学习的精神。

3. 培养具有良好信息素养的教师

以素质教育为目标的高中新课程改革是以信息技术为重要条件和重要手段的教育改革。具备信息素养已成为信息时代合格教师的基本标准，也必然成为现阶段教师教育培养目标中的重要内容。教师教育要培养学生（未来的教师）强烈的信息意识和良好的信息道德，加强信息知识与信息技能课程的教学与训练，掌握计算机技术、网络技术、多媒体技术、信息化教学设计与学科整合等多方面的知识和技能，使学生在进入教师岗位后能尽快地适应课程改革的要求，成为积极推进基础教育信息化的高素质人才。

4. 培养具有信息化教学设计理论和课程整合能力的新型教师

信息化教学设计与课程整合的过程，就是充分运用现代传播理论、学习理论、教学理论、系统理论与信息技术，对教学需求进行分析，通过确定教学目标、选择教学策略与教学媒体进行设计和修改教学方案与教学评价方案的过程。这也是将新的教学理念和课程内容融入信息化学习“情境”的过程。信息化教学设计与课程整合是教学模式改革极其重要的一环。

在课程改革中，教育信息技术要与各学科之间进行整合，还要与实践教学进行整合。虚拟课堂、虚拟实验室、虚拟法庭、虚拟市场等虚拟环境的创建都需要教师具备教学系统设计的能力，具备将学科知识、实践知识与信息技术进行整合的能力，否则教学模式的改革将成为一句空话。

5. 培养具备现代教育教学评价观念和评价能力的教师

与传统教育教学不同的是，高中新课程改革不仅重视学习与研究结果的评价，更重视学习与研究过程的评价。如在高中新课程改革中，以研究性学习方式为主导的教学模式就是以形成性评价为主的，即将整个学习过程中学生的表现（包括资料采集、经验获得与积累、协作交流、知识应用与整合、研究学习结果的整理，以及信息技术应用等各种能力的展示与提高情况）作为确定评价指标的主要因素，而研究与学习结果的评价（总结性评价）并非主要的评价因素。学习评价标准是评价学习（教学）是否达到预期目标的尺度，同时也是对学生进行素质教育的导向。教师不仅要具备新的评价观念，掌握新的评价标准和方法，还要善于组织学生进行自我评价，让学生在学习和评价过程中掌握制定评价标准，并进行自我评价，促使学生素质快速提高。具备现代教育观念指导的新教学模式下的学习评价能力，已成为基础教育合格教师的重要标准。高校教师教育应将新课程改革与素质教育条件下的学习评价能力作为其重要的培养目标。

（二）转换教师培养的课程结构

教师教育课程结构一般由普通文化课程、学科专业课程和教育学专业课程三部分组成。我国现行的教师教育课程存在诸多问题，必须对其结构进行调整。

1. 拓宽普通文化课程，增强其人文学科的特色。普通文化课程是所有受高等教育的人必须学习的课程，也是作为教师需要掌握的内容。在课程结构中处于基础学科地位，其主要的教育旨趣是正确的人生观和世界观的培养、认识事物、观察并解决问题能力和处理社会关系以及交往协作能力的培养、人文精神的培养和健全人格与教师结构特征的塑造。一般由人文科学、自然科学、社会科学和工具类课程构成。针对我国教师教育课程设置的现状，普通文化课程的设置特别在以下方面锐意改革。

第一，普通文化课程开设的范围一定要广泛。要广泛涉及社会科学、人文科学和自然科学方面的知识，而不仅仅是马克思主义理论与思想政治教育课程，普通文化课程要真正能够达到提升学生的科学文化素养、开拓学生视野、拓宽学生知识面的目的。

第二，普通文化课程要强化人文课程的作用。通过人文课程的学习和人文知识的熏陶，提升教师的人文精神与人文素质。现在的普通文化课程中这类功能几乎没有体现。

第三，提高普通文化课程的综合性，将社会科学、自然科学、人文科学的课程交叉设置，这既是当代科学技术发展的需要，也是中小学课程改革的需要。

2. 浓缩学科专业课程，加强学科之间的渗透。学科专业课程是养成学生的“专业性格”，保障学生学科知识结构的形成及理论思维能力发展的基础。从我国高师学科专业课程看，过分强调与中小学学科对应，课程口径狭窄、课程内容单一，难以适应当前社会发展的需要。我们应按照“科学、规范、拓宽”的要求，加强学科基础课程的建设，拓宽专业口径，增加学科之间的交叉综合，开设综合课程。

3. 更新和强化教育专业课程。教师教育培养的人才是教育专家。教育专业课程是其个性特色的集中体现。因此要强化教育专业课程，使未来教师具备丰富扎实的教育理论知识和教育实践能力，它是教师教育课程改革的重要内容。

针对现行教师教育专业课程学科门类少、学科间衔接性差、不成体系、缺少操作性、实践性强的教学技能训练课程等弊端，首先应增加课程门类，使之形成有机系统。教育专业课程设置模块应包括：（1）基础教育学；（2）基础心理学；（3）学科教学论；（4）计算机科学基础或电化教育技术；（5）应用心理学；（6）教育科学研究；（7）班主任研究；（8）教育统计评价测量；（9）教育见习和教育实习。

此外，还需要增加教学时数。国家教育部规定，有关教师教育的教育专业课程教学时数不低于总学时的20%。尽管这一规定与发达国家相比仍有差距，但如果各级各类教师教育院校真正落实，与现行课时计划相比也无疑是个飞跃。在学科专业课程浓缩精简的基础上，应将教育专业课程的教学时数加大到总学时的25%左右，平均每学期开设两门教育专业课程，基本达到各国教育专业课程占课程总量比例的平均水平。

（三）增设和充实教育类课程

教育专业课程是为学生开设的教育教学理论、方法、技巧等培养教师专业化内涵的课程，这类课程体现了教师的专业特点，是教师教育区别于其他教育的重要标志。但我国现在这类课程设置还是停留在“老三门”上，课程比例偏低，内容陈旧，很难适应教师教育专业化的要求。其新课程体系的构建要考虑以下原则。

第一，增大教育专业课程比重，占课程的20%～25%，充分体现教师教育的师范性质。

第二，改革教师教育专业课程的内部结构，强化教师职业技能与方法课程，其课程结构可设为三部分。一是教育理论课：如普通教育学、心理学、教育心理学、学科教学法、教育哲学、中学课程与教学研究等；二是方法技能课：如教育技术学、教育科研方法、课程研究、教育管理、中小学理论与德育等；三是教育实践课：要将见习、实习有机结合起来，要求学生在见习时发现问题并能从理论上找到解决问题的办法。上述三类课程其比重以各占1/3为宜。

（四）推进在职教师的硕士课程进修

目前，世界上许多发达国家在高中教师教育中推行在职教师硕士课程进修。一方面，这些国家高中教师学历已经普遍达到一个较高的水平，获取更高学历已成为许多人的需求；另一方面，日益复杂的教学实践问题也需要教师不断提高专业发展水平和解决实际问题的能力。许多国家为了促进高中在职教师硕士课程进修还制定了相关的法律法规。

现在，从我国高中新课程改革的实际需要、高中在职教师的学历和教师解决教学实践问题的能力情况来看，推行高中在职教师硕士课程进修也是可行的。这是因为，一方面，尽管现在我国高中在职教师整体学历水平还不是很高，但是，近几年我国高中教师本科化的发展速度也是非常惊人的，未来几年内我国高中在职教师的整体水平将得到极大提高，这为推行高中在职教师硕士课程进修打下了一定基础。另一方面，高中新课程改革中出现的问题日益复杂、专业化，不具备广博的视野、精深的专业知识和较强的研究能力是无法解决这些问题的。提供高中在职教师硕士课程进修有利于培养出在学科指导、学生指导等各领域有较高实践指导力的高质量的教师。

为了使高中在职教师硕士课程进修制度能得到更好的实行，高等院校培训机构可以根据教师的职业经验提出特定课题研究，向这些教师提供超过一年的研修指导，以课题研究代替硕士论文。从事校务工作的在职教师可以采取夜间、周末或长期脱产进修的方式进行。在某些交通不便的地区还可以采用卫星通信等远程教育的方式进行。

推行高中在职教师硕士课程进修有利于确保我国高中教师多样化学习的要求，提高教师的整体水平；有利于教师根据自身经验和水平提出有实际意义的课题；有利于教师理论与实践的结合，提高教师运用理论解决实际问题的能力；也有利于提高我国高等师范院校和综合性大学研究生院的地位，加强其与高中的联系，促进其自身的改革和发展。

（五）保证高中教师职前培养、入职培训、职后进修过程一体化

要保证教育培养过程的一体化，首先必须对整个高中教师教育的职前教育、入职教育和职后教育这三个阶段的教学目标、教学内容和教学评定等进行重新设计和整合，使之成为一个连续统一的完整系统。

其次必须特别重视高中教师的入职培训。入职培训是连接职前教育和职后教育的中间环节，新教师接受必要的入职培训，接受有经验的教师的指导，熟悉学校教学过程，不断积累教学经验，可以大大缩短他们的适应期，以便在尽可能短的时间内胜任教学工作。

最后是加强高等师范院校和教师培训结构的沟通和联系，提升高中教师在职培训的质量。高等师范院校要帮助提高高中教师在职培训机构的培训质量，保证在职培训机构在培训内容和形式上的连贯性。在职培训机构要了解高中教师在职培训的需求，加强与高等院校的沟通和联系，促进教育理论与教育实践的融合，提高培训的针对性、实效性和指导性。

（六）建立灵活、多元、开放的教师教育制度

在高等教育规模急剧扩张、高中教育快速发展和新课程改革不断深入的情况下，我国整个教师教育体系也在朝着灵活、多元和开放的方向发展。作为我国培养高中教师主体的高等师范院校，也对其培养目标和培养方式进行了调整，开始将更多的精力放在研究生培养层次上。从目前的情况来看，我国主要的高等师范院校都向高中教师提供在职硕士课程，帮助在职高中教师从现在的高中课程改革实际中选择课题，并将之作为学位论文来进行研究，提高自身解决实际教育问题的能力。为了使高中在职教师更好地完成硕士课程，许多高等院校还调整授课形式、授课内容、授课地点和时间，以确保他们在坚持完成日常教学的同时，提高学历水平和提升自身素养以及解决实际教学问题的能力。

在高等师范院校不断调整教师教育内部体制的同时，许多综合性大学也开始调整课程设置和培养目标，引入教师教育课程，利用自身学科综合水平高的优势，培养有志于教育事业的高中教师，并向在职高中教师提供

相应的硕士进修课程。综合性大学的参与，有利于改变我国高等教师教育培养体制过于单一的状况，促进整个教师教育体系的竞争，改善学科教师的结构，提高高中教师培养的质量。

为了选拔出优秀的高中教师，还可以实施选择性的教师资格证书制度，多渠道地面向社会遴选优秀人才从事教育事业，弥补目前师范院校学科门类不足的缺憾，满足高中新课程改革和素质教育发展的需要。

（七）强调以学校为基地，加强实践化和校本化的教师教育课程建设

高中教师培训机构要与高中紧密合作，建立大学与高中之间的伙伴关系。以解决实际问题为导向的校本培训有利于师资培养中理论学习与实践的结合，有利于更深入地学习专业知识，解决实际问题，也有利于把教育改革的理念和操作与教师培养紧密结合，发现并形成教育改革的范例，有利于教师专业化的发展，使高中与大学培养机构之间建立一种平等的“伙伴式”关系。这种伙伴关系表现在教师培养和培训计划的制定、实施以及评估在内的整个教师教育过程中。

第五节　中国普及高中教育的难点、问题与对策

一、我国普及高中教育的难点和问题

（一）教育观念需要更新，教育体制需要创新

目前，我国政府提出了新时期发展高中教育的各项目标，对如何发展高中教育也提出了许多有益的建议。但是，从现在我国发展高中教育的实际情况来看，许多地方政府的政府行为力度还不够，在发展高中教育时还受到许多传统观念的束缚，这主要表现在：对高中教育的性质、任务、内容、目标以及必要性和可能性等还认识不清；在发展高中教育时沿用义务教育的方法，讲究大而全；筹措资金时等靠要，单纯依靠政府投入，忽视社会资源的充分利用；沿用计划经济时的方法，对教育资源实行条块分

割，人为阻碍资源的流动和充分利用等。

正是由于这些错误观念的存在，许多地方政府在发展高中教育时踌躇不前，不能充分发挥本地的优势和积极性，不能充分利用社会资源发展民办高中，无法使民办高中形成对公办教育的有效补充，无法大幅提高各地发展高中阶段教育的积极性和调动初中毕业生继续接受教育和学习的兴趣，也无法有效解决办学条件不足、教师短缺的问题，从而最终使高中教育发展陷入困境。

除了许多地方政府的教育观念落后外，许多群众，特别是农民的教育价值观念滞后于时代的发展，他们的价值观念依然停留在中专、大学毕业生由国家分配工作，跳出“龙门”、获得“铁饭碗”这种教育价值观念上，他们对计划经济下的就业政策有相当程度的依恋，对“双向选择、自主择业”的政策相当不解、无奈和茫然，对通过接受高层次教育提高个人素质，提高个人自主创业能力，提高自身生活质量的教育价值观念缺乏足够的认识和思想准备。这些观念表现在行动上，就是对国家普及高中教育政策不太热心，对子女上高中不太支持，有时甚至阻挠子女上高中学习。

除教育观念落后外，我国目前的教育体制也存在诸多问题，主要表现在以下几个方面。

第一，管理体制不能完全适应新时期普及高中教育的需要。现有的基础教育管理体制基本上是二级管理、三级办学，基础教育的责任主要在地方。这一体制在历史上发挥了积极的作用。现在的形势已经发生了新的变化，普及高中阶段教育战略的实施，将使本已非常紧张的县级财政更加捉襟见肘。另外，农村将实行费改税的改革，由于实行分税制，这将使县乡两级的财政更加紧张。面对普及高中阶段教育所面临的巨大困难，面对县、乡两级财政的实际状况，为适应农村费改税的新形势，必须积极探索建立新的基础教育管理体制。

第二，办学模式不能完全适应新时期普及高中教育的需要。随着中等职业教育结构调整的基本完成，高中阶段教育基本上划分为普通高中和职业高中两大块。普通高中能基本满足升学的需要，却无法满足就业的需要；职业高中能基本满足就业的需要，却难以满足升学的需要。积极探索新的办学模式，无疑是十分必要的。近年来，关于综合高中的探索频繁见诸于媒体，江苏、宁夏等地已经进行了积极的实验与探索。

第三，运行机制必须改变。实现普及高中阶段教育的目标，离不开政府的推动，但仅此不行，还必须有受教育者的主动需求与参与。这就要求建立新的运行机制，来大幅度提高高中阶段教育的吸引力，调动初中毕业生继续接受教育和学习的兴趣，优化高中教育的发展环境。

第四，办学体制必须改变。面对普及高中阶段教育所面临的经费紧张、办学条件不足的问题，仅仅依靠政府的力量是不行的，必须通过改革来改变高中教育的办学体制，积极探索有效吸纳社会资源的途径，利用社会资源来加快高中阶段教育的发展。

造成这个问题的主要原因在于我国政府还未对普及高中阶段教育做出有效的制度安排。由于高中阶段教育从经济属性上来说既不同于九年义务教育也不同于高等教育，政府推动九年义务教育普及模式和私人投资取向的高等教育扩大模式，都不能直接适用于迅速普及高中教育。另外，目前在九年义务教育阶段和高等教育阶段，都已经初步建立了保障具备资格学生就学权利的机制，相比之下，高中阶段教育在此方面几乎还是空白，国家还没有正式建立起资助高中贫困生的政策体系，同时私人也缺乏投资高中阶段教育的积极性，学生就学权利没有从制度上得到充分保障。

未来五年，我国高中阶段教育适龄人口将进入高峰期。目前高中阶段教育投入不足、资源紧缺，已经导致了半数初中毕业生无法升学、大批低素质人口积淀。因此，如何通过制度创新加速高中阶段教育的发展，是对未来教育发展的一个重大挑战。

（二）目前我国高中阶段教育发展水平偏低，今后若干年我国将面临高中入学率提高和入学人口高峰的双重压力

近几年来，我国高中阶段教育发展迅速，但高中阶段教育的发展与社会发展、人民群众接受高质量教育的需求相比，仍然存在着较大的差距。从全国范围看，我国高中阶段教育的总体发展水平偏低，初中毕业生升学矛盾仍然十分突出，高中阶段教育实际已经成为各级教育协调发展的“瓶颈”。加快发展高中教育已经势在必行。

从人口波动看，“十五”期间我国将面临高中学龄人口入学高峰，发展高中的任务十分艰巨。根据第五次人口普查的数据资料推算，我国15～17岁高中学龄人口正在进入一个高峰期，按照“十五”计划要求，到

2005 年，“扩大各种形式的高中阶段教育和初中后职业培训在校生的规模，有步骤地在大中城市和经济发达地区普及高中阶段教育，努力争取使高中阶段毛入学率提高到 60% 左右，大中城市和经济发达地区的初中毕业生基本能够升入高中阶段的各类学校”，未来几年我国初中毕业生每年将增加 500 万～600 万人。如果按常规扩招方式，今后三年每年在校生递增 500 万人是难以实现的。在经济实力不强的地区，势必会遇到更大的困难，普及九年义务教育的巩固和地方性高等教育的发展，会从两个侧面形成巨大的压力。由此可见，“十五”后期将是我国高中阶段教育发展的关键时期，今后几年高中将面临增加招生的巨大压力。

（三）我国高中阶段教育发展不均衡，地区之间的差距非常明显

我国高中阶段教育的一个主要问题是地区之间发展不均衡。城乡之间、发达地区与欠发达地区之间的高中教育发展差距巨大。

从初中毕业生升学率和高中阶段教育毛入学率的情况来看，2007 年，全国初中毕业生升学率为 79.27%，东部发达地区如上海市达 100%，中部中等发达地区如河南为 67.95%，西部欠发达地区如贵州只有 55.81%。这说明，我国初中升高中的比例存在着明显的地区差异。①

从高中阶段教育经费支出情况来看，我国高中阶段教育经费支出上的地区差异非常显著。从已经公布的《教育部、国家统计局、财政部关于 2003 年全国教育经费执行情况统计公告》（教财［2004］45 号）来看，2003 年，全国普通高中生平均预算内事业费支出为 1,606.58 元，但是达到这一平均水平的省市只有 12 个，且首尾相差太大，比如上海为 6,335.55 元，比第 2 名北京市多 1,500 元，比第 31 名江西省多近 5,400 元；全国普通高中生平均预算内公用经费支出为 264.83 元，但达到这一平均数字的仅有 10 个省市，同样地，各省市之间的差异相当大，上海最多，为 1,895.41 元，比第 2 名北京市多 120 多元，比第 3 名天津市多 800 多元；全国普通高中生平均预算内教育经费 1,871.41 元，但达到平均数的仅有 8 个省市，且第 1 名上海市比第 2 名北京市多 1,600 多元，比第 3 名天

① 教育部.2007 年全国教育事业发展统计公报［EB/OL］.［2008－12－13］http://news.xinhuanet.com/zhengfu/2008－04/17/content_443554.htm.

津市多近3,200元，比第31名江西省多7,000多元。

从高中学校的校均规模来看，2001年，我国普通高中的校均规模为942.9人，最低的为青海、新疆，分别只有383.8人和477.6人。我国职业高中的校均规模为571.8人，明显低于普通高中，有17个地区低于500人，最低的新疆只有187.8人。[①]

（四）教育经费缺口巨大

考察教育经费的核心问题是确定未来目标年度的学生规模与生均经费的发展变化情况。这里，我们假定未来目标年度高中阶段教育的生均投入状况与现在相同，借鉴上海教科院陈国良研究员的测算方法，从普及高中阶段教育所需教育经费的最低限上来进行初步估算，可得以下结论。

第一，生均经费标准。近年来，我国高中阶段教育经费占国家财政预算内教育经费的比例约在15%～20%。高中发展性投资标准为7.5平方米/每生，基建投入价1,500平方米/每生，土地当量经费及公共配套费为1.125万元/每生，生均设备图书投入3,750元左右，则每名高中学生的发展建设性投入约为1.5万元，再加上平均每名高中生的培养成本3,000元，则我国高中学生的生均经费总计在1.8万元左右。

第二，根据国家“十一五”教育规划制订的发展目标，2005年高中阶段毛入学率已达到适龄人口的53%，则在校生规模在4,030万人，到2010年，高中阶段毛入学率将达到适龄人口的80%，需要加大学校基本设施和事业性经费的发展性投入。那么，以现行投入标准，到2010年，我国高中阶段教育因规模发展所需增加的建设性投入累计在1,600亿元左右。

第三，普及高中阶段教育发展性缺口估计。2000年，我国全社会教育经费总支出3,153.6亿元，其中预算内教育经费拨款1,971.2亿元。按一般经验及我国教育经费投入惯例，高中阶段教育的发展性投入在2000年约为每年150亿元，在2010年之前，每年的投资缺口十分巨大。

在未考虑高中阶段教育因规模增长所需经常性投入（培养成本）的情况下，到2010年我国高中阶段教育年均所需建设性投入缺口大约为15亿

① 教育部.《教育部、国家统计局、财政关于2003年全国教育经费执行情况统计公告》[EB/OL].[2003-12-25]. http://www.moe.gov.cn/edoas/websitel8/info25234.htm.

元。从这一预测结果来看，普及高中阶段教育，巨大的经费、条件需求是一个瓶颈性的问题。

（五）高中教师总量不足，结构不尽合理

2008 年底，我国普通高中共有专任教师 147.55 万人，师生比为 1∶16.78，职业高中一共只有专任教师 31.97 万人，师生比为 1∶23。按照“十一五”计划的发展目标，到 2010 年高中阶段毛入学率要达到 80%，高中阶段教育的规模需要急剧扩张，教师数量不足的矛盾会非常突出。如果以 1∶18 的师生比来算，还需要补充专任教师 116 万人；再考虑到高中阶段教师退休高峰到来的现实，则需要补充的教师数量可能达到 120 万人左右。

从高中阶段教师的学历和专业结构上看，2008 年，全国普通高中专任教师学历合格率为 91.55 %，职业高中专任教师学历合格率为 78%。在一线任教的教师中，全国还有相当一部分学历不达标的普通高中教师。尤其是信息技术、体育、音乐、美术和劳动技术等课程的专任教师，明显低于其他课程的教师合格率。①

二、我国普及高中教育的对策

（一）明确几种观念，准确定位高中教育

观念是行动的先导，也是进一步行动的动力。大力发展高中教育，拓展教育规模，提高教育质量，是我国当前所面临的一个时代课题。这就要求我们必须给高中教育以准确的定位，才能以此为指导，以促成高中教育的大发展。当前，应该着重明确以下两方面的问题。

1. 高中教育的性质

高中教育应该被定性为基础教育的最高层次，或者说是一种高层次的基础教育、非义务阶段的教育；其任务是对接受过义务教育的适龄人口进行再培养，以造就较高层次的社会建设者。高中教育的这种定性，一方面有助于确定高中在整个教育体系中的位置，即它既不属于基础性的义务教

① 中华人民共和国教育部．2003 年中国教育绿皮书：中国教育政策年度分析报告［M］．北京：教育科学出版社，2004：173 - 174.

育，也不属于高层次的专业教育，而是二者的交会点和衔接口；另一方面，高中教育既然被定性为非义务阶段的教育，它就应该具有较强的可选择性，人们可以接受、也可以不接受这种教育。这就是说，高中教育不仅仅具有满足人们教育需求的公益性质，还具有一定的接受人们选择和市场调节的非公益性质，是一种准公益性教育。对高中教育的性质进行定位，有助于调动社会各界办学的积极性，对于弥补高中教育资源的不足、缓解高中就学压力将很有裨益。

2. 高中教育发展的方向和原则

面对高中日益严峻的就学压力，高中教育今后的发展方向应该是政府引导、各界共办；其原则是社会选择、市场调节、效率优先、兼顾公平。之所以要对高中教育的发展方向做出这样的规定，是因为在目前教育领域问题很多、政府又财力十分有限的情况下，政府不可能对高中教育大包大揽；参照国外高中发展的经验，政府也没有必要包揽下来。当然，如财力允许又确有必要，政府可以独资兴办若干所高中，但是，既然高中教育属于非义务教育，就应该充分发挥引导的职能，调动各方力量，形成各界共办的格局。未来的高中教育，应该形成既有政府投资兴办、高中自扩自办，还有社会各界通过捐资、合资、集资、独资等形式来共办、协办、联办、独办的局面。如果能够形成这样一种竞争有序的局面，高中的就学压力就有望得到极大缓解。①

高中未来的发展原则，首先应该体现为社会选择。高中教育既然被定性为一种选择性教育，它就必然面临、也必须接受社会的选择。这种选择应该是宽口径的，即人们可以选择不同种类的高中教育，各类高中也可以选择各种各样的学生；这种选择还应该是双向性的，即学校有权选择学生，学生及家长也有权选择学校，不应有所强迫。这就必然会派生出高中发展的第二原则——市场调节。未来的高中不能再像过去那样，一旦办起来就不管质量如何，都能不死不活地长期存在，而是应该接受市场的优胜劣汰，实行有序的竞争。因此，为了考虑自身的生存与发展，高中就应该注重办学的效率和效益，效率优先原则应该受到尊重。但即使这样，高中

① 朱俊杰. 在构建新的教育体系中改革和发展普通高中教育［EB/OL］.［2003-05-01］. http://moe.edu.cn.

教育也不能成为一种完全市场化的行为，必须兼顾公平。高中教育既然被定性为一种准公益性的教育，就必须体现一定的教育公平理念。否则，很多优秀学生就可能因家庭经济困难而无法接受应有的教育。这对个人发展是不公的，对社会发展也不利。在此方面，政府可以充分发挥引导、规范的作用，以保证教育应有的公平性。

3. 高中教育的培养目标和对象

高中教育担负着向高等教育输送人才的任务，高中学生素质如何，将直接影响我国未来高层次人才的质量，影响我国在国际政治、经济、军事等领域的竞争力，因而，培养具有创新精神和实践能力的高质量的高中学生应是我国高中教育多年来努力的方向。这不论是在过去、现在还是将来，都应成为我们高中教育的一大任务。

但是从我国目前的实际来看，仅仅培养未来的“精英”还是很不够的。我国社会的发展需要各个层次的各种人才，既需要所谓的“白领”人才，也需要“蓝领”人才；既需要培养科学家，也需要中级技术人员和普通的具有高中学历的工人。从这一点来看，教育督导强调“普职比”的确是没有错。因此，在本着社会选择、市场调节和效率优先的原则的基础上，也要兼顾公平的原则，使尽量多的人能上得起高中。也只有这样，在未来的10多年内我国才能真正普及高中教育。

（二）建立多渠道筹资的高中阶段教育投入体制

从我国公布的《教育法》和《中国教育发展和改革纲要》等法律法规来看，我国高中教育的发展在政府投入上还是得到了保障的。《纲要》在第四十八条中规定：“要提高国家财政预算内教育经费支出所占的比例，逐步做到每年全国平均不低于15%，省、自治区、直辖市一般不低于20%；县（市）的比例，由各省、自治区、直辖市政府确定。”此外，这些法律法规还规定了政府还有充分利用财政、金融、信贷等手段提高教育融资能力的权利。

《纲要》还提出了其他一些解决教育投入问题的方法，它在第四十八条明确规定了高中教育和高等教育的收费制度，“适当收取引非义务教育阶段学生的学费、杂费”。《纲要》在第十五条中还规定：“中小学教育以地方政府办学为主；职业技术教育和成人教育，除部分骨干学校由政府办学外，在当地政府统筹、支持下，城市主要由行业、企业、事业单位办学和各方面联合办学，农村由多方集资办学。”这条规定为我国高中教育特别是职业技术教育实行多元办学体制奠定了基础。

教育部在1999年发布的《关于积极推进高中阶段教育事业发展的若干意见》对高中阶段教育的收费原则和助学金保障制度再次进行了确认，它在第五条中规定：“高中阶段教育属于非义务教育。要在充分考虑当地群众承受能力的基础上，经物价部门批准，区别不同地区和不同类型学校，适当调整学费标准，提高高中阶段学费在培养成本中的比例。要进一步完善助学金制度，扩大对困难家庭子女的助学金、特困学生补助的规模。要积极鼓励单位和个人捐资助学”。[①] 从以上教育法律法规来看，在政府投入不足的情况下，完全可以采用多种办学方式和收费方式来消除高中教育经费不足的矛盾。

一是高平价生收费标准。全国每所高中几乎都存在着平价生和高价生问题。在经济不发达的农村地区，政府早已不再对高中投入，那么就应该提高平价生的学杂费标准，增加学校的收入，达到以学养学的目的。

二是降低高价生收费标准。在贫困地区甚至城市由于学生考试成绩较低，高价生收费又太高，许多学生家庭交不起学费，学生也进不了高中。降低高价生收费标准，不但使经济不富裕家庭孩子也能进高中读书，而且也减轻了广大农民和普通职工的经济负担。

三是公办民助。公立学校缺少发展资金，可采用民助的方式，利用社会上的闲散资金，取之于民，用之于学生，让学校的硬件建设和后勤管理社会化，减轻学校资金不足的压力。

四是公私合营。许多私立学校有资金，但因缺师资而生存艰难；公立学校师资雄厚，因缺资金而发展迟缓，两者结合优势互补，政府不花钱还能办学，是一条可走之路。

五是银行贷款。在许多经济落后地区，银行不向高中投入，其原因是学校是公家的，国有资产不能抵押，银行也没有这方面的政策，使得高中

① 教育部．教育部关于积极推进高中阶段教育事业发展的若干意见［EB/OL］．［1999－05－14］．http：//www．caepedu．com/adminrns．asp？NewsID＝223．

办学不能借鸡下蛋。如果改变政策或制定有针对性的优惠政策，学校借助银行的力量发展，银行也能借助学校获取利益。

六是鼓励企业或个人赞助办学。改革开放以来，即使经济落后地区也有不少人已经富了起来，百万元、千万元的企业家、专业户大有人在。但他们中大多不愿将钱投入教育，主要原因是学校的校长由政府任命，变换频繁，政策不稳定，不敢合作。

七是股份制办学。高中教育发展也应走国有企业发展的道路——股份制，这也是解决教育经费不足的一种途径。

（三）实行政策倾斜，努力缩小地区之间、城乡之间的差距

我国各地区之间、城乡之间存在的差距既有历史地理方面的原因，也有国家法律法规不够完善和政府行为发生偏差方面的原因。从教育方面来看，既有国家教育经费投入不足方面的原因，也有教育资源配置不够合理方面的原因。

在普及高中教育阶段，如果不实行政策方面的倾斜，那将会继续扩大地区之间特别是城乡之间文化教育方面的差距，这种情况对实现各地区教育均衡化发展是非常不利的，也将对社会的安定发展带来不良影响。要改变这种状况，首先是在保证国家教育投入不断增加的情况下，对教育落后地区特别是农村地区实行教育政策的倾斜，对这些地区加大投资和支持力度。

其次是要促进高中教育资源配置的合理化。政府作为高中教育资源配置的主体，可以充分发挥其在高中教育资源配置中的调节作用，对全国范围内的高中教育资源进行统筹规划、合理配置，大致确保各阶层受教育群体和个体的受教育权利相对平等。在当前普及高中教育的过程中，要特别关注和扶持边远地区、贫困地区及少数民族聚居区和弱势群体，对这些地区实行专款补助的“教育优先区制度”，全面减免贫困落后地区学生和弱势群体子女的学杂费，并逐渐扩大免费范围。

最后是要振兴农村高中教育，努力缩小城乡差距：第一，加强统筹规划，把农村高中教育纳入地方经济社会发展规划，把农村高中教育发展与农业结构的战略性调整、劳动力的战略性转移、小城镇化建设和发展农村文化事业综合起来进行考虑；第二，完善管理体制，加大省市两级政府的

财政投入力度；第三，实施高中教育扶贫开发工程。进一步明确城市应该承担的义务，建立和完善城乡对口帮扶制度。建立和完善对弱势群体进行补偿的制度，即对社会低收入阶层、妇女和女童、残疾人、农村和边远地区人口的补偿制度。

（四）实行开放型高中教师培养制度，建立健全高中教师的培训制度

我国高中教师的培养主要是由现行的师范教育体系承担的。目前，我国高等教育规模的扩张，也使现行的师范教育体系培养的高中教师的数量迅速增加，这对缓解我国高中教师不足的矛盾起了很大的作用。但是现行的师范教育体系也存在很大的弊端，一是这个体系显得不够开放，许多有志于高中教育的非师范学生和人才不能进入高中教育岗位；二是师范教育开设的课程存在许多不足，不能满足新课程改革的需要。

综合性大学具有学科健全，科研力量雄厚的优势，它培养的毕业生基础扎实，综合能力强。教师培养向综合性大学开放，有利于弥补师范教育体系的不足，一方面它可以解决普及高中教育教师不足的矛盾，另一方面也可以解决新课程改革中综合课程教师不足的矛盾。综合性大学介入教师培养，也有利于师范教育体系的更新和改革。

在实行开放型高中教师培养制度的同时，也要进一步加快高中师资队伍的建设。在严把高中教师入口关、坚决杜绝初中教师拔高任教的前提下，应该本着“培训、提高、充实、调整”的八字方针，做好四个方面的工作。具体说来，第一，建立和完善高中教师定期继续教育和培训进修制度，鼓励和支持在职教师以脱产或半脱产形式参加各种培训；第二，逐步建立发达地区教师到贫困地区学校、城镇高中教师到农村学校、示范高中教师到薄弱学校任教的制度，通过教师的示范和合理流动，不断提高各类高中教师的整体素质；第三，加快实施教师资格证书制度，鼓励和引导综合性大学毕业生，经过一定培训取得教师资格后到高中应聘任教，确保高中合格新师资及时得到补充；第四，进一步制定和实施高中教师竞争上岗、择优聘任、能进能出、能上能下的教师任用制度，优化教师队伍，增强教师的竞争、危机意识。

（五）创新高中教育体制，理顺各种关系

在发展高中教育的过程中，要注意创新高中教育体制。首先要抓住信息化的机遇，实现跨越式发展。扩大中外合作办学，提高高中阶段教育资源增量。其次要积极探索高中阶段教育多元化办学模式。重视综合高中建设，努力建立普通高中、职业高中与综合高中协调发展的格局。加强特色高中建设，不断丰富高中教育类型，满足多种多样的需求。最后是要建立三级教育联动机制，形成义务教育、高中阶段教育、高等教育互相支持、互相推动的局面。必须进一步通畅人才成长的立交桥，推动初、中、高三级教育有效衔接，使人才的多种选择得到充分的满足。

除了要创新高中教育体制外，还要注意处理好各种关系。发展高中阶段教育必须妥善处理普及与提高的关系。一方面要不断提高接受高中阶段教育人口的比例，特别是要增强农村高中阶段教育的吸引力，大力提高农村接受高中阶段教育的比例；另一方面要大力提高高中阶段教育的质量，扩大优质教育资源的覆盖面，缓解高中阶段教育优质资源短缺与人民日益增长的接受优质教育需求之间的矛盾，逐步解决“择校”等社会热点问题。当前，要以优质高中资源扩张为突破口，把农村优质高中资源做大，把城市优质高中资源做强，带动区域教育协调发展。要通过资产置换，组建教育集团，兼并薄弱学校等各种有效形式来实现优质高中资源的扩张，提高优质高中教育资源的覆盖面。同时，要加强高中学校内部的改革，加强教师队伍和管理队伍建设，推进人才培养模式改革，大幅度提高高中阶段教育质量。

此外，还要科学规划高中阶段教育结构，确保高中阶段教育中的普通教育与职业教育协调发展。在“普高热”居高不下的形势下，更应慎重考虑教育体系的内在合理性以及教育结构与经济结构的适应性问题，高度重视并采取切实有效的措施如理顺体制，改革招生、用工制度，改革人才培养模式，提高人才培养的素质、能力以及结构的社会适应性等，推动中等职业教育的健康发展，合理分流接受高中阶段教育人员，形成高中阶段内普通教育与职业教育协调发展的良好局面。

主要参考文献

中文参考文献

[1] 谌启标．美国教师质量问题及其政策取向［J］．外国教育研究，2002（3）．

[2] 陈前恒．印度克拉拉邦基础教育制度考察［J］．当代亚太，2005（8）．

[3] 陈亚伟．巴西基础教育十年进展述评及启示［J］．基础教育参考，2006（5）．

[4] 陈永明．当代日本师范教育［M］．太原：山西教育出版社，1997．

[5] 陈永明．当代日本私立学校［M］．太原：山西教育出版社，1996．

[6] 陈作彬，石端云．拉丁美洲国家的教育［M］．北京：人民教育出版社，1985．

[7] 程可拉，胡庆芳．美国高中百年课程发展述评［J］．课程·教材·教法，2004（10）．

[8] 程禹文．印度教师教育的见习研究［J］．外国教育研究，1998（2）．

[9] 崔允廓，等．我国普通高中课程计划的历史演变［J］．教育研究，2004（1）．

[10] 大田尧．战后日本教育史［M］．王智新，译．北京：教育科学出版社，1993．

[11] 董建红．巴西教育及发展［J］．外国教育资料，1995（4）．

[12] 方明生，等．日本基础教育课程改革的动向及若干分析［J］．全球教育展望，2001（4）．

[13] 冯增俊．当代国际教育发展［M］．上海：华东师范大学出版社，2002．

[14] 顾明远，梁忠义．世界教育大系：印度教育［M］．长春：吉林教育出版社，2000．

[15] 顾明远，梁忠义．世界教育大系：中等教育［M］．长春：吉林教育出版社，2000．

[16] 广少奎．论我国高中教育的发展现状及其对策［J］．教育理论与实践，2003（9）．

[17] 国家教委情报研究室．今日日本教育改革［M］．北京：北京工业大学出版社，1988．

[18] 国家教育发展研究中心．发达国家教育改革的动向与趋势（第四集）［M］．北京：人民教育出版社，1992．

[19] 国家教育发展研究中心. 发达国家教育改革的动向与趋势（第一集）[M]. 北京：人民教育出版社，1986.
[20] 韩家勋，孙玲. 中等教育考试制度比较研究 [M]. 北京：人民教育出版社，2002.
[21] 何树. 二战以来英国的中等教育改革 [J]. 读书，2001（12）.
[22] 胡森. 国际教育百科全书（第五卷）[M]. 岑国桢，等，译. 贵阳：贵州教育出版社，1990.
[23] 黄葳. 教师教育体制 [M]. 广州：广东高等教育出版社，2002.
[24] 黄志成，郑太年，徐辉富. 巴西初等教育的改革 [J]. 外国教育资料，1997（2）.
[25] 黄志成. 世界教育大系：巴西教育 [M]. 长春：吉林教育出版社，2000.
[26] 贾莉莉. 美国教育部出台中学改革新举措 [J]. 比较教育研究，2004（5）.
[27] 贾玉梅. 巴西教育改革策略：建立全国评价系统 [J]. 基础教育参考，2004（12）.
[28] 江山野. 英国学校课程 [M]. 石家庄：河北教育出版社，2001.
[29] 劳匹斯·亚历山大. 巴西的教育体制 [J]. 河北师范大学学报（教育科学版），2005（2）.
[30] 李爱萍，肖玉敏. 20世纪美国基础教育改革政策的演进与启示 [M]. 外国教育研究，2005（4）.
[31] 李建平. 关注高中课程改革系列报道·高中：为学生终身发展奠基 [N]. 中国教育报，2004－02－21（1）.
[32] 李建平. 关注高中课程改革系列报道·高中课程标准新意迭 [N]. 中国教育报，2004－02－27（5）.
[33] 李建平. 关注高中课程改革系列报道·高中课改：尝试学分管理 [N]. 中国教育报，2004－04－02（5）.
[34] 李建平. 关注高中课程改革系列报道·高中新课程方案精彩绘就 [N]. 中国教育报，2004－02－19（1）.
[35] 李建平. 关注高中课程改革系列报道·追问高中新课程方案焦点问题 [N]. 中国教育报，2004－02－25（1）.
[36] 李江源，等. 日本教育相关法规述要 [J]. 日本问题研究，1994（3）.
[37] 李其龙，陈永明. 教师教育课程的国际比较 [M]. 北京：教育科学出版社，2003.
[38] 梁国平，杨池. 教师培训的实践与研究 [M]. 北京：北京邮电大学出版

社，2003.
[39] 梁忠义，罗正华．教师教育［M］．长春：吉林教育出版社，2000.
[40] 梁忠义．日本教育发展战略［M］．长春：吉林教育出版社，1993.
[41] 梁忠义．战后日本教育研究［M］．南昌：江西教育出版社，1993.
[42] 刘北鲁．日本教育现状［M］．长沙：湖南教育出版社，1986.
[43] 马骥雄．战后美国教育研究［M］．南昌：江西教育出版社，1991.
[44] 门胁厚司，等．高中的社会史［M］．东京：东信堂，1992.
[45] 彭新实．日本的教师培训和教师定期流动［J］．外国教育研究，2000（10）.
[46] 瞿葆奎．教育学文集：美国教育改革［M］．北京：人民教育出版社，1992.
[47] 瞿葆奎．教育学文集：日本教育改革［M］．北京：人民教育出版社，1991.
[48] 瞿葆奎．教育学文集：印度、埃及、巴西教育改革［M］．北京：人民教育出版社，1991.
[49] 瞿葆奎．教育学文集：英国教育改革［M］．北京：人民教育出版社，1994.
[50] 曲恒昌．经济大国巴西为何迟迟没有普及义务教育［J］．比较教育研究，2002（5）.
[51] 曲恒昌．印度普及义务教育的目标期限为何一再推延［J］．比较教育研究，1994（4）.
[52] 饶从满，梁忠义．当代日本职业训练［M］．太原：山西教育出版社，1997.
[53] 沈学初．当代日本职业教育［M］．太原：山西教育出版社，1996.
[54] 石鸥，刘丽群．课程改革中的若干问题［M］．广州：广东教育出版社，2004.
[55] 石伟平．英国普通高中的历史、现状与趋势［J］．外国教育资料，1990（2）.
[56] 市川昭午．教师教育再检讨［M］．东京：日本教育开发研究所，1986.
[57] 宋来惠．克林顿总统的教育计划［J］．比较教育研究，1994（5）.
[58] 孙邦正．美国教育［M］．北京：商务印书馆，1968.
[59] 孙宵兵，周为，胡文斌．巴西的私立教育［J］．比较教育研究，2002（4）.
[60] 滕大春．外国教育通史（第六卷）［M］．济南：山东教育出版社，1994.
[61] 滕大春．战后美国教育的改革［J］．比较教育研究，1995（6）.
[62] 汪霞．国外中小学课程演进［M］．济南：山东教育出版社，2000.
[63] 汪亚利．英国第六学级的课程改革研究［D］．上海：华东师范大学硕士学位论文，2004.
[64] 汪亚利．英国第六学级的三次改革及启示［J］．外国中小学教育，2003（6）.
[65] 王承绪，徐辉．战后英国教育研究［M］．南昌：江西教育出版社，1992.
[66] 王桂．当代外国教育——教育改革的浪潮与趋势［M］．北京：人民教育出版

社，2001.
[67] 王健，张桂霞．英国“以学校为基地”的教师培养模式及其启示［J］．湘潭师范学院学报（社会科学版），2003（4）.
[68] 王凯．英国普通高中课程改革的进展、困境与对策［J］．世界教育信息，2005（3）.
[69] 王凯．英国普通高中课程改革透视［J］．教育评论，2003（3）.
[70] 王凯．主导政治经济理论模式更迭下的英国高中教育百年嬗变［J］．经济研究参考，2007（34）.
[71] 王晓丹．童工、童婚与义务教育——印度青少年问题［J］．南亚研究，1994（3）.
[72] 王英杰，曲恒昌，李家永．亚洲发展中国家的义务教育［M］．北京：人民教育出版社，2003.
[73] 吴式颖．外国现代教育史［M］．北京：人民教育出版社，1997.
[74] 小林哲也．日本的教育［M］．徐锡龄，等，译．北京：人民教育出版社，1981.
[75] 徐辉，徐仲林．当代世界教育改革［M］．重庆：西南师范大学出版社，2000.
[76] 徐辉．当代国外基础教育改革［M］．重庆：西南师范大学出版社，2001.
[77] 徐辉富，黄志成．巴西初等教育经费问题研究［J］．外国教育资料，1997（1）.
[78] 徐辉．国际视野——本土行动［M］．合肥：安徽教育出版社，2007.
[79] 徐辉．现代外国教育思潮研究［M］．北京：人民教育出版社，2008.
[80] 徐仲林，徐辉．基础教育课程改革的理论与实践［M］．成都：四川教育出版社，2005.
[81] 杨孔炽，徐宜安．美国公立中学发展研究［M］．武汉：湖北人民出版社，1996.
[82] 叶澜，白益民．教师角色与教师发展新探［M］．北京：教育科学出版社，2001.
[83] 易红郡．20世纪影响英国中等教育政策的三大法案［J］．贵州师范大学学报（社会科学版），2003（6）.
[84] 易红郡．英国教师职前培养、入职培训和在职进修的一体化及其特征［J］．高等师范教育研究，2003（4）.
[85] 曾昭耀．战后拉丁美洲教育研究［M］．南昌：江西教育出版社，1994.
[86] 翟帆．普及高中教育呼唤制度保障［N］．中国教育报，2003-03-10（2）.
[87] 翟海魂．关键在于启动需求和改善供给——英国高中阶段教育的教训、经验与启示［J］．红旗文稿，2004（19）.
[88] 翟海魂．英国高中阶段教育的教训对我们的启示［N］．光明日报，2004-08-25（C3）.

[89] 张宝宇．巴西教育问题：发展经济学视角的国际比较［J］．拉丁美洲研究，2000（3）．

[90] 张晓霞，等．战后日本教育改革与经济发展［J］．教育理论与实践，2004（3）．

[91] 赵中建．美国需要21世纪的教育革命［J］．教育发展研究，2000（3）．

[92] 赵中建．战后印度教育研究［M］．南昌：江西教育出版社，1992．

[93] 郑莹．巴西高中教育的问题及对策初探［J］．世界教育信息，2005（11）．

[94] 中华人民共和国教育部国际合作与交流司组．世界62个国家教育概况［M］．北京：首都师范大学出版社，2001．

[95] 钟启泉，张华．世界课程改革趋势研究（中卷）［M］．北京：北京师范大学出版社 2001．

[96] 钟启泉．新课程师资培训精要［M］．北京：北京大学出版社，2002．

[97] 周世秀．巴西历史及现代化研究［M］．石家庄：河北人民出版社，2001．

[98] 周世秀．90年代巴西教育的改革与发展［J］．拉丁美洲研究，2000（3）．

[99] 朱永新．当代日本教育概览［M］．太原：山西教育出版社，1992．

[100] 祝怀新．英国基础教育［M］．广州：广东教育出版社，2003．

外文参考文献

[1] A. Griffiths. Secondary School Reorganization in England and Wales [M]. London: Routledge, 1971.

[2] Al branch, AL. Education Secretary Paige Goes After Fraud [J]. Curriculum Administrator, Vol. 54, No. 6, 2001.

[3] Alfredo M. Gomes. Opportunity Foregone: Education in Brazil [J]. Childhood Education, 2000 (1).

[4] Azad, J. L. Financing of Secondary Education [Z]. Paper presented in National Conference: Focus Secondary Education, New Delhi, February 14 – 16, 2001.

[5] Brazil-Parana. Basic Education quality project [EB/OL]. [2005 – 12 – 14]. http: // www. -wds. worldband. org/servlet/WDS-IBank-Servlet? pcont = details&eid.

[6] Brazil's Telecurso 2000 [EB/OL]. [2006 – 02 – 10]. http: // www1. worldbank. org/education/ adultoutreach/Doc/Brazil-Telecurso2000. pdf.

[7] Carlos A. Herrán, Alberto Rodríguez. Secondary Education in Brazil: Time to Move Forward [R]. Inter-American Development Bank, and the World Bank, 2000.

[8] Crespo, Manuel, Jose Francisco Soares, and Alverto Mello Souza. The Brazilian national evaluation system of basic education: context, process, and impact [J]. Studies

in Educational Evaluation, 2000 (2).

[9] Department of Education and Employment. Requirements for Courses of Initial Teacher Training [R]. 1998.

[10] Department of Education, Government of India. Educational Statistics [EB/OL]. [2004-07-02]. http://www.education.nic.in/htmlweb/edusta.htm.

[11] Department of Education, Government of India. 7th ALL INDIA SCHOOL EDUCATION SURVEY [EB/OL]. [2004-07-15]. http://gov.ua.nic.in/aises/national/fs17.asp/.

[12] Department of Higher Education, Ministry of Human Resource Development, Government of India. NATIONAL PROGRAMME FOR ACCESS WITH EQUITY IN SCHOOLS [EB/OL]. [2005-11-10]. http://education.nic.in/access_equity_revised_draft.asp.

[13] Dr. V. k. Kohli. Indian Education and Its Problems [M]. Ambala city: Vivek Publishers, 1990.

[14] Fletcher, Philip. Brazilian secondary education: Does Education Quality Enhance Learning and reduce repetition? [R]. Paper commissioned by The World Bank, 1999.

[15] Fretwell, David H. Hungary Secondary Education and Training [R]. Secondary Education Series, World Bank, Human Development Network, 2001.

[16] Jones, J. M. The Standards Movement-Past and Present [EB/OL]. [2005-12-10]. http://my.execpc.com/~presswis/stndmvt.html.

[17] Joseph W. Newman. America's Teacher: An Introduction to Education [M]. New York: Longman, 1990.

[18] J. S. Rajput, K. Walia. Teacher Education in India [M]. New Delhi: Sterling Publishers Private Limited, 2002.

[19] Macfarlane, E. Education 16-19 [M]. London: Routledge, 1993.

[20] Maria Helena. Education Assessment and Information Systems in Brazil, 2001 [EB/OL]. [2005-04-22]. http://www.iacd.oas.org/LaEduca?15783/aaisi.htm.

[21] Ministry of Human Resource Development. Government of India: Educational Statistics [EB/OL]. [2004-07-02]. http://www.education.nic.in/htmlweb/edusta.htm.

[22] M. S. Bawa. Problems of Vocationalisation of Higher/senior Secondary Education [J]. The Education Quaterly, 1986 (4).

[23] National Council of Educational Research and Training, India. Curriculum Framework for Teacher Education [EB/OL]. [2005-06-25]. http://ncert.nic.in.

[24] National Policy on Education 1986 [EB/OL]. [2006-02-25]. http://www.ugc.ac.in/policy/policy.html.

[25] NEA. Status of the American Public School Teacher 2000—2001 [EB/OL]. [2003-08-27]. http://www.nea.org.

[26] Phillip H. Davidson. Education in Brazil [EB/OL]. [2005-04-22]. http://www.ndu.edu/library/ic6/93-RS04C.pdf.

[27] QCA. The new advanced level qualifications: Curriculum 2000 [EB/OL]. [2006-01-12]. http://lwww.qca.org.uk/nq/framework/ c2k students_ parents/.

[28] QCA. A brief guide to qualifications level 3, 2001 [EB/OL]. [2006-01-12]. http://www.qca.org.uk/ca/14-19/brief guide advanced level.asp.

[29] QCA. Advanced Extension Award, 2003 [EB/OL]. [2006-01-12]. http://www.qca.org.uk/nq/framework/subjects_ offered_ 2002.asp.

[30] QCA. Managing Curriculum 2000 for 16-19 Students, 1999 [EB/OL]. [2005-12-26]. http://www.qca.org.uk/nq/framework/managing/section three.

[31] Rio Grande do Norte. Project Serra do Mel [EB/OL]. [2006-02-14]. http://www.uol.com.br/omossoroense/240102/regional.htm.

[32] Simon Schwartzman. The Challenges of Education in Brazil [M]. Oxford: Oxford University, 2003.

[33] S. B. Adaval. An Analytical Study of Teacher Education in India [M]. Allahabad: Amitabh Prakashan, 1984.

[34] S. R. Vashist, Ravi. P. Sharma. History of Education in India [M]. New Delh: Radha Publications, 1997.

[35] UKTTA. Standards for the Award of Qualified Teacher Status (A Summary) [EB/OL]. [2005-05-18]. http://www.tta.gov.uk/php/read.php? sectionid=110&a rticleid=459.

[36] U. S. Department of Education, Office of Education and Research and Improvement. Teacher Professionalization and Teacher Commitment: A Multilevel Analysis [EB/OL]. [1997-02-21]. http//www.ed.gov.

[37] U. S. Department of Education, National Center for Education Statistics. Teacher Quality: A Report on the Preparation and Qualification of Public School Teachers [EB/OL]. [1999-01-15]. http//www.ed.gov.

[38] U. S. Department of Education, National Center for Education Statistics. The Digest of Education Statistics 1998 [EB/OL]. [1998-02-20]. http//www. ed. gov.
[39] VDOE. Virginia Implements No Child Left Behind [EB/OL]. [2004-01-15]. http: //www. pen. k12. va. us/VDOE/nclb/.

后　　记

高中教育是世界各国教育体系中的一个关键阶段，起着联结基础教育和高等教育的重要作用。目前世界各国政府日益重视高中教育的发展，普及高中教育已成为21世纪全球教育发展的共同趋势。英国、美国、日本等发达国家在普及高中教育方面走在世界各国的前面，取得了较为丰富的经验。中国、印度、巴西等发展中国家由于逐渐认识到高中教育对提高国民素质和增强国家综合国力的日趋重要性，也纷纷采取措施普及高中教育，并取得了一定的成绩，但同时也面临着不少问题。当前我国普及义务教育的工作已基本完成，即将开始的攻坚是普及高中教育，借鉴美国、英国和日本等发达国家和印度、巴西等发展中国家普及高中教育的有益经验，可以为我国普及高中教育的决策提供建设性的咨询和参考，避免坐井观天、一叶障目的弊端。

2000年1月，我参加了教育部基础教育司在广州召开的新一轮基础教育课程改革项目的启动会，随后应基础教育司和基础教育课程教材发展中心的邀请，作为基础教育课程改革咨询专家和项目专家参加了新一轮基础教育课程改革。我先后参加了“基础教育课程改革纲要（试行）”后期的讨论、审定，参加了18个学科课程标准的编制和征求意见工作。作为辅导教师和核心成员，参加了在国家教育行政学院的多次大规模培训。2003年，我应邀参加了对北京市海淀区、辽宁的辽源市、河南的金水区、山西的曲沃县、四川郫县和重庆北碚区等国家级试验区的首次课程改革调研工作，了解了义务教育阶段基础教育课程改革的初步情况，同时为基础教育司提交了咨询报告。与此同时，作为西南大学教育部西南基础教育课程研究中心的骨干，我多次参加了西南片区基础教育课程改革的指导、培训、调研和适应性研究工作。这几年的工作和调研，加深了我对基础教育的认识和理解，产生了研究基础教育的情感与冲动，也深感基础教育改革责任重大，意义深远。

就我所知，根据国家教育部的工作部署，基础教育改革大致分为三个阶段，一是1999年至2001年，这是酝酿准备阶段；二是2001年9月至2004年6月，这是试点实验阶段；三是全面推广阶段，计划2004年和2005年义务教育阶段和高中阶段分别全面推广新课程。因此，我从参加基础教育课程改革起就开始关注高中教育问题，并于2003年以“发达国家与发展中国家普及高中教育的问题与对策研究”为题申报了全国教育科学规划重点课题。课题得到了专家的一致好评，有幸列入了当年的国家青年基金项目。在课题研究过程中，曾多次请教顾明远先生、朱小蔓教授、曲恒昌教授、周满生教授、黄志成教授、宋乃庆教授、王长纯教授和孙启林等教授；也得到加拿大多伦多大学教育学院露丝·海霍教授、英国伦敦大学教育学院安迪·格林教授、诺丁汉大学联合国教科文组织比较教育研究中心本纳德特·罗宾逊教授、英国教师培训教育中心（CFBT Education Trust）杰夫·琼斯博士、美国印尼安娜大学教育学院阿诺夫教授的关心和支持，对他们的指导、关心和帮助表示真诚的感谢。

本书是在“发达国家与发展中国家普及高中教育的问题与对策研究”课题成果基础上撰写的，是集体完成的成果。各章执笔人是：姚琳（西南大学博士研究生）撰写第一章；王娟娟（四川师范大学讲师）撰写第二章；赵鑫（华东师范大学博士研究生）和我撰写第三章；郑莹（重庆南方翻译学院讲师）和我撰写第四章；宋晓华（遵义师范学院讲师）撰写第五章；廖为海（毕节学院讲师）、任钢建（贵州大学教授）撰写第六章。全书由我编制研究框架和提纲，并对初稿进行了修改和完善，最后由我和任钢建教授统稿和审定。

编辑谭文明先生和李东总编对本书书稿提出了非常宝贵的修改意见，在此表示真诚的谢意。本书可能存在一些不足，欢迎读者批评指正。

徐　辉

2009年12月20日于西南大学学府小区

责任编辑　谭文明
版式设计　杨玲玲
责任校对　刘永玲
责任印制　曲凤玲

图书在版编目（CIP）数据

六国普及高中教育政策与改革的国际比较／徐辉，任钢建主编.—北京：教育科学出版社，2010.1
ISBN 978-7-5041-4532-1

Ⅰ.①六…　Ⅱ.①徐…②任…　Ⅲ.①高中—中学教育—对比研究—世界　Ⅳ.①G639.1

中国版本图书馆CIP数据核字（2010）第002274号

出版发行	教育科学出版社		
社　址	北京·朝阳区安慧北里安园甲9号	市场部电话	010-64989009
邮　编	100101	编辑部电话	010-64981277
传　真	010-64891796	网　址	http://www.esph.com.cn
经　销	各地新华书店		
制　作	北京金奥都图文制作中心		
印　刷	保定市中画美凯印刷有限公司	版　次	2010年1月第1版
开　本	169毫米×239毫米　16开	印　次	2010年1月第1次印刷
印　张	20	印　数	1-3000册
字　数	317千	定　价	36.00元